द्वन्द्व की सर्जनात्मकता और निराला का काव्य

डॉ. प्रीति प्रकाश प्रजापति

वाणी प्रकाशन

वाणी प्रकाशन
4695, 21-ए, दरियागंज, नयी दिल्ली 110 002

शाखा
अशोक राजपथ, पटना 800 004

फ़ोन: +91 11 23273167 फ़ैक्स: +91 11 23275710

www.vaniprakashan.in
vaniprakashan@gmail.com

DWNDW KI SARJANATMAKTA AUR NIRLA KA KAVYA
by Dr. Priti Prakash Prajapati

ISBN : 978-93-5072-715-7
Criticism

प्रथम संस्करण

मूल्य : ₹ 395

हर्ष प्रिंटर्स, दिल्ली-110 093 में मुद्रित

वाणी प्रकाशन का लोगो मक़बूल फ़िदा हुसेन की कूची से

कर्म-पथ पर बढ़ रही
मैं, बाँह जिनकी थाम
राग जिनका बन गया
सम्बल मेरा अभिराम
प्रेरणा जिनसे सतत
मिलती रही अविराम
मेरी हर उपलब्धि पर
अंकित है जिनका नाम

ऐसे ही
प्रकाश को समर्पित है
यह कृति

–प्रीति

प्रस्तावना

निराला युगांतरकारी प्रतिभा से युक्त कवि थे। यह अवश्य है कि अस्वीकृति और विरोध से लेकर स्वीकृति और समर्थन तक पहुँचने के क्रम में उनकी प्रतिभा को मूल्यांकन की परस्पर टकराती, अतिवादी धारणाओं और मतों के मध्य से गुजरना पड़ा। उनकी काव्य-संवेदना में विभिन्न व परस्पर विरोधी प्रवृत्तियों का सह-अस्तित्व, जीवन के बहुपक्षीय यथार्थ का चित्रण, विषयगत विविधता, अनवरत प्रयोगशीलता, व्यक्तित्व और काव्य में निहित विद्रोह-चेतना, परिवर्तन की आकांक्षा और संघर्ष चेतना का परस्पर प्रेरक सम्बन्ध व गतिशील स्वरूप बहुत समय तक काव्य-मर्मज्ञों के लिए कौतूहल, संभ्रम और विवाद का विषय बना रहा। वस्तुतः निराला-काव्य में परस्पर विरोधी प्रवृत्तियों का जो संगुंफन दिखाई देता है, वह उनके व्यक्तित्व की विशृंखलता का परिणाम नहीं, वरन उस संवेदन-तंत्र की उपज है जो जीवन-यथार्थ के बहुपक्षीय स्वरूप को आत्मसात् करता हुआ सतत् सक्रिय रहता है।

उनके काव्य में अभिव्यक्त दार्शनिक चिंतन और देश-प्रेम, प्रकृति-चित्रण और क्रांति-दर्शन, व्यक्ति-स्वातंत्र्य और जनहित की आकांक्षा, स्वच्छंदता और मर्यादा, प्रणयानुभूति और संघर्ष-चेतना, सौन्दर्य और विद्रूप, आस्था और अनास्था तथा पलायन और संघर्ष आदि अनेक विरोधी प्रवृत्तियाँ एक दूसरे की पूरक तथा उनके बहुपक्षीय द्वन्द्वमूलक यथार्थ-बोध की ही द्योतक हैं। यथार्थ का यह बहुपक्षीय बोध जहाँ कवि की संवेदना को संतुलन मूलक वैविध्यपूर्ण प्रसार देता है, वहीं बौद्धिक स्तर पर एक ऐसे विवेक की सृष्टि करता है जो कवि की चेतना को यथार्थ से अभिभूत होने की बजाय एक तटस्थ दृष्टि प्रदान करता है, जिससे वह सत्य के संभावनाशील पक्ष के अन्वेषण में प्रवृत्त होता है।

निराला के व्यक्तित्व, विचारधारा और काव्यसंवेदना पर केंद्रित अपने विवेचन में मैंने निराला के भाव-बोध की विभिन्न अंतर्विरोधी प्रवृत्तियों के स्वरूप विवेचन व उनके अंतर्संबंध को उद्घाटित करने का प्रयास किया है। निराला की कविताओं को पढ़ते हुए तद्युगीन परिवेश के विविधस्तरीय अंतर्विरोधी यथार्थ का स्वरूप जैसे-जैसे मेरे समक्ष स्पष्ट होता गया, वैसे-वैसे उनकी द्वन्द्वमूलक यथार्थपरक दृष्टि की मूल्यवत्ता सिद्ध होती गई। निराला के समय में वैयक्तिक और सामाजिक जीवन-पद्धतियों में

मूल्य-संक्रमण की जो स्थिति उत्पन्न हो गई थी, उसे वे अपने व्यक्तित्व, चिंतन और काव्य में व्यापक और विविध रूप अभिव्यक्ति देने में समर्थ हुए। उनके व्यक्तित्व और भावबोध में सक्रिय विविध स्तरीय द्वन्द्व ने उनके यथार्थबोध को किस प्रकार अधिकाधिक समग्रता प्रदान की, किस प्रकार उनकी चेतना को सतत गतिशील बनाए रखकर विद्रोह, परिवर्तन एवं संघर्ष की ओर उन्मुख किया व वैयक्तिक और सामाजिक जीवन के विकास की सही दिशा पहचानने की दृष्टि दी तथा किस प्रकार यह द्वन्द्व युगीन आवश्यकताओं के अनुरूप नवीन मूल्यान्वेषण के लिए उन्हें प्रवृत्त करते हुए; उनके व्यक्तित्व व काव्य के लिए ऊर्जा-स्रोत सिद्ध हुआ। प्रस्तुत पुस्तक में इन सभी पक्षों पर विचार किया गया है।

निराला-काव्य में द्वन्द्व के सभी पक्षों व उसके विभिन्न स्तरीय स्वरूप के परस्पर अन्तर्सम्बन्ध को उद्‌घाटित किए बिना उनके काव्य का समुचित मूल्यांकन संभव नहीं है। यह पुस्तक इस दिशा में एक विनम्र प्रयास है, जो दिल्ली विश्वविद्यालय में पी. एच. डी. की उपाधिहेतु स्वीकृतशोध प्रबंध का संशोधित एवं परिवर्धित रूप है। मैं परमादरणीय प्रो. तारक नाथ बाली के प्रति श्रद्धावनत हूँ, जिनके सुयोग्य निर्देशन में यह शोध कार्य पूर्ण हुआ।

आदरणीय प्रो. अजय तिवारी ने समय-समय पर अपने बहुमूल्य सुझाव देकर मेरी मूल्यांकन दृष्टि को निरन्तर रचनात्मक दिशा प्रदान की और मेरा उत्साहवर्धन किया है। उनके प्रति मैं हृदय से कृतज्ञ हूँ। सुधी संपादक, लेखक और कवि श्री रामकुमार कृषक ने शोध प्रबन्ध को पुस्तक रूप देने में उल्लेखनीय सहयोग दिया है, उनके प्रति मैं विशेष रूप से अनुग्रहीत हूँ। प्रिय नीतू, रेनू व संगीता ने विषय सामग्री को पढ़कर मुझे सुनाया जिससे यह कार्य सम्भव हो सका मैं इनके उज्ज्वल भविष्य की कामना करती हूँ। अपने सभी गुरुजनों, शुभ चिंतकों तथा मित्रों को मैं हार्दिक धन्यवाद देती हूँ, जिनकी स्नेहपूर्ण शुभ-कामनाएँ मुझे निरन्तर मिलती रही हैं। आदरणीय श्री अरुण माहेश्वरी अपनी पूर्वाग्रह मुक्त दृष्टि, वैचारिक खुलेपन और गुणवत्ता के आधार पर कृतियों का चुनाव करते हैं। उनके द्वारा इस पुस्तक का प्रकाशन, मेरे लिए अत्यन्त प्रसन्नता का विषय है। उनके प्रति मैं हृदय से आभारी हूँ।

पूज्य माता-पिता के स्नेहपूर्ण आशीर्वाद व सतत प्रोत्साहन ने मुझे जीवन संघर्ष में सदैव रचनात्मक बने रहने की प्रेरणा दी है। उनके योगदान को शब्दों में व्यक्त कर पाना मेरे लिए सम्भव नहीं और प्रिय प्रकाश के लिए क्या कहूँ, जो अपने नाम को सार्थक करते हुए हर पल मेरे साथ हैं यह कृति वस्तुतः उन्हीं के सहयोग का सुफल है, सो उन्हें ही समर्पित है।

–प्रीति प्रकाश प्रजापति

4, फैकल्टी अपार्टमेंट्स
लेडी श्रीराम कालेज फॉर वुमेन
दिल्ली 110024
1 जनवरी 2014

द्वन्द्व की सर्जनात्मकता और निराला का काव्य

डॉ. प्रीति प्रकाश प्रजापति की यह शोध-पुस्तक पढ़ते हुए अत्यंत प्रसन्नता का अनुभव हुआ। उन्होंने विषय के अनुरूप गहन अध्ययन और मनन के बाद अपना विश्लेषण प्रस्तुत किया है। उनके निष्कर्ष तथ्याधारित एवं तर्कपूर्ण हैं। निराला के व्यक्तित्व और उनके सृजन को तत्कालीन सामाजिक और साहित्यिक पृष्ठभूमि में समझने के लिए आवश्यक कोई पक्ष उनसे छूटा नहीं है। यह पुस्तक आकार में भारी-भरकम नहीं है, लेकिन इसमें समाहित प्रश्नों और विवेच्य विषयों को देखें तो अध्येता के दृष्टिकोण की स्पष्टता और व्यापकता आकर्षित करती है। निराला-साहित्य के अध्ययन में नई पीढ़ी की रुचि का उदाहरण प्रस्तुत करने वाली यह पुस्तक कुछ नए अध्ययन-बिंदु प्रस्तावित करेगी, यह आशा की जा सकती है।

निराला के अमर शोक-गीत 'सरोज-स्मृति' का विश्लेषण करते हुए डॉ. रामविलास शर्मा ने लिखा था कि उन्होंने अपने उमड़ते हुए ज्वार को दृढ़ सीमाओं में बाँध दिया है। यह कथन निराला की अनुभूति और शिल्प-संगठन की द्वन्द्वात्मकता का आवश्यक संकेत करता है। प्रीति ने निराला के व्यक्तित्व-निर्माण में, उनके विचारधारात्मक विकास में, उनके रचनात्मक दृष्टिकोण और जीवन-बोध में द्वन्द्व का स्वरूप खोजकर एक वस्तुपरक आकलन प्रस्तुत किया है। यह द्वन्द्व निराला के व्यक्तित्व, चिंतन, कला में ही नहीं, साहित्यिक-सामाजिक परिवेश और उनके आत्म सजग व्यक्तित्व में भी है। परिवेश से व्यक्तित्व, व्यक्तित्व से भावबोध और भावबोध से शिल्प का अनिवार्य संबंध है। द्वन्द्व इन सभी स्तरों पर घटित होनेवाली अनवरत प्रक्रिया है। वह निराला के शिल्प और अनुभूति की विशेषता है। द्वन्द्व स्थितियों को ज्यों-का-त्यों नहीं रहने देता। वह गति, परिवर्तन और व्याप्ति लाता है। रचना में वह नाटकीयता का विधान पैदा करता है। प्रीति का ध्यान उनके व्यक्तित्व और अनुभव पर ज्यादा है, शिल्प पर नहीं, हालाँकि उसके सूत्र जहाँ-तहाँ उनके विवेचन में मौजूद हैं।

साहित्य के आम विद्यार्थी की तरह प्रीति ने 'व्यक्तित्व और कृतित्व' वाली

मानसिकता से अध्ययन न करके द्वन्द्व की अवधारणा को विश्लेषण का औज़ार बनाया है, इसलिए उन्होंने पूर्व निश्चित तथ्यों को भी समस्यामूलक दृष्टि से पुनः परखा है। तथ्यों की नवीनता से अधिक इस पुनः परीक्षण में उनके कार्य की उपादेयता परिलक्षित होती है। इसका एक उदाहरण देखना चाहिए। उन्होंने छायावाद युग में राष्ट्रीय आंदोलन और सामाजिक क्रांति की विचारधाराओं के अंतर्विरोध पर ध्यान केंद्रित किया है। 'शुद्ध साहित्यिक' चेतना के शोधार्थियों के लिए इन दोनों बातों में शायद ही कोई अंतर हो। लेकिन प्रीति ने दोनों की वर्गीय पृष्ठभूमि के आधार पर उनके अंतर्विरोध का अध्ययन किया है। पहले तो उन्होंने 'पुनरुत्थानवादी और सुधारवादी विचारधारा' का द्वन्द्वात्मक विश्लेषण किया है, उसके बाद 'संघर्षमूलक राष्ट्रीय जनतांत्रिक विचारधारा का विकास' दिखाया है, जो हिन्दी साहित्य की अपनी विशेष पहचान या उपलब्धि है।

भारतीय राजनीति में इस चिंताधारा का विकास नहीं हुआ। वहाँ राष्ट्रीय आंदोलन के प्रतिनिधि के रूप में जिस 'उदारवादी विचारधारा' का प्रभुत्व दिखाई देता है, उसका स्रोत औपनिवेशिक भारत का दीन-हीन कृषक या दलित-जन नहीं, बल्कि अभिजात वर्ग है। भारतीय राष्ट्रीय कांग्रेस उस उदारवादी विचारधारा को अपनाकर स्वाधीनता का आंदोलन चला रही थी। निराला को उसके कार्यकलाप से गहरा असंतोष था। प्रीति ने राजनीति से परहेज करने वाले भाव से विचार नहीं किया। उन्होंने स्पष्ट देखा कि कांग्रेस अपने राष्ट्रवादी दौर में भी ''जनसाधारण को स्वाधीनता प्राप्ति के लिए'' प्रोत्साहित करने के बदले ''राष्ट्रवादी विद्रोहियों के विरुद्ध ब्रिटिश साम्राज्य के दमन का ही समर्थन'' करती थी। उसके वैचारिक-राजनीतिक व्यवहार का कारण उसका वर्ग-आधार है, ''उदारवादी धारा के अधिकांश बुद्धिजीवी अभिजात राष्ट्रीय पूँजीपति वर्ग में से थे, जिनकी दृढ़ मान्यता थी कि भारत में आधुनिकीकरण-औद्योगीकरण का प्रमुख श्रेय ब्रिटिश शासन को है।'' निराला की चेतना इस पूँजीवादी दायरे से बाहर थी। वे साम्राज्यवाद की रचनात्मक भूमिका को इतना बढ़ा-चढ़ाकर नहीं देखते थे। क्रांतिकारी शक्तियों के प्रति उनकी सहानुभूति आरंभ से ही स्पष्ट थी। 'ऐ विप्लव के वीर' से लेकर 'जल्द-जल्द पैर बढ़ाओ' तक क्रांतिकारी आंदोलन से निराला की सहानुभूति जितनी प्रगाढ़ है, 'कांग्रेसमैन टेढ़े के' से लेकर 'पटली है बैठने को गोरों की साँवलों से' तक पूँजीवादी राजनीति के समझौतावादी चरित्र के प्रति उनका रुख उतना ही कठोर है। इसका कारण जनता के प्रति आत्मीयता और उसके विरोधी वर्गों के प्रति आवेश है। निस्संदेह, निराला इस मंजिल तक मार्क्सवाद के अध्ययन से नहीं, वेदांत के माध्यम से पहुँचे, लेकिन मार्क्सवाद यहाँ से बहुत फासले पर नहीं है।

आज जब राजनीति से परहेज करने वाले किंतु भरपूर राजनीति में गोते खाने वाले 'पर्सनल इज़ पोलिटिकल' जैसे विमर्शपरक सिद्धांत प्रस्तावित किए जा रहे हों,

जब वस्तुगत तथ्यों पर आत्मगत उद्देश्यों को वरीयता दी जा रही हो, जब वर्चस्व की स्थिति पाने के लिए शक्ति-संतुलन को तोड़ने के बजाय उसमें उथल-पुथल करके अपनी जगह बनाने की रणनीति ही सांस्कृतिक उपक्रम बन गया हो; तब इतिहास और वर्ग चेतना पर बल देना महरे आत्म विश्वास का परिचायक है। सच बात यह है कि 'विमर्श' के ढाँचे में निराला की व्याख्या संभव ही नहीं है, हालाँकि दलित जीवन और स्त्री-प्रश्न को लेकर उनके विचार अपने युग के अधिकांश साहित्यकारों से अधिक क्रांतिकारी थे। प्रेमचंद के यहाँ एक घसियारिन अपने आत्मसम्मान के चलते एक लंपट ठाकुर को सुधार कर उदाहरण पेश करती है; निराला के यहाँ एक दलित युवक अपनी मित्र के साथ दुर्व्यवहार करने वाले ज़मींदार के ठाकुरों को पटक कर मारता है! प्रेमचंद का दलित यह प्रश्न करता है कि मैं हमेशा घोड़ा बनूँगा या सवारी भी करूँगा; निराला के दलित ज़मींदारों के शोषण से मुक्ति के लिए कचहरी में मुकदमा तक लड़ते हैं। दिलचस्प तथ्य यह है कि प्रेमचंद वर्ण-व्यवस्था के घनघोर विरोधी थे, जबकि निराला ऐतिहासिक दृष्टि से वर्ण-व्यवस्था के उदय को आवश्यक मानते थे; लेकिन अपने समसामयिक संदर्भ में दोनों ही उसे व्यर्थ और अमानवीय समझते थे; उसे मिटाने के तरीके भिन्न-भिन्न थे।

स्त्रियों के प्रति निराला का रुख और भी निर्भ्रांत था। प्रेमचंद ने अपने साहित्य में स्त्रियों की तेजस्विता, रचनात्मकता और अन्याय का सामना करने की क्षमता का उचित निदर्शन किया है। लेकिन इस बारे में उनके विचार 'गोदान' तक उलझे हुए थे। यदि डॉ. मेहता के दृष्टिकोण में प्रेमचंद के विचारों की थोड़ी भी झलक है, तो कहना पड़ेगा कि निराला का चिंतन कहीं अग्रगामी था। किसी रचनाकार की चेतना का वास्तविक स्वरूप तब पहचान में आता है, जब उसकी विचारधारा उसके उपचेतन का अंग बनकर संवेदना में परिणत हो जाती है। निराला की कविताओं के कुछ बिंब इस दिशा में अनोखे संकेत करते हैं। शृंगार का एक अत्यंत लोकप्रिय गीत है—'(प्रिय) यामिनी जागी'; पहले छंद में नायिका के केश खुलकर पृष्ठ, ग्रीवा, बाहु, उर पर तिरते हैं और अशेष शोभा प्रदान करते हैं, मानो—'बादलों में घिर अपर दिनकर रहे'!

चंद्रमुखी नायिकाओं वाली काव्य-परंपरा में सहसा सूर्यमुखी नायिका का आविर्भाव क्या केवल उपमान की नवीनता-भर है? या उसका कोई सामाजिक-ऐतिहासिक सार भी है? सामंती युग में और दरबारी संस्कृति में अपनी सार्थकता के लिए स्त्री उसी तरह पुरुष पर आश्रित थी, जिस तरह अपने प्रकाश के लिए चंद्रमा सूर्य पर आश्रित रहता है। उस संवेदना के लिए 'चंद्रबदन मृगलोचनी' की उपमा अत्यंत सटीक है, चाहे 'बाबा' को जितनी ग्लानि हो! लेकिन आधुनिक जनतांत्रिक समाज ने स्त्री के व्यक्तित्व को स्वतंत्र किया है, उसकी सार्थकता अपने व्यक्तित्व और विवेक पर निर्भर है, वह पुरुष की दासी नहीं है। निराला स्त्री के इस स्वतंत्र व्यक्तित्व

को आदर्शीकृत करते हैं। सूर्य की उपमा उसी स्वतंत्र सार्थकता की वाहक है। सबसे दिलचस्प बात यह है कि उसकी यह छवि प्रेम के मिलन-सुखद दृश्य में आँकी गई है। पुरुष की दासी कामकेलि में भी सेविका की भूमिका अदा करेगी; प्रेम तो स्वतंत्र मनुष्यों में ही संभव है, यह बात निराला जानते हैं और बताते हैं। इसीलिए जो नायिका वासना की मुक्ति है, वह त्याग के धागे की मुक्ता भी है। यही उनके बोध की द्वन्द्वात्मकता है, जिसके स्रोत इतिहास में हैं और निराला की चेतना में भी हैं।

डॉ. प्रीति प्रकाश प्रजापति ने द्वन्द्व की अवधारणा के माध्यम से निराला की कविता का अध्ययन करके एक जरूरी काम पूरा किया है। उसकी सीमाओं पर ध्यान देने के बजाय उससे उभरने वाली दिशाओं में अध्ययन का क्रम आगे बढ़ेगा तो निराला के साहित्य को समझने में मदद मिलेगी, साथ ही साहित्य का वर्तमान परिदृश्य भी समृद्ध होगा।

–अजय तिवारी

29 दिसम्बर, 2013
दिल्ली-110078

करना होगा यह तिमिर पार
देखना सत्य का मिहिर-द्वार-
बहना जीवन के प्रखर ज्वार में निश्चय-
लड़ना विरोध से द्वन्द्व-समर.....

-निराला

अनुक्रम

भारत में परम्परा के आधुनिकीकरण की प्रक्रिया और वैचारिक द्वन्द्व का स्वरूप

अठारहवीं शताब्दी में भारत में राजनीतिक गतिरोध के चिह्न व्यापक रूप से प्रकट हो गए थे। केन्द्रीय सत्ता के कमजोर होते चले जाने से राजे-रजवाड़े सिर उठाने लगे थे। धर्म के सभी रूपों में अंधविश्वास व अराजकता बढ़ रही थी। जाति-भेद, बाल विवाह और पर्दा-प्रथा जैसी रूढ़ियाँ प्रबल हो रही थीं।

उन्नीसवीं शताब्दी के मध्य तक भारत के अर्थतंत्र, राजनीति, प्रशासन और व्यापार सभी पर ब्रिटिश शासन का प्रभुत्व स्थापित हो चुका था। एक ओर अंग्रेज अपनी साम्राज्यवादी नीतियों द्वारा भारतीय जनता का राजनीतिक और आर्थिक शोषण कर उनके जीवन को खोखला बना रहे थे, दूसरी ओर भारतीयों को अशिक्षित, असंस्कृत और नितान्त पिछड़ा हुआ घोषित कर उनके आत्मविश्वास को भारी ठेस पहुँचा रहे थे। फलस्वरूप भारतीय जनमानस हीन भावना का शिकार होता जा रहा था।

अंग्रेज साम्राज्यवादियों की नीति थी कि भारत को दरिद्र और पिछड़ा बनाए रखा जाए। उसकी भाषा व संस्कृति का दमन किया जाए और राष्ट्रीय जीवन में नस्ल और धर्म के आधार पर फूट डाली जाए। इस प्रकार अतिशय लूट की निरंतरता बनाए रखने के लिए भारतीय जनता के मनोबल तथा सांगठनिक और जनतांत्रिक चेतना को, कुचलकर रखा जाए।

इन परिस्थितियों में राष्ट्रप्रेम से प्रेरित होकर राजा राममोहन राय, केशवचन्द्र सेन, गोविन्द रानाडे, दयानन्द सरस्वती तथा विवेकानन्द प्रभृति अनेक बुद्धिजीवियों ने देश-गौरव की चेतना को पुनर्जीवित करने हेतु विभिन्न क्षेत्रों और दिशाओं में प्रयास आरंभ किए।

साम्राज्यवाद विरोधी चेतना के परिणामस्वरूप जहाँ एक ओर भारतीय अतीत के अन्वेषण से प्राप्त प्रामाणिक तथ्यों के आधार पर निर्मित तार्किक और वैज्ञानिक दृष्टि के आलोक में, इतिहास को पुनर्व्यवस्थित करने की दिशा में विद्वान् इतिहासकार

सक्रिय हुए, वहीं उस प्राप्त-परंपरा के विवेकपूर्ण पुनर्मूल्यांकन का कार्य बुद्धिजीवियों ने अपने हाथों में ले लिया।[1]

भारत में उन्नीसवीं शताब्दी के प्रारम्भ में बुद्धिजीवियों द्वारा परंपरागत जीवन-मूल्यों के पुनः परीक्षण की जो प्रक्रिया तीव्र होती दिखाई पड़ती है, वह भी विभिन्न अंतर्विरोधों व द्वन्द्वों से युक्त है। इस प्रक्रिया के अंतर्गत सक्रिय और विकसित होनेवाली विरोधी चिंतन-धाराओं में द्वन्द्व का मूल आधार राष्ट्रीय और सामाजिक जीवन में परिवर्तन और विकास के स्वरूप, क्षेत्र और इस हेतु अपनाई जानेवाली पद्धतियों में निहित है।

मूल्य-संक्रमण और विकास सम्बन्धी परस्पर विरोधी अवधारणाएँ

एक ओर सांस्कृतिक और सामाजिक क्षेत्र में सुधारवादी और पुनरुत्थानवादी प्रवृत्तियों का द्वन्द्व है, दूसरी ओर राजनीतिक क्षेत्र में उदारवादी और उग्रवादी विचारधाराओं की टकराहट है। एक ओर सुधारवादी विचारधारा में सामाजिक रूढ़िवाद का विरोध है तो दूसरी ओर विकृत सामन्ती व्यवस्था के उन्मूलन के प्रति उपेक्षा का भाव है। पुनरुत्थानवादी चिंतन जहाँ राष्ट्रगौरव की पुनः प्रतिष्ठा का प्रयास करता है, वहीं सांप्रदायिकता और संकीर्णता को बढ़ावा देता है। एक ओर जहाँ उदारवादी चिंतन में अपनी सांस्कृतिक अस्मिता और पश्चिम प्रेरित आधुनिकता, राष्ट्रप्रेम और राजभक्ति को लेकर अंतर्विरोध है, वहीं दूसरी ओर उग्रवाद में प्रबल राष्ट्रीयता की भावना के साथ संकीर्ण हिन्दूवाद प्रेरित मनोवृत्ति का द्वन्द्व है। इन सभी विचारधाराओं ने समानांतर रूप से विकसित होकर समय-समय पर ऐसे राजनीतिक, सामाजिक और धार्मिक आंदोलनों को जन्म दिया, जिन्होंने व्यापक स्तर पर विभिन्न कोणों से भारतीय जनमानस को उद्वेलित किया।इससे भारत के राष्ट्रीय और सामाजिक जीवन में मूल्य-संक्रमण की स्थिति उत्पन्न हो गई।

उन्नीसवीं शताब्दी में प्रादुर्भूत इस मूल्य-संक्रमण को विद्वानों ने पुनर्जागरण, नवजागरण और पुनरुत्थान जैसे अनेक नाम दिए हैं। वस्तुतः इस काल के उद्वेलन और परिवर्तन को 'परंपरा का आधुनिकीकरण' भी कहा जा सकता है, क्योंकि इस युग में विभिन्न आन्दोलनों के माध्यम से सांस्कृतिक चिन्तन परम्परा में निहित जीवन्त तत्वों को ग्रहण कर उन्हें आधुनिक सन्दर्भों में व्याख्यायित करने के प्रयास किए गए। आध्यात्मिकता में आस्था बनाए रखते हुए धर्म के संकीर्ण रूढ़िवादी तत्वों और उनसे परिचालित सामाजिक रूढ़िवादिता को चुनौती दी गई। विभिन्न धर्मों के उदार मानवतावादी पक्ष को ग्रहण कर नियतिवाद और लोक की निस्सारता पर केन्द्रित चिन्तन का विरोध किया गया और यथार्थमूलक मानवतावादी दृष्टि विकसित कर जनमानस को सम्पूर्ण जीवन-पद्धति में परिवर्तन लाने की दिशा में प्रेरित किया गया। सदियों से पराधीन असंगठित भारतीय जनता में राष्ट्रीयता की

भावना उद्भूत कर उसकी चेतना में स्वतंत्रता प्राप्ति की आकांक्षा जागृत की गई।

परम्परा के आधुनिकीकरण की यह प्रक्रिया यूरोप के पुनर्जागरण से कई अर्थों में भिन्न है। एक तो यह कि भारतीय चिन्तन परम्परा का मध्यकाल अन्धकार युग नहीं था, जैसा कि यूरोप में। दूसरे भारत में उन्नीसवीं और बीसवीं शताब्दी में विकसित होनेवाला आधुनिक बोध अपनी पूर्व परम्परा का निषेध न होकर उसके जीवन्त तत्वों के विकास का प्रयास था।[2]

मध्ययुग में परम्परा के जड़ तत्वों को नकारने और गतिशील मानवीय मूल्यों की स्थापना के जो व्यापक प्रयास हुए, वे उन्नीसवीं शताब्दी और उसके पश्चात् के समय में पनपने वाले वैचारिक आन्दोलनों के प्रादुर्भाव और विकास की दिशा में महत्वपूर्ण प्रेरणास्रोत सिद्ध हुए। उन्नीसवीं शताब्दी में ब्रह्म समाज (राजा राममोहन राय), प्रार्थना समाज (गोविन्द राना डे) आर्य समाज (स्वामी दयानन्द सरस्वती), थियोसोफिकल सोसाइटी (श्रीमती ऐनीबेसेन्ट) रामकृष्ण मिशन (स्वामी विवेकानन्द), राष्ट्रीय आन्दोलन की उग्रवादी विचारधारा (लोकमान्य बाल गंगाधर तिलक, अरविन्द घोष), उदारपंथी विचारधारा—नरम दल (महात्मा गाँधी) तथा समाजवादी विचारधारा (जवाहरलाल नेहरू) आदि सभी प्रकार की धार्मिक, सामाजिक और राष्ट्रीय विचारधाराओं से प्रेरित आंदोलनों और चिंतनों का मूल आधार कहीं न कहीं वैदिक दर्शन, गीता, वेदान्त और मध्यकालीन भक्ति-आंदोलन में स्थित है। यह बात अवश्य है कि परिवेश के दबाव और नवीन जीवन संदर्भों की माँग के परिणामस्वरूप विद्वानों ने परम्परा से प्राप्त सिद्धान्तों की युगानुकूल प्रासंगिक व्याख्याएँ प्रस्तुत की।[3]

इन वैचारिक आंदोलनों में परंपरा और आधुनिकता के द्वन्द्व को परिलक्षित करनेवाले कुछ विचार बिन्दु इस प्रकार हैं :

1. परंपरागत आस्थामूलक जीवन दृष्टि और समकालीन जीवन में व्याप्त यथार्थगत विषमताएँ,
2. शाश्वत सत्य की धारणा और नवीन इतिहास दृष्टि के परिणामस्वरूप उत्पन्न सत्य के गतिशील एवं परिवर्तनशील स्वरूप का बोध,
3. सर्वशक्तिमान ईश्वर की पारम्परिक कल्पना और नवीन वैज्ञानिक चिन्तन के फलस्वरूप उत्पन्न मानववादी धारणा का विकास,
4. पराधीनता का अभिशाप और स्वतंत्रता प्राप्ति की आकांक्षा,
5. विभिन्न विचारधाराओं में सामंजस्य का आदर्श और संघर्षमूलक जीवनदृष्टि,
6. अपनी सांस्कृतिक अस्मिता का बोध, उसके प्रति मोह और पाश्चात्य संस्कृति और जीवन पद्धति की विकासशीलता में दृढ़ आस्था व उसे अपनाने की ललक,
7. परम्परा के नाम पर धार्मिक व सामाजिक रूढ़ियों का पिष्टपेषण और राष्ट्र

की सर्वांगीण उन्नति की कामना।

उपरोक्त विचार-बिन्दु उस समय की चिंतन-पद्धतियों में विद्यमान व्यापक स्तरीय द्वन्द्व और उससे उत्पन्न मूल्य-संक्रमण को दर्शाते हैं

पुनरुत्थानवादी और सुधारवादी विचारधारा

उन्नीसवीं शताब्दी में भारतीय जनता में साम्राज्यवाद विरोधी चेतना के प्रसार, उसके मृतप्राय आत्मगौरव को पुनर्जीवित करने तथा संगठित होकर राष्ट्रीय उन्नति हेतु सक्रिय सहयोग करने की प्रेरणा देने की दिशा में बुद्धिजीवियों ने जो प्रयास प्रारम्भ किए, उनका विकास समानांतर रूप से दो द्वान्द्वात्मक विचारधाराओं--सुधारवादी और पुनरुत्थानवादी धारा के रूप में हुआ, जिन्होंने आरम्भिक दौर में अप्रत्यक्ष रूप से ही सही, भारत के बुद्धिजीवी वर्ग में राष्ट्रीय चेतना के निर्माण और विकास में योगदान किया।

भारतीय जनता में जब साम्राज्यवाद विरोधी चेतना तीव्रतर हो रही थी और राष्ट्रीय-मुक्ति-संग्राम का उभार क्रमशः बढ़ रहा था, तब सुधारवादी एवं पुनरुत्थानवादी विचारकों ने राजनीतिक संस्थाओं और आंदोलनों को प्रभावित व परिचालित किया। भारतीय राष्ट्रीय कांग्रेस और नरमदल द्वारा बनाई नीतियों में सुधारवादी विचारधारा का विकास उदारवाद के रूप में देखा गया। पुनरुत्थानवादी अपने प्रभाव में अपेक्षाकृत सीमित रहे, परंतु गरम दल की उग्रवादी विचारधारा में इसके कुछ तत्व घुल-मिल गए।

सुधारवादियों का लक्ष्य था कि विश्व-परिपार्श्व में निरंतर धुँधली होती हुई भारत की तस्वीर को झाड़-पोंछकर उसके वास्तविक स्वरूप को उभारने के प्रयास किए जाएँ तथा पूर्वाग्रह-मुक्त होकर भारतीय अतीत के अन्धकारपूर्ण पक्षों व समाज में व्याप्त सड़ी-गली रूढ़ियों के उन्मूलन पर ध्यान केन्द्रित किया जाए।

इन विचारकों ने पाश्चात्य ज्ञान व शिक्षा से परहेज न करते हुए उसके रचनात्मक उपयोग में आस्था प्रकट की। उनका उद्देश्य जनता को अतीत से अभिभूत करने की बजाय उसे अपनी यथार्थ स्थिति को समझ सकने और उन्नति की दिशा निर्धारित करने में सक्षम बनाना था। वे चाहते थे कि देश सांस्कृतिक एवं सामाजिक गतिरोध की स्थिति से उबरे और विकास के पथ पर अग्रसर हो।

दूसरी ओर पुनरुत्थानवादी, देश के प्राचीन गौरव का बखान करना चाहते थे। उनकी चेतना भारतीय इतिहास के अध्ययन और पुरातनपंथी रूढ़िवाद के मेल से बनी थी। इन बुद्धिजीवियों का मत था कि भारत को श्रेष्ठ सिद्ध करने हेतु उसके अतीत को किसी भी मूल्य पर अतिशय गौरवमण्डित रूप में प्रदर्शित किया जाए। परम्परा के नाम पर विकृत और समाजविरोधी रूढ़ियों को भी राष्ट्रीय संस्कृति की पहचान बताते हुए उनका अंधसमर्थन किया जाए तथा विदेशी चिंतन के प्रभाव से उनकी रक्षा की माँग की जाए।

इस पुनरुत्थानवादी चेतना के प्रसार के दो कारण थे। पहला, भारतीय जनता का नवीन शिक्षा और ज्ञान-विज्ञान से असंपृक्त रह जाना और दूसरा, अंग्रेजों द्वारा भारत की सांस्कृतिक अस्मिता को ठेस पहुँचाना। इससे उत्तेजित होकर बुद्धिजीवियों का एक वर्ग भारत की सांस्कृतिक श्रेष्ठता को स्थापित करने में सक्रिय हुआ। इस प्रकार अंग्रेज़ों के इस रवैए ने जहाँ एक ओर भारत और ब्रिटिश साम्राज्य के बीच संघर्ष की चेतना जगाई, वहीं दूसरी ओर पुनरुत्थानवाद के उस नकारात्मक स्वरूप के विकसित होने में मदद की, जिसके अंतर्गत पश्चिमी ज्ञान-विज्ञान और साम्राज्यवाद का विरोध परस्पर पर्याय बन गए।

जहाँ पुनरुत्थानवादी यह मानते थे कि भारत ज्ञान के क्षेत्र में सर्वश्रेष्ठ है और विज्ञान के नाम पर जिस पाश्चात्य ज्ञान की दुहाई दी जा रही है, वह भारत में पहले से मौजूद है, वहीं सुधारवादी पाश्चात्य शिक्षा के द्वारा नवीन ज्ञानार्जन और उसके सार्थक उपयोग में विश्वास रखते थे। पुनरुत्थानवादी भारतीय संस्कृति और उसके परंपरागत मूल्यों को विदेशी प्रभाव से बचाए रखने पर बल देते थे। उनकी दृष्टि में जिस प्रकार इस्लाम, ईसाई एवं अन्य धर्मों के प्रति, समन्वयात्मक दृष्टिकोण अपनाना सनातन हिन्दू धर्म के लिए अवांछनीय और हानिकारक था, उसी प्रकार पश्चिमी संस्कृति को अपनाना भी घातक था। देश की सांस्कृतिक अस्मिता की रक्षा करना और उसके गौरव को पुनः प्रतिष्ठित करना उनका मूल उद्देश्य था। इससे भिन्न सुधारवादी, परम्पराओं का निषेध न करते हुए भी अपेक्षाकृत उदार एवं समन्वयात्मक दृष्टिकोण अपनाने के पक्ष में थे। उन्होंने हिंदू धर्म को सीमित न करके विभिन्न देशी एवं विदेशी धर्मों का सार ग्रहण कर मानवतावादी 'विश्व-धर्म' की परिकल्पना प्रस्तुत की थी। यद्यपि ये दोनों धाराएँ अपने प्रभाव में विशिष्ट वर्गों और क्षेत्रों तक ही सीमित रह गईं। वे न तो देशव्यापी जनांदोलन का रूप प्राप्त कर सकीं और न उन्होंने स्वतंत्रता-प्राप्ति का स्पष्ट लक्ष्य ही अपने सामने रखा।फिर भी बुद्धिजीवी वर्ग में परिवर्तन की आकांक्षा प्रबल करने में इन विचारधाराओं का योगदान सराहनीय रहा।

अपने संकीर्ण राष्ट्रवादी और सांप्रदायिक रुख के बावजूद पुनरुत्थानवादी आंदोलन जहाँ तत्कालीन परिस्थितियों में हीन-भावना से ग्रस्त भारतीय जनता में आत्म-सम्मान और आत्म-गौरव की चेतना को पुनर्जीवित करने में महत्वपूर्ण प्रेरणा, स्रोत सिद्ध हुआ, वहीं सुधारवादी आंदोलन अपने रूढ़िवाद विरोधी और उदार मानवतावादी दृष्टिकोण के कारण, सीमित प्रसार के बावजूद समाज के जड़तामूलक संस्कारों के घेरे तोड़कर उन्नत जीवन-पद्धति की ओर प्रवृत्त करने में समर्थ हुआ।

उदारपंथी-सुधारवादी विचारधारा से प्रेरित होकर उन्नीसवीं शताब्दी के पूर्वार्द्ध और मध्य में दो प्रमुख वैचारिक आन्दोलन प्रारम्भ हुए। एक, ब्रह्म समाज (राजा राममोहन राय), और दूसरा प्रार्थना समाज (गोविन्द राना डे)। इसी शताब्दी के उत्तरार्द्ध में प्रमुख रूप से दो पुनरुत्थानवादी आन्दोलन भी आरम्भ हुए। एक, आर्य समाज (स्वामी

दयानन्द सरस्वती) और दूसरा थियोसोफिकल सोसाइटी (मदामब्लावस्की व ऐनीबेसेन्ट)।

इन दोनों विचारधाराओं के स्वरूप को समझने से पूर्व उनमें निहित आंतरिक अंतर्विरोधों को समझना बहुत आवश्यक है जिससे कि भारत में उन्नीसवीं शताब्दी में सक्रिय आधुनिकीकरण की प्रक्रिया और तद्‌जन्य समग्र जीवन-मूल्यों के विविध स्तरीय द्वन्द्व को समझा जा सके।

इस शताब्दी के पूर्वार्द्ध में बंगाल में सुधारवादी विचारधारा के प्रमुख प्रतिनिधि बनकर राजा राममोहन राय सामने आए। उन्होंने सन् 1828 ई. में ब्रह्म समाज की स्थापना की और भारत में व्याप्त सामन्तवादी समाज व्यवस्था की सड़ी-गली रूढ़ियों पर प्रहार किया। स्त्रियों की शोचनीय दशा और सदियों से उन पर लादी जाने वाली सती-प्रथा जैसी अमानुषिक कुरीतियों को समाप्त करने हेतु उन्होंने जाति-प्रथा, पर्दा-प्रथा, बाल-विवाह आदि का खण्डन एवं विधवा एवं अंतर्जातीय विवाहों का समर्थन किया। राजा राममोहन राय के पश्चात् देवेन्द्र नाथ ठाकुर तथा केशवचन्द्र सेन ने ब्रह्म समाज के कार्य को आगे बढ़ाया। इसी विचारधारा के उन्नायकों में एक प्रमुख नाम महाराष्ट्र के गोविन्द राना डे का है, जिन्होंने प्रार्थना समाज की स्थापना की। वे भी सामाजिक सुधार तथा विकास के लिए पाश्चात्य शिक्षा एवं ज्ञान को नियामक मानते थे। उन्होंने भारतीय समाज में व्याप्त कुप्रथाओं तथा रूढ़ियों का विरोध किया।

यद्यपि सुधारवादी विचारक सामाजिक उन्नयन के लक्ष्य को लेकर आगे बढ़े, तथापि इनकी राष्ट्रीय भावना और सामाजिक चिंतन में कुछ ऐसे अंतर्विरोध विद्यमान थे, जिनके कारण यह जनता को व्यापक स्तर पर प्रभावित करने व ब्रिटिश साम्राज्य के खिलाफ एकजुट हो संघर्ष करने की प्रेरणा देने में असमर्थ रहे। वे अपने आंदोलनों का सम्बन्ध उस जनसंघर्ष की धारा से सीधे नहीं जोड़ सके, जिसके प्रतिनिधि खेतिहर-मजदूर, छोटे किसान, आदिवासी और दलित वर्ग के लोग थे। सन् 1757 से लेकर 1857 के बीच लगभग सौ वर्षों तक पीड़ित जनता ने समय-समय पर देश के विभिन्न भागों में ब्रिटिश सरकार के विरुद्ध जो विद्रोह किए, उनकी ओर इन बुद्धिजीवियों का ध्यान नहीं गया।

यहाँ इस बात पर बल देना आवश्यक है कि उदारवादी समाज-सुधार के लिए ब्रिटिश सरकार की ओर देखते थे। उन्हें लगता था कि अंग्रेजों की सहायता के बिना सुधार नहीं लाए जा सकते, जबकि अंग्रेज यह भली-भाँति जानते थे कि यदि उन्होंने इन सुधारों का समर्थन किया तो भारत के रूढ़िवादी समाज में उनके प्रति विद्रोह की भावना पनपेगी और जनता में नवीन चेतना का संचार स्वयं उनकी सत्ता के लिए घातक सिद्ध होगा। इसलिए उनकी दृष्टि में भारतीय जनता का अशिक्षित, अंधविश्वासी और रूढ़िवादी बने रहना आवश्यक था। सती प्रथा विरोधी कानून बनाने हेतु किया गया विलम्ब उनकी इसी कूटनीति का प्रमाण है।[4]

सुधारवादी आंदोलनों की एक और विसंगति यह थी कि इसके नेता जिन

सामाजिक रूढ़ियों को समाप्त करना चाहते थे, वे मूलतः सामन्तवादी व्यवस्था की उपज थी। अंग्रेज अपने स्वार्थ-लाभ के लिए न केवल सामंतवाद के पोषक थे वरन् इस व्यवस्था को और अधिक विकृत और अमानवीय रूप देकर शोषण का हथियार बना रहे थे 1793 में लागू की गई इस्तमरारी प्रथा और 1814 की रैयतवाड़ी व्यवस्था इसके प्रमाण हैं। स्पष्ट है कि अंग्रेजों का हित सामन्ती व्यवस्था को सुदृढ़ करने में था। ऐसे में उसके उन्मूलन पर ध्यान देना व उससे उत्पन्न विकृतियों को दूर करने का प्रयास करना, उनके लिए कैसे व्यावहारिक हो सकता था। यह अवश्य है कि बंगाल के अभिजात्य वर्ग में मानवतावादी विचारधारा के विकास में इन सुधारवादी आंदोलनों की महत्वूपर्ण भूमिका रही। परन्तु निम्न वर्ग इसमें सम्मिलित नहीं हो पाया। यद्यपि इन्होंने जातिवाद एवं अस्पृश्यता जैसी कुप्रथाओं का भी विरोध किया, तथापि बौद्धिक सहानुभूति देने के अतिरिक्त इस दिशा में कोई उल्लेखनीय रचनात्मक कार्य नहीं हो सका। सदियों से शोषण और उत्पीड़न का शिकार अस्पृश्य वर्ग इस आंदोलन से भी अस्पृश्य ही रहा। फिर भी, देश के विभिन्न भागों में दलितों के उद्धार और उनमें नवीन चेतना के संचार हेतु जो आंदोलन उठ खड़े हुए थे, उनको प्रेरणा देने में सुधारवादी आंदोलन के महत्व को नकारा नहीं जा सकता।

पुनरुत्थानवादी धारा जो सुधारवादी धारा के ही समानान्तर प्रवाहित थी, उन्नीसवीं शताब्दी के उत्तरार्द्ध में उभरकर स्पष्ट हुई। आर्य समाज और थियोसोफिकल सोसाइटी इस धारा के प्रमुख वाहक थे।

सन् 1875 में स्वामी दयानन्द सरस्वती ने आर्य समाज की स्थापना की। उन्होंने राष्ट्रीय चेतना के विकास और भारत के आत्मगौरव की रक्षा के लिए वैदिकधर्म को अपनी विचारधारा का आधार बनाया। उनकी दृष्टि में वेद ही ज्ञान के एकमात्र एवं प्रामाणिक स्रोत थे। वह पश्चिम प्रेरित आधुनिक-विचारों और तर्कों को स्वीकार नहीं करते थे। यही कारण है कि अनेक स्थानों पर उनके इस आग्रह ने संकीर्णता का रूप धारण कर लिया था। उन्होंने धर्म के नाम पर वैदिक कर्मकाण्डों का समर्थन किया, वर्णाश्रम व्यवस्था में आस्था व्यक्त की, अंतर्जातीय विवाह का विरोध किया व सुधारवादियों द्वारा हिन्दू-मुस्लिम और पाश्चात्य संस्कृतियों के समन्वय हेतु किए जाने वाले प्रयासों की निन्दा की। वे ईसाई व इस्लाम दोनों को हिन्दू धर्म का शत्रु मानते थे। उन्होंने इस तथ्य की ओर ध्यान आकर्षित किया कि ब्रह्म समाज की पवित्र पुस्तक में संतों की सूची के अंतर्गत ईसा, मोज़ेज, मोहम्मद, नानक और चैतन्य महाप्रभु का उल्लेख है, परंतु प्राचीन ऋषियों की चर्चा नहीं है। इससे यह ध्वनित होता है कि ब्रह्म समाज की विचारधारा के निर्माण में उपरोक्त महापुरुषों का योगदान रहा है। दयानन्द सरस्वती इस स्थिति को हिन्दू धर्म के लिए घातक समझते थे इसलिए उन्होंने हिन्दू राष्ट्रवाद के प्रसार हेतु प्रयास आरम्भ किए। उनके

प्रयासों से हिन्दू जनता में आत्म-गौरव की भावना जागृत हुई और उनके संगठन को बल प्राप्त हुआ। जबकि, दूसरी ओर हिन्दुओं और मुसलमानों के बीच खाई और भी गहरी होती गई[5], जिससे अंग्रेज़ों के खिलाफ सम्पूर्ण राष्ट्र के रूप में एकजुट होकर संघर्ष करने की भावना को ठेस पहुँची। इन संकीर्णताओं के बावजूद कहा जा सकता है कि बहुदेववाद की अस्वीकृति, निराकार ईश्वर की आराधना का समर्थन, ब्राह्मणों और पुरोहितों की परंपरागत कट्टरता की आलोचना तथा मूर्ति-पूजा और बाल-विवाह का विरोध कुछ ऐसे विचार हैं जो निस्संदेह स्वामी दयानन्द सरस्वती को प्रगतिशील प्रमाणित करते हैं।

पुनरुत्थानवादी चेतना से प्रेरित होकर उन्नीसवीं शताब्दी के उत्तरार्द्ध में श्रीमती ऐनीबेसेन्ट ने 'थियोसोफिकल सोसाइटी' के रूप में एक और सशक्त आंदोलन आरंभ किया। उस समय अंग्रेजों द्वारा हिन्दू धर्म को रूढ़िवादी और पिछड़ा हुआ घोषित कर भारतीयों के आत्म-गौरव को ठेस पहुँचा उन्हें हीन-भावना का शिकार बनाया जा रहा था तथा ईसाई धर्म का बढ़ा-चढ़ाकर प्रचार किया जा रहा था। अनेक हिन्दू ईसाई धर्म को स्वीकार कर रहे थे। ऐसे में दो विदेशी महिलाओं मदाम ब्लावस्की व श्रीमती ऐनीबेसेन्ट ने हिन्दू धर्म में अपनी प्रगाढ़ आस्था प्रकट कर उसके प्रचार और प्रसार का महत-कार्य अपने हाथों में ले लिया।

जब मदाम ब्लावस्की को कुछ कारणवश भारत छोड़कर इंग्लैण्ड जाना पड़ा तब सन् 1882 में श्रीमती ऐनीबेसेन्ट ने 'सोसाइटी' का नेतृत्व सँभाला। हिन्दू धर्म के प्रति अपने अगाध प्रेम और विलक्षण वक्तृत्व कला के कारण उस समय मध्यवर्गीय हिन्दू समाज को संगठित करने में उन्हें बहुत सफलता मिली। उनके प्रभावशाली भाषणों ने जनता के मानस में आत्म-गौरव की चेतना भर दी व हिन्दू धर्म को विश्व के सर्वश्रेष्ठ धर्म के रूप में घोषित किया।[6] उनके आन्दोलन की लोकप्रियता ईसाई मिशनरियों के लिए चुनौती और भारतीय सुधारवादी विचारकों के लिए विस्मय का विषय बन गई।

तत्कालीन प्रतिकूल परिस्थितियों में ऐनीबेसेन्ट की यह घोषणा और अन्य विश्वासपूर्ण उक्तियाँ जनता के लिए बहुत प्रेरणादायी सिद्ध हुई। विपिनचन्द्र पाल ने इस आन्दोलन का महत्त्व इसी रूप में अंकित किया है।[7] परन्तु पुनरुत्थानवादी चेतना से परिचालित होने के कारण 'थियोसोफिकल सोसाइटी' के नेताओं ने आर्य समाज की भाँति भारत की 'चतुर्वर्ण-व्यवस्था' का समर्थन तो किया, पर उसके उप-विभाजनों को समाप्त करने की बात उन्होंने भी की। कालांतर में देश के बदलते परिवेश को समझते हुए ऐनीबेसेन्ट को यह घोषणा करनी पड़ी कि बदलती हुई परिस्थितियों के दबाव में भारत की जातिप्रथा का भविष्य संदिग्ध है। उनकी इस घोषणा को अनेक कट्टरपंथी हिन्दुओं ने भटकाव का सूचक माना और 'थियोसोफिकल सोसाइटी' को सहयोग देना बन्द कर दिया। प्रचार में अकेली रह जाने के बावजूद ऐनीबेसेन्ट ने 'होमरूल आन्दोलन' को अपना सक्रिय नेतृत्व प्रदान किया।

क्रांतिकारी चेतना के विकास में पुनरुत्थानवादी विचारधारा की भूमिका

अपने अपेक्षाकृत साम्प्रदायिक व रूढ़िवादी सरोकारों के बावजूद उन्नीसवीं शताब्दी के पुनरुत्थानवादी आन्दोलनों का महत्व इस बात में है कि उन्होंने राष्ट्रीय मुक्ति संग्राम में सक्रिय उग्रवादी क्रांतिकारी नेताओं के चिंतन को नवीन ऊर्जा एवं दिशा प्रदान की। इन नेताओं में प्रमुख थे बाल गंगाधर तिलक, लाला लाजपतराय व अरविंद घोष। पुनरुत्थानवादी चेतना की प्रेरणा से ये नेता पौराणिक देवी-देवताओं (माँ काली व गणेश) की परिकल्पना में मातृभूमि के स्वरूप व देश प्रेम की अवधारणा को प्रतीक रूप में समाहित कर जनता को स्वातंत्र्य-संघर्ष के लिए संगठित करने में समर्थ हो सके।

बंगाल के क्रांतिकारियों पर उपन्यासकार बंकिमचन्द्र चटर्जी और उनकी अमरकृति 'आनन्दमठ' का भी बहुत असर पड़ा। 'आनन्दमठ' में बंकिम ने माँ काली के तीन स्वरूपों का भारत माँ की तीन अवस्थाओं के रूप में चित्रण किया। पहला रूप सुन्दर व स्वस्थ है जो भारत माँ की विगत समृद्धि का द्योतक है; दूसरा, लुटा हुआ, आभूषणों से रहित विपन्न स्वरूप है जो पराधीन भारत माँ का है, और तीसरा रूप काले रंग की मूर्ति है जो ब्रिटिश शासन के दौरान भूखी, शोषितऔर पीड़ित भारत माता अर्थात् भारत की जनता की प्रतीक है। इस प्रकार बंकिम चन्द्र चटर्जी ने रिपुदल संहारिणी महाकाली को मातृभूमि (भारत माँ) के समान बताया। वंदेमातरम, जो कांग्रेस का राष्ट्रगीत बन गया था, में भारत माता को ही माँ दुर्गा माना गया। अरविन्द घोष ने कहा कि महाकाली की उपासना मातृभूमि की उपासना है और मातृभूमि की उपासना महाकाली की उपासना है। इसी प्रकार महाराष्ट्र में लोकमान्य तिलक ने गणेशोत्सव के आयोजन द्वारा जनता को संगठित करने का प्रयास किया और शिवाजी की गौरवशाली परंपरा का स्मरण दिलाते हुए सर्वस्व बलिदान व संघर्ष के द्वारा मातृभूमि को मुक्त कराने के लिए प्रेरित किया।

इस प्रकार हम देखते हैं कि धार्मिक पुनरुत्थानवादी आन्दोलन के अन्तर्गत संकीर्ण राष्ट्रवाद को प्रश्रय मिलने पर भी राष्ट्रीय मुक्ति संघर्ष तीव्र करने में उसकी सकारात्मक भूमिका रही। पुनरुत्थानवादी चेतना से प्रेरित क्षेत्रीय संगठनों को सन् 1902 में दिल्ली में एक सम्मेलन करके संयुक्त किया गया और 'भारतीय धर्म महामंडल' के नाम से एक अखिल भारतीय संगठन की स्थापना की गई।[8] यह महामंडल सनातन धर्म के पुनरुत्थान के पक्ष में था। इसके समर्थकों में कितने ही राजे-रजवाड़े, धनी, जमींदार और पं. मदनमोहन मालवीय जैसे शिक्षा-प्रसारक थे।

संघर्षमूलक राष्ट्रीय जनतांत्रिक विचारधारा का विकास

1857 के प्रथम राष्ट्रीय मुक्ति संग्राम के दौरान और उसके पश्चात् क्रमशः विकसित होनेवाली राष्ट्रीय जनतांत्रिक विचारधारा, सुधारवादी और पुनरुत्थानवादी

विचारधाराओं के द्वन्द्व का रचनात्मक विकास प्रस्तुत करती है। जनतांत्रिक विचारक इतिहास की वैज्ञानिक खोजों और व्याख्याओं के साथ-साथ समकालीन भारत की उन्नति और स्वतंत्रता के पक्षधर थे। वे जनता के जागरण और संगठन को महत्त्व देते थे। उनकी दृष्टि में भारतीय चिंतन और आधुनिक (पश्चिमी) ज्ञान परस्पर विरोधी नहीं थे, बल्कि देश की उन्नति के लिए दोनों का सहअस्तित्व आवश्यक था। उनकी कसौटी थी—जनहित। इसलिए राष्ट्रीय जनतांत्रिक विचारधारा भारतीय समाज में सुधार और रूढ़िवाद विरोध को उतना ही जरूरी मानती थी, जितना देशी उद्योगों के द्वारा आर्थिक विकास और जनसंगठन के द्वारा स्वाधीनता-प्राप्ति। इस विचारधारा के प्रतिनिधियों ने अपना सम्बन्ध भारत की उस श्रमजीवी जनता से जोड़ा, जो देशी-विदेशी दोनों प्रकार के उत्पीड़कों द्वारा अमानवीय शोषण का शिकार हो रही थी। उनमें किसान और मजदूर प्रमुख थे। इस श्रमजीवी वर्ग ने सन् 1757 के पश्चात् अपने आक्रोश को प्रकट करने के लिए सीमित स्तर पर जो संघर्षात्मक विद्रोह किए, उनकी परिणति 1857 के प्रथम राष्ट्रीय मुक्ति संग्राम के रूप में हुई।

अठारहवीं शताब्दी के उत्तरार्द्ध में बंगाल में प्रसिद्ध संन्यासी विद्रोह हुआ जिसने बंकिमचन्द्र चटर्जी जैसे महान साहित्यकारों को प्रेरणा प्रदान की। उन्नीसवीं शताब्दी के प्रारंभिक वर्षों में बरेली, सहारनपुर, दिल्ली, मेरठ, मुरादाबाद तथा अन्य क्षेत्रों में किसान विद्रोह, 1822 और 1827 के बीच पूना में रामसे विद्रोह, 1831 से 1832 के बीच कोल संघर्ष, 1831 और 1847 के बीच बंगाल में नील के खेतिहरों के विद्रोह, 1844 में सामन्तवाड़ी विद्रोह, 1847, 1851, 1852 और 1853 में केरल में किसान विद्रोह तथा 1855-56 में संथाल विद्रोह हुए। ये विद्रोह विदेशी उत्पीड़कों का विरोध करने की दिशा में जन-आकांक्षा की स्वतः स्फूर्त अभिव्यक्ति थे।[9]

यह संघर्ष अपने प्रारंभिक चरण में भले ही व्यापक रूप न ग्रहण कर सके हों, परंतु संघर्ष की एक अविच्छिन्न शृंखला के रूप में इनके महत्व को नकारा नहीं जा सकता। राष्ट्रीय जनतांत्रिक विचारधारा के बुद्धिजीवियों ने जन संघर्ष की इस धारा से अपना तादात्म्य स्थापित किया और स्वतंत्रता प्राप्ति के लिए इसकी अनिवार्यता को पहचाना। उनके अनुसार 'स्वराज्य प्राप्ति' और शोषित जनों की मुक्ति दोनों में कोई भिन्नता नहीं थी, इसलिए उन्होंने स्वतंत्रता आंदोलन की मूल शक्ति के रूप में संगठित जन-संघर्ष चेतना को सक्रिय करने की दिशा में अपना ध्यान केन्द्रित किया, और जनतांत्रिक विचारधारा के पुष्ट आधार के रूप में भारत की दार्शनिक चिन्तन परम्परा के भीतर से उन मूल सूत्रों को खोज निकाला जो नवीन युग-सन्दर्भों के अनुरूप प्रेरणादायी सिद्ध हो सकें।

इन सिद्धांतों में वेदान्त (अद्वैत दर्शन और गीता) व कर्मवाद प्रमुख हैं। जनतांत्रिक विचारधारा के प्रतिनिधियों के रूप में स्वामी विवेकानन्द, लोकमान्य

बालगंगाधर तिलक, अरविन्द घोष, चंद्रशेखर आजाद, शहीद भगत सिंह, राम प्रसाद बिस्मिल, नेताजी सुभाषचन्द्र बोस तथा आचार्य नरेन्द्र देव आदि थे।

स्वामी विवेकानंद

उन्नीसवीं शताब्दी के उत्तरार्द्ध में जनतांत्रिक विचारधारा के उन्नायकों में से जिस व्यक्तित्व ने निराला की चेतना में सक्रिय परम्परा और आधुनिकता के द्वन्द्व को सर्वाधिक उत्प्रेरित किया, वे थे रामकृष्ण परमहंस के शिष्य स्वामी विवेकानंद। रामकृष्ण परमहंस की प्रेरणा से नवीन युग संदर्भों के अनुकूल अद्वैत वेदान्त की व्यावहारिक व्याख्या प्रस्तुत करनेवाले विवेकानंद स्वयं मध्यवर्ग से आए थे। उनके चिंतन का प्रमुख केन्द्र तत्कालीन भारत की वह अधिसंख्यक जनता थी जो आर्थिक, सामाजिक एवं वैचारिक दृष्टि से पिछड़ी हुई और शोषित थी। अपने देशव्यापी भ्रमण के दौरान उन्होंने अनुभव किया कि इस दलित वर्ग के उत्थान के बिना राष्ट्रीय उन्नति की कल्पना नहीं की जा सकती। उन्होंने 1886 में 'रामकृष्ण मिशन' की स्थापना की जिसका प्रधान लक्ष्य निर्धन जनता के जीवन-स्तर को ऊँचा उठाना था।

उस संक्रान्ति युग में गुलाम भारतीय जनता जहाँ एक ओर परतंत्रता, अज्ञान, अशिक्षा, अंधविश्वास और रूढ़िवाद के कारण प्राचीन परम्पराओं के अंधानुकरण में प्रवृत्त थी, वहीं दूसरी ओर पश्चिमी ज्ञान-विज्ञान और संस्कृति के सहसा साक्षात्कार से चमत्कृत और अभिभूत हो रही थी। एक ओर पुनरुत्थानवादी बुद्धिजीवी परंपरा प्रेम और संस्कृति की शुद्धता के नाम पर जनता में व्याप्त जड़ता और रूढ़िवाद को प्रश्रय दे रहे थे तो दूसरी ओर सुधारवादी आधुनिकता और परिवर्तन की संभावनाओं को पश्चिमी ज्ञान, शिक्षा और जीवन-पद्धति के भीतर खोज रहे थे। ऐसी स्थिति में भारतीय अस्मिता की वास्तविक छवि उभारना और उसे सुरक्षित रखते हुए प्रगति की दिशा में अग्रसर करना विवेकानन्द के चिन्तन का बुनियादी विषय बना।

विवेकानन्द न तो अतीत को पूर्णतः नकारने के पक्ष में थे और न ही आधुनिकता के नाम पर पाश्चात्य संस्कृति के अंधानुकरण का समर्थन करते थे। इसी कारण जहाँ वे भारत में आधुनिकीकरण की प्रक्रिया को अनिवार्य मानते थे, वहीं भौतिक सुख-समृद्धि को इस प्रक्रिया के एक अंग के रूप में स्वीकार करते थे। उनकी इस प्रौढ़ एवं व्यापक विचारधारा ने तत्कालीन भारत में परम्परा के आधुनिकीकरण की द्वन्द्वात्मक प्रक्रिया से उत्पन्न मूल्य-संक्रमण को एक सुचिन्तित दिशा प्रदान की। उनका मत था कि भौतिक विकास आध्यात्मिक विकास की दिशा में एक संक्रमणकालीन प्रयत्न है न कि उसका विकल्प। वह जनसाधारण के लिए भौतिक विकास की आवश्यकता तो स्वीकार करते थे, परन्तु उसका प्रधान उद्देश्य आध्यात्मिक विकास मानते थे। उनके सिद्धान्त यथार्थ जीवन और जगत की

आधारभूत और व्यावहारिक आवश्यकताओं से विमुख न होकर जीवन में सक्रिय रहते हुए उसे बेहतर बनाने की दिशा में प्रेरक सिद्ध हुए।

विवेकानन्द ने वेदान्त की जो व्यावहारिक व्याख्या प्रस्तुत की, उसके अन्तर्गत ईश्वर अथवा ब्रह्म इस जगत से परे कोई अलौकिक, अतिमानवीय रहस्यमय सत्ता न होकर इस जगत के प्रत्येक प्राणी में अस्तित्वमान है। इसलिए यदि ईश्वर को खोजना है तो उसे मनुष्य में ही खोजना होगा। उनका विश्वास था कि गति और परिवर्तन ही जीवन का गीत है। प्रत्येक वस्तु की उत्पत्ति, विकास, रूप-परिवर्तन तथा नाश उसकी प्रकृति के अनुरूप उसी में अंतर्निहित होता है। कोई भी परिवर्तन किसी बाहरी शक्ति द्वारा नहीं होता। इस प्रकार विवेकानन्द का अद्वैत शंकराचार्य के अद्वैत से भिन्न व निरन्तर गतिशील था।

शंकर ने ब्रह्म और जीव में अद्वैत मानते हुए भी इस संसार को माया-रूप अर्थात् मिथ्या बतलाया, जिसके परिणामस्वरूप उच्च वर्ग द्वारा निम्न वर्ग पर शोषण करने के सभी मार्ग खुल गए। इसके विपरीत विवेकानंद ने अद्वैत की यथार्थपरक मानवतावादी व्याख्या प्रस्तुत की, जहाँ ब्रह्म और जीव में कोई भेद नहीं, और जब ब्रह्म और जीव में कोई भेद नहीं तब जीव-जीव में भेद कैसा। जब ब्रह्म औरजीव एक ही है तब इस जगत में शोषित-पीड़ित जीव की उपेक्षा कर ब्रह्म की निरपेक्ष सत्ता में लीन होना कहाँ तक उचित है। यहीं से विवेकानन्द की विचारधारा में व्यावहारिक वेदान्त अर्थात् अमूर्त मानवता के स्थान पर ठोस और नवीन मानवतावाद का स्वरूप विकसित हुआ। उनका मत था कि भारत में जनता की गरीबी और रोजी-रोटी की समस्या को सुलझाए बिना, उसे स्वावलम्बी और बौद्धिक रूप से सुदृढ़ बनाए बिना कोई भी धर्म कारगर नहीं हो सकता।

विवेकानन्द की दृष्टि में श्रमजीवी वर्ग ही देश व समाज के निर्माण और विकास की मूल शक्ति है। उन्होंने श्रमजीवी वर्ग और शोषक वर्ग के मूलभूत अंतर्विरोधों को उजागर करते हुए यह स्पष्ट किया कि अब तक उच्च वर्ग अपने स्वार्थपूर्ण रवैए और कूटनीति द्वारा श्रमजीवी वर्ग को अपने शोषण का शिकार बनाता रहा है, और निम्न कहा जाने वाला—श्रमजीवी वर्ग अपने अज्ञान के कारण उस अन्याय को सहता रहा है, परंतु अब समय बदल रहा है। इस वर्ग में नई चेतना और संगठन-शक्ति का संचार हो रहा है। अब उसे अपना अधिकार लेने से कोई नहीं रोक सकता। यदि उच्च वर्ग अपना कल्याण चाहता है तो वह निम्न वर्ग के हितों में ही अपना हित समझे और उन्हें वैध अधिकार प्राप्त करने में मदद करे। भारत को अब एकमात्र इसी वर्ग से आशा है, क्योंकि उच्च वर्ग नैतिक रूप से खोखला हो चुका है।

वस्तुतः विवेकानन्द राजनीतिक चेतना की दृष्टि से इतने आगे थे कि रूस की क्रान्ति से दो दशक पहले ही उन्होंने मजदूर वर्ग की स्थिति और शक्ति को पहचान लिया था और उसके शोषण की निन्दा की थी। विवेकानन्द अतीत की आधारशिला

पर उसकी कमियों और विसंगतियों तथा सामाजिक कुरीतियों का तिरस्कार कर वेदान्त की मौलिक विशुद्धता को पुनर्स्थापित करना चाहते थे।

विवेकानंद ने तत्कालीन भारतीय समाज में निम्न वर्ग के समान सदियों से पराधीन रूढ़िवादी संस्कारों में जकड़ी नारी को उसकी शोचनीय दशा से उबारने के लिए भी प्रयत्न किए। उन्होंने स्त्री-शिक्षा पर विशेष बल दिया। उनकी दृष्टि में शिक्षा द्वारा अज्ञान दूर होने से स्त्रियाँ स्वयं ही इतनी सक्षम हो जाएंगी कि वे जीवन और व्यक्तित्व के विकास के सम्बन्ध में निर्णय ले सकें और, तब समाज-सुधारक पुरुषों को उन्हें निर्देश देने की आवश्यकता नहीं पड़ेगी। उन्होंने शिक्षा तथा शास्त्रों के ज्ञान और उनके प्रचार के क्षेत्र में स्त्रियों को पुरुषों की तुलना में, अधिकारों से वंचित करके उन्हें पिछड़ी स्थिति में डालने के लिए पुरोहित नीति को दोषी ठहराया।

विवेकानंद को पुनरुत्थानवादियों के समान धार्मिक एवं सास्कृतिक चिंतन परम्परा से अंधमोह नहीं था, इसलिए उनके राष्ट्र-प्रेम में संकीर्णता के तत्व नहीं आ पाए। 1857 के स्वाधीनता-संग्राम के पश्चात् ब्रिटिश शासकों ने हिन्दुओं और मुसलमानों के बीच धार्मिक वैमनस्य फैलाते हुए दोनों के बीच फूट डालनी प्रारम्भ कर दी थी। इससे जहाँ राष्ट्रीय एकता की भावना को गहरी ठेस पहुँची, वहीं 'आर्य समाज' और 'थियोसोफिकल सोसाइटी' जैसे धार्मिक पुनरुत्थानवादी आन्दोलन सामने आए, जिन्होंने हिन्दू राष्ट्रवाद की भावना को बढ़ावा दिया। कहीं-कहीं इस प्रोत्साहन में संकीर्णता के तत्व भी समाविष्ट हो गए। यही कारण थे कि स्वतंत्रता से पूर्व, आपसी फूट, भारतीय जनता की संघर्ष-शक्ति को कम करके अंग्रेजों के पक्ष में वातावरण तैयार कर रही थी। उन्नीसवीं शताब्दी के उत्तरार्द्ध में रामकृष्ण परमहंस और उनके शिष्य विवेकानन्द ने व्यापक राष्ट्रीयता के आधुनिक स्वरूप की जो संकल्पना प्रस्तुत की, उसमें वेदान्त की व्यावहारिक व्याख्या प्रमुख थी। इसके अन्तर्गत उन्होंने भारतीय जनमानस को धार्मिक और जातीय वैमनस्य की संकीर्ण भावना से ऊपर उठाकर मानवतावाद की ओर प्रेरित किया। यह राष्ट्रीयता हिन्दुओं के संकीर्ण राष्ट्रवाद तथा पाश्चात्य शिक्षा और ज्ञान से अत्यधिक अभिभूत अभिजात बुद्धिजीवियों के अतिशय उदारवादी दृष्टिकोण, दोनों अतिवादों से मुक्त, अपेक्षाकृत अधिक संतुलित व प्रगतिशील थी।

विवेकानन्द ने हिन्दुओं और मुसलमानों के भौतिक हितों में भी समानता लाने की बात पर बल दिया। उनका कहना था, जब तक दोनों समुदायों के हित समान अर्थात् एक-से नहीं होते, केवल उपदेश देकर, समितियाँ बनाकर या व्याख्यान देकर उन्हें एकता के सूत्र में नहीं बाँधा जा सकता। इस प्रकार उन्होंने आधुनिक भारत में समाजवाद और धर्मनिरपेक्षता का वातावरण बनाने में महत्वपूर्ण योगदान किया। वे स्वतंत्रता को व्यापक अर्थों में देखते थे। उनके विचार में स्वतंत्रता का अर्थ स्वार्थ-पूर्ति अथवा निरंकुश आर्थिक शोषण न होकर यह था, कि—नागरिक अपने

शरीर, अपनी बुद्धि और अपनी सम्पत्ति का, बिना दूसरों को हानि पहुँचाए इच्छानुसार उपयोग करें और समाज के सभी लोगों को शिक्षा, ज्ञान और सम्पत्ति प्राप्त करने के समुचित अवसर मिलें। उन्होंने जनता में व्याप्त हीन-भावना को दूर करने हेतु, उसके सुप्त आत्मबल को जगाते हुए अनेक विचारोत्तेजक भाषण दिये जिनमें कायरता और निष्क्रियता को छोड़कर पौरुषयुक्त संघर्ष और आत्म-बलिदान का आह्वान था। उनके ऐसे संदेशों ने तत्कालीन भारतीय युवकों के हृदय में नई शक्ति संचारित की और उन्हें क्रान्ति की ओर उन्मुख किया।[10]

अपने देश की आध्यात्मिक परंपरा के प्रति गहन आस्था होते हुए भी विवेकानन्द ने 'व्यवहारिक वेदान्त' के विस्तृत निरूपण में जनोन्मुखी यथार्थवादी दर्शन की प्रतिष्ठा की। इस प्रकार उनका 'व्यावहारिक वेदान्त' बहुत कुछ उस विचारधारा के सदृश प्रतीत हुआ जिसकी 'समाजवाद' के नाम से उस समय शिक्षा दी जा रही थी। यद्यपि 'व्यावहारिक वेदान्त' और समाजवाद के बीच कार्य-पद्धति में अनेक अन्तर थे, तथापि अपनी ऐतिहासिक 'युक्ति-संगतता' में व्यावहारिक वेदान्त और समाजवाद के कुछ प्रमुख प्रकारों जैसे लोकतांत्रिक समाजवाद और गाँधीवादी समाजवाद, में बहुत समानताएँ थीं। यहाँ तक कि गाँधीवादी समाजवाद बहुत हद तक विवेकानंद के व्यावहारिक वेदान्त का ऋणी है और उसी से प्रसूत है।[11]

इसी व्यावहारिक वेदान्त ने तिलक और अरविन्द घोष जैसे राष्ट्रवादी जनतांत्रिक विचारधारा के समर्थकों को अतिशय प्रेरणा प्रदान की और इसके मानवतावादी पक्ष से गीता के कर्मयोग की अवधारणा को संयुक्त कर इन विचारकों ने उसे और अधिक विस्तार दिया। पराधीन भारत में पीड़ित जनता को उसके कष्टों और असह्य वेदना से मुक्त करने के सतत संघर्ष में इस दर्शन की अत्यन्त प्रेरणादायी भूमिका रही। विवेकानन्द ने जनता को शक्ति और पौरुष युक्त संघर्ष का जो संदेश दिया, उससे, आगे चलकर उग्रवादी विचारधारा को अत्यधिक नैतिक बल प्राप्त हुआ। उग्रवादी नेताओं ने देवी काली और भारत माता में एकत्व स्थापित कर जन-मानस में धार्मिक और राष्ट्रीय भावना को एकीकृत किया। उन्होंने देश को स्वाधीन कराने हेतु जनता को शक्ति युक्त संघर्ष के लिए प्रेरित किया। इस प्रकार विवेकानन्द का व्यक्तित्व जनतांत्रिक विचारधारा के विकास में युगान्तरकारी सिद्ध हुआ। यहाँ एक तथ्य ध्यान देने योग्य है कि जहाँ एक ओर उनके द्वारा प्रतिपादित दर्शन यथार्थोन्मुखी और प्रगतिशील था, वहीं दूसरी ओर उनके द्वारा स्थापित 'रामकृष्ण मिशन' में आगे चलकर मध्ययुगीन चमत्कारवाद के तत्वों को समाहित कर लिया गया।

उन्नीसवीं शताब्दी के मध्य में भारत में जब औद्योगीकरण आरंभ हुआ, अंग्रेजों ने रेल, ऊन, पटसन, चाय और कागज जैसे उद्योगों में पूँजी लगाई, तो भारत का धनी वर्ग भी औद्योगीकरण की ओर आकर्षित हुआ और 1853 में भारत में राष्ट्रीय पूँजी से एक सूती मिल लगाई गई। 1880 तक भारत में स्वदेशी मिलों की संख्या

बढ़कर 150 हो गई, जिनमें लगभग पचास हजार मज़दूर काम करते थे। किन्तु राष्ट्रीय उद्योगों को शुरू से ही बड़ी कठिनाइयों का सामना करना पड़ा। अब तक ब्रिटिश पूँजीपतियों ने भारत की आर्थिक और राजनीतिक व्यवस्था में अपने पैर मज़बूती से जमा लिए थे। रेल, यातायात, बैंक, विदेशी व्यापार आदि सभी पर उनका नियंत्रण था। अंग्रेजों ने भारत में बड़े पैमाने के उद्योग-धंधों का विकास नहीं होने दिया। इससे राष्ट्रीय उद्योग-धंधे आवश्यक तकनीकी, मशीनों व माल की बिक्री और वित्तीय सहायता के लिए अंग्रेज़ों पर निर्भर हो गए।

इससे भारत में उपनिवेशवाद और सामंतवाद के ढाँचे के अंतर्गत राष्ट्रीय पूँजीपति वर्ग में ब्रिटिश पूँजीपतियों का साझेदार बनने की आकांक्षा और ब्रिटिश शासन की नेक-नीयत में अटूट विश्वास पनपा जिसका स्पष्ट प्रभाव भारतीय राष्ट्रीय कांग्रेस के प्रारम्भिक दिनों में परिलक्षित हुआ। आगे चलकर इसने कांग्रेस में उदारवादी विचारधारा–'नरमदल' को जन्म दिया।

उदारवादी विचारधारा

सन् 1885 में भारतीय राष्ट्रीय कांग्रेस की स्थापना हुई। इसके प्रथम अधिवेशन में ही सभापति श्री उमेशचन्द्र बेनर्जी ने जो घोषणा की थी, वह अंग्रेज़ी शासन के प्रति आस्था की स्पष्ट द्योतक है। उन्होंने लार्ड रिपन के शासन काल को स्मरण करते हुए आश्वासन दिया कि कांग्रेस केवल राष्ट्रीय एकता सम्बन्धी नीति का समर्थन ही नहीं करती, वरन् उसे सुदृढ़ और विकसित करने का प्रयास भी करेगी। कांग्रेस के प्रथम प्रस्ताव को पारित करते हुए वक्ताओं ने भारत में ब्रिटिश शासन को ईश्वर की महान कृपा बताते हुए ब्रिटेन को यह श्रेय दिया कि उसने भारत को बाह्य आक्रमणों और आंतरिक अराजकता से सुरक्षित रखने का प्रशंसनीय कार्य किया है, इसलिए भारतीयों को ब्रिटिश सत्ता का आदर करना चाहिए।

कांग्रेसी नेताओं ने उस समय न तो राष्ट्रीय स्वतंत्रता को प्रधान लक्ष्य के रूप में चुना था और न ही उसकी प्राप्ति के लिए उनके पास कोई ठोस योजना ही थी। अंग्रेजी शासन से अभिभूत ये लोग समझौतावादी मार्ग ही अपनाते रहे।

सन् 1895 में सुरेन्द्रनाथ बेनर्जी द्वारा प्रकट किए गए विचार प्रमाणित करते है कि अंग्रेजों का गुरुत्व भारतीय नेताओं के मस्तिष्क पर अपना प्रभुत्व जमा चुका था और भारत के सामान्य जनों के हितों को कुचलने वाले अंग्रेज उन्हें मसीहा प्रतीत होते थे।[12] यहाँ तक कि दादा भाई नोरौजी जैसे व्यक्ति ने भी ब्रिटिश शासन का समर्थन करते हुए कहा कि इस शासन में ऐसे कितने ही तत्व हैं जो भारत और ब्रिटेन दोनों के लिए समान रूप से लाभकारी हैं।

कांग्रेस के इन उदारवादी नेताओं ने जनसाधारण को स्वाधीनता प्राप्ति के लिए किसी व्यापक आंदोलन हेतु प्रोत्साहित करने के बदले राष्ट्रवादी क्रांतिकारियों के विरुद्ध

ब्रिटिश साम्राज्य के दमन का ही समर्थन किया। वे सदैव यह आशा लगाए रखते थे कि ब्रिटिश शासन, देश में औद्योगीकरण तथा प्रगतिशील सुधारों को जारी रखेगा। उनका विचार था कि भारतीय समाज में धार्मिक भेदभाव और रूढ़िवादी विश्वासों का खण्डन करने के लिए अंग्रेजी राज और अंग्रेजी शिक्षा ही उपयोगी है। इससे लाभ उठाकर हिन्दू-मुस्लिम समाज के सामुदायिक हितों की दिशा में कार्य किया जाए। अर्थात् यह उदारवादी नेता भारतीय समाज को हिन्दू-मुस्लिम सम्प्रदायों में विभक्त हुआ मानते थे और समाज सुधार के लिए अंग्रेजों की सहायता पर आश्रित थे।

उदारवादी धारा के अधिकांश बुद्धिजीवी अभिजात व पूँजीपति वर्ग में से थे, जिनकी दृढ़ मान्यता थी कि भारत में आधुनिकीकरण-औद्योगीकरण का प्रमुख श्रेय ब्रिटिश शासन को है। अंग्रेज यहाँ अपने ज्ञान-विज्ञान का प्रकाश लेकर आए है, अतैव हमें अपने सामाजिक एवं आर्थिक विकास के लिए उनकी (अंग्रेजों की) शिक्षा व जीवन-पद्धति को आत्मसात करना आवश्यक है इसलिए भारतीय जनता को उनके द्वारा बनाए नियमों, कानूनों तथा रचनात्मक प्रयासों का समर्थन करना चाहिए। इन बुद्धिजीवियों का ध्यान इस ओर कभी नहीं गया कि अंग्रेज़ भारत को अपना उपनिवेश मानते हैं और उनकी सभी नीतियों का सबसे बड़ा उद्‌देश्य उनका निजी लाभ है। उन्हें भारत की उन्नति की चिंता नहीं है।

भारत में अंग्रेजी शिक्षा के प्रचार-प्रसार के पीछे लार्ड मैकाले का स्पष्ट मंतव्य था कि भारत में राज-काज को चलाने के लिए एक ऐसे वर्ग की अत्यंत आवश्यकता है जो हिन्दी और अंग्रेजी दोनों भाषाएँ जानता हो तथा ब्रिटिश शासन और भारतीय जनता के बीच सम्पर्क का कार्य कर सके। इस वर्ग का रंग-रूप तो भारतीय रहेगा, परन्तु मस्तिष्क अंग्रेजों का होगा। रेलवे और डाकतार की व्यवस्था ईसाई मिशनरियों द्वारा ईसाईयत का प्रचार-प्रसार, विद्यालयों और महाविद्यालयों की स्थापना आदि अनेक ऐसे कार्य थे जो ऊपर से तो रचनात्मक प्रतीत होते थे, परंतु अंग्रेजों ने इनका उपयोग भारतीयों के विरुद्ध अस्त्रों के रूप में ही किया था। इसी प्रकार उन्होंने जिस शिक्षा का प्रचार-प्रसार किया, उसका लाभ एक निश्चित वर्ग तक ही सीमित रहा और जनता का अधिकांश भाग इससे अछूता ही रहा। इसके परिणाम स्वरूप शिक्षित वर्ग और आम जनता के बीच विषमता की खाई गहरी होती चली गई।

वास्तविकता तो यह है कि भारतीय जनता भले ही साक्षर न रही हो, परंतु उसे अशिक्षित मान लेना एक भ्रामक धारणा है, जिसका विकास अंग्रेजी शिक्षा पद्धति और उसके समर्थकों द्वारा किया गया। इसके अन्तर्गत शिक्षित होने का मानदण्ड साक्षरता को बनाया गया, जो वस्तुतः भारतीय जनता में हीन-भावना पैदा करने और उसकी सांस्कृतिक अस्मिता को कुचलने की ब्रिटिश सरकार की एक समझी-बूझी कूटनीति थी।

उदारवादी विचारक उनकी इस कूटनीति की तह तक नहीं पहुँच सके और

आरम्भ से ही अंग्रेजों के प्रति सहिष्णु बने रहे। उन्होंने क्रांति के स्थान पर समझौतावाद और ढुल-मुलेपन की नीति का सहारा लिया। बहुत वर्षों तक इन नेताओं का विश्वास बना रहा कि अंग्रेज लोग इतने न्यायप्रिय हैं कि यदि भारतीयों की समस्याएँ उनके सामने रखी जाए तो वे अवश्य दूर करेंगे।

इसी विश्वास के आधार पर कांग्रेसी नेताओं ने अपनी निम्नलिखित माँगें ब्रिटिश शासन के समक्ष रखीं—(1) वैधानिक आंदोलन चलाकर मुकदमों की सुनवाई की प्रथा का प्रसार करना, (2) न्याय कार्य को प्रशासन कार्य से पृथक करना, (3) सामान्य तथा तकनीकी शिक्षा का विस्तार करना, (4) केन्द्रीय और प्रांतीय विधान-मण्डलों का विस्तार करके उनमें निर्वाचित भारतीय प्रतिनिधि बढ़ाकर देश में स्वशासन का विकास करना। परंतु ब्रिटिश सरकार ने कांग्रेस के इन प्रस्तावों की पूर्ण उपेक्षा की, जिससे कांग्रेस के अनुयाइयों में निराशा की भावना फैलने लगी।

परिणामस्वरूप कांग्रेस में धीरे-धीरे ब्रिटिश सरकार विरोधी भावना बढ़ने लगी और कांगेस जनों का एक वर्ग वैधानिक आंदोलन में अपना विश्वास खो बैठा। इस वर्ग का नेतृत्व बालगंगाधर तिलक, अरविन्द घोष, विपिनचन्द्र पाल और लाला लाजपतराय कर रहे थे।[13] इन नेताओं का विचार था कि सिर्फ कहने से शासन-सुधार नहीं प्राप्त होंगे उनके लिए ठोस कार्यवाही करने की आवश्यकता है।

उग्रवादी विचारधारा

उदारवादी विचारधारा के विपरीत जनतांत्रिक विचारधारा का यह उग्रवादी विकास था। इसलिए इसे क्रांतिकारी विचारधारा—'गरम दल' के नाम से जाना जाता है। इसके चिन्तन का मूल केन्द्र जनसाधारण और उसका मुक्ति-संघर्ष था। पीड़ित जनों के आक्रोश को वाणी देना, उन्हें अन्याय के प्रतिरोध हेतु प्रेरित करना व सक्रिय संघर्ष द्वारा स्वाधीनता की प्राप्ति उग्रवादियों के प्रमुख उद्देश्य थे। यह नेता अंगेजों की साम्राज्यवादी नीति से भली-भाँति अवगत थे और उनके किसी भी प्रकार के समझौते में उन्हें विश्वास न था। वे जनता की आकांक्षा को अपनी आकांक्षा और उसके हित को अपना हित मानते थे। इसी कारण राष्ट्रीय स्वाधीनता-संग्राम को व्यापक और सक्रिय रूप देने के लिए उन्होंने जनसाधारण को अपने साथ लिया। तिलक ने 1902 में जनता का आह्वान किया कि वह ब्रिटिश साम्राज्यवाद के विरुद्ध उठ खड़ी हो। यही नहीं, तिलक ने ही सबसे पहले आवाज उठाई कि स्वराज्य मेरा जन्मसिद्ध अधिकार है और मैं उसे लेकर ही रहूँगा। लगभग इसी समय अरविन्द घोष ने कांग्रेस की तीखी आलोचना करते हुए घोषणा की कि प्रतिवेदनों, प्रार्थनाओं और स्मरण-पत्रों द्वारा स्वतंत्रता नहीं प्राप्त की जा सकती। उन्होंने अनेक क्रांतिकारी संगठनों से सम्बन्ध स्थापित किए और साथ ही साथ अपनी क्रांतिकारी पत्रिका—'वन्दे मातरम्' द्वारा जनता को ब्रिटिश साम्राज्य के विरुद्ध एकजुट हो संघर्ष करने की प्रेरणा दी।[14]

इस प्रकार तिलक और अरविन्द घोष उदारवाद के स्थान पर जिस उग्रवादी नीति का प्रचार कर रहे थे, वह स्वदेशी, असहयोग, बहिष्कार और राष्ट्रीय शिक्षा की विचारधारा पर आधारित थी। उनके विचार में 'स्वराज्य' इन सबके समन्वित अर्थ का पर्याय था। दोनों ही नेताओं की आस्था व्यावहारिक वेदान्त-दर्शन में थी। इस कारण वे जगत को मिथ्या न मानकर यथार्थ मानते थे। तिलक ने गीता के कर्मवाद को व्यावहारिक वेदान्त से जोड़कर उसे स्वाधीनता आंदोलन की प्रमुख प्रेरणा-शक्ति के रूप में प्रस्तुत किया। भारत का तत्कालीन यथार्थ था परतंत्रता और जनता का तद्जन्य नारकीय जीवन, जिसे बदलने के लिए कर्म में प्रवृत्त होना अनिवार्य था। अरविन्द घोष के कर्मवाद की भी यही अपेक्षा थी।

इसी बात को लेकर तिलक ने अपनी पुस्तक "गीता रहस्य" में कर्मवाद की युगानुरूप व्याख्या प्रस्तुत की, जिसके अन्तर्गत उन्होंने मनुष्य को संसार में रहते हुए सदा क्रियाशील बने रहने और संसार के कल्याण हेतु समर्पित रहने का संदेश दिया। उनकी मान्यता थी कि ईश्वर से एकत्व स्थापित करने के लिए व्यक्ति को सभी जनों के हित से तादात्म्य करना होगा और इसके लिए सदैव सक्रिय रहना होगा।

इस प्रकार, उग्रवादियों के दार्शनिक चिंतन ने, जनहित, स्वाधीनता और स्वराज्य-प्राप्ति के लक्ष्यों से जुड़कर एक नई अर्थवत्ता प्राप्त की और तत्कालीन परिस्थितियों में स्वाधीनता आन्दोलन को जनोन्मुख बनाने और उसे नई दिशा और गति देने में प्रेरणादायी भूमिका निभाई। जनता में जागृति लाने हेतु क्रांतिकारियों ने अनेक पत्र-पत्रिकाएँ निकालीं, जिनमें 'केसरी', 'मराठा', 'बंगाली', 'अमृतबाजार पत्रिका', 'भारत-मित्र', 'न्यू इंडिया', 'ट्रिब्यून', 'बाम्बे क्रोनिकल', 'मॉर्डन रिव्यू', 'हिन्दोस्थान', 'भारतवासी', 'भविष्य', 'अभ्युदय', 'शक्ति' और 'हिन्दू' प्रमुख हैं।[15] इन पत्र-पत्रिकाओं ने स्वाधीनता के संदेशको आम जनता तक ले जाने में महत्वपूर्ण भूमिका निभाई।

उपरोक्त पत्र-पत्रिकाओं के अतिरिक्त बींसवीं शताब्दी के प्रथम दशक में 'मित्रमेला समिति' (बाद में 'अभिनव-भारत') तथा 'अनुशीलन समिति' (सदस्य संख्या-बीस हजार) जैसी सशक्त क्रांतिकारी संस्थाएँ बनीं। जनता में उग्रवादी विचारधारा के प्रचार और प्रसार में एक ओर आर्य समाज, थियोसोफिकल सोसाइटी, रामकृष्ण मिशन आदि धार्मिक आंदोलनों ने तथा दूसरी ओर राजनीतिक दृष्टि से 1857 के प्रथम स्वाधीनता संग्राम की स्मृति के साथ-साथ 1905 में बंग-भंग की घटना से उत्पन्न उत्तेजना और 1905 में जारशाही रूस पर एशियाई देश जापान की सैनिक विजय की घटना ने महत्त्वपूर्ण योगदान किया।

जापान की रूस पर विजय ने यह सिद्ध कर दिया कि एक एशियाई देश संगठन और प्रशिक्षण द्वारा यूरोप के एक बड़े व सुदृढ़ राष्ट्र को भी परास्त कर सकता है। इससे प्रेरित होकर भारत में भी शक्ति की देवी काली और शिवाजी के नाम पर जनता

को एकजुट होने और विदेशी सरकार के विरुद्ध जवाबी कार्यवाही करने का आह्वान किया गया।

बंग-भंग के समय भारतीय राजनीति में स्पष्ट रूप से तीन विचारधाराएँ उभर कर सामने आईं। सरकार ने इनमें से एक को उदारवादी दूसरी को राष्ट्रवादी या उग्रवादी और तीसरी को क्रांतिकारी या आतंकवादी कहा। यद्यपि तीनों के उद्देश्य समान थे, परंतु तीनों की कार्य-पद्धतियाँ भिन्न थीं।

उदारवादी नेताओं का मत था कि अंग्रेज उनकी माँगों को स्वीकार कर संविधान में सुधार लाएंगे तथा भारत को अंग्रेज़ी साम्राज्य के अन्तर्गत डोमिनियन किस्म की स्वशासी शासन-प्रणाली स्थापित करने का अधिकार देंगे। उग्रवादी विचारधारा का प्रतिनिधित्व तिलक और अरविन्द घोष जैसे नेता कर रहे थे, जिनका उद्देश्य वैधानिक तरीकों से ब्रिटिश सरकार के प्रति पूर्ण असहयोग की नीति अपनाकर उसका विरोध करना था। उन्होंने ब्रिटिश माल और ब्रिटिश संस्थाओं के बहिष्कार को स्वराज्य प्राप्ति का अस्त्र बनाया। इससे सिद्ध होता है कि इनका क्रांतिकारी दर्शन भारतीय जनता की चिंतन-परंपरा से ही पनपा था। तीसरी विचारधारा सशस्त्र क्रांति की पक्षधर थी। इसके प्रतिनिधि वारिंद्र कुमार घोष और भूपेंद्रनाथ दत्त थे। यह क्रांतिकारी 1857 के स्वाधीनता के सशस्त्र संग्राम, फ्रांसीसी क्रांति, इटली का पुनर्जागरण, आयरिश जनता का स्वाधीनता आंदोलन तथा रूस के क्रांतिकारी संघर्षों से प्रभावित और पश्चिमी क्रांतिकारी तरीकों को अपनाने के पक्षधर थे। गुप्त समितियाँ संचालित करना व शस्त्र प्रयोग द्वारा धन एकत्र करना और अंत्तोगत्वा विद्रोह करना उनकी योजना के विविध अंग थे। वे सशस्त्र क्रांति द्वारा ब्रिटिश शासन को उखाड़ फेंकना चाहते थे। उन्होंने स्कूलों, धार्मिक संस्थानों, अखाड़ों, राजनीतिक पार्टियों व सार्वजनिक सभाओं तथा पत्र-पत्रिकाओं आदि को, आम जनता तक अपने विचार पहुँचाने का माध्यम बनाया।

यहाँ यह तथ्य उल्लेखनीय है कि चाहे उग्रवादी विचारधारा रही हो अथवा सशस्त्र क्रांतिकारी, दोनों का आधार जनतांत्रिक रहा। इसी कारण यह लोग बीसवीं शताब्दी के आरंभ में जनता के बहुत बड़े वर्ग को संगठित कर स्वाधीनता-आन्दोलन को एक व्यापक जन-आन्दोलन का रूप दे सके।

उग्रवादी और उदारवादी विचारधारा का द्वन्द्व : स्वाधीनता आंदोलन की दिशा

भारतीय राष्ट्रीय कांग्रेस में उग्रवादी और उदारवादी विचारधाराओं का संघर्ष पहले ही आरंभ हो चुका था। किन्तु बंग-भंग की घटना के बाद स्वदेशी आंदोलन के दमन के लिए जब सरकार ने कड़ा रुख अपनाया तो विरोध अधिक गहरा हो गया।

कांग्रेस के बनारस अधिवेशन (1905) में उदारवादियों का तथा कलकत्ता अधिवेशन (1906) में उग्रवादियों का पलड़ा भारी रहा। कलकत्ता अधिवेशन में स्वराज्य,

स्वदेशी, विदेशी माल का बहिष्कार व राष्ट्रीय शिक्षा पर कड़ी भाषा में प्रस्ताव पास किए गए जो उदारवादियों को पसन्द नहीं थे। ब्रिटिश सरकार ने भी इन प्रस्तावों पर अपनी नाराज़गी प्रकट की और मार्ले तथा मिन्टो ने कांग्रेस में फूट डालने की कोशिश की व उदारवादियों को भड़काया। इसका परिणाम यह हुआ कि उदारवादियों ने कांग्रेस के विभाजन के ख़तरे के बावजूद प्रस्तावों में परिवर्तन करने पर ज़ोर दिया।[16]

सूरत अधिवेश (1907) में कांग्रेस गरम और नरम दलों में बँट गई। उग्रवादियों के अलग हो जाने के कारण वह एक उदारवादी संगठन बनकर रह गई। उसकी शक्ति कम हो जाने से उसकी लोकप्रियता भी घट गई। दूसरी ओर सन् 1908 में तिलक और अरविन्द घोष की गिरफ्तारी तथा विभिन्न क्रांतिकारी पत्र-पत्रिकाओं के संपादकों को जेल में बंद कर दिए जाने से उग्रवादी आंदोलन क्षीण हो गया।

सरकार ने पंजाब के नेता लाला लाजपत राय और अजीत सिंह को 'देश निकाला' दे दिया तथा 'संध्या' और 'बन्दे-मातरम' समाचार-पत्रों को 'देश-द्रोही' घोषित कर दिया। आग उगलने वाली 'संध्या' के संपादक ब्रह्म बन्धु उपाध्याय का मुकदमे की सुनवाई के दौरान ही देहान्त हो गया। 'काल' के संपादक परांजपे को उन्नीस माह की कैद की सजा दी गई व बंगाल के नौ अन्य नेताओं व पत्रकारों को देश से बाहर निकाल दिया गया। सभी समाचार-पत्रों पर नियंत्रणात्मक जाँच लागू कर दी गई। सरकार ने 8 जून 1908 को 'विस्फोटक पदार्थ कानून' और 'समाचार-पत्र (अपराध करने को भड़काना) कानून' पास किए। इसके पूर्व भारतीय सरकारी गोपनियता (संशोधन) विधेयक पास किया जा चुका था जिसका लक्ष्य दमनकारी अधिकारयों को सार्वजनिक आलोचना से बचाना था।[17]

उग्रवादी आंदोलन के क्षीण होने और उसके प्रभाव के सीमित हो जाने का एक कारण यह भी था कि उसमें धार्मिक पुनरुत्थानवाद के तत्व व्याप्त थे, जो इस बात में परिलक्षित होते हैं कि लोकमान्य तिलक सहित कई नेताओं ने धर्म और राष्ट्रीयता की मान्यता को एकीकृत कर जनता की भावनाओं को उत्तेजित किया तथा उसे धर्म के नाम पर हिन्दू-राष्ट्रवाद की रक्षा हेतु संगठित संघर्ष करने के लिए प्रेरित किया।

सन् 1893 में हिन्दू-मुस्लिम दंगों के तुरंत बाद तिलक ने पूना में गणेशोत्सव का आयोजन किया और जनता की धार्मिक और राजनीतिक भावनाओं को उत्तेजित करनेवाले भाषण दिए। उग्रवादियों के राजनीतिक संघर्ष में धर्मगत भावनाओं के आ जाने से सांप्रदायिकता को बल मिला और स्वाधीनता-आन्दोलन के संगठित स्वरूप को ठेस पहुँची।

इस प्रकार हम देखते हैं कि जब स्वाधीनता आन्दोलन अपने तीव्र उभार पर था और जब पूरे जोर-शोर के साथ उसके आगे बढ़ने की आवश्यकता थी, तभी कांग्रेस के विभाजन ने उसे गहरा आघात पहुँचाया।

महत्वपूर्ण बात यह है कि उदारवादियों को भी जिन्हें 'मिन्टो-मार्ले सुधारों' से

बहुत आशा थी, 1909 में इनकी घोषणा के पश्चात् निराशा ही हाथ लगी, क्योंकि इन सुधारों में स्वशासन प्रणाली का कोई आश्वासन नहीं था। इसके अतिरिक्त इन सुधारों में हिन्दुओं और मुसलमानों को अलग-अलग प्रतिनिधित्व प्रदान कर उनके आपसी वैमनस्य को बढ़ाने की कोशिश की गई थी। वस्तुतः इन सुधारों का प्रमुख उद्देश्य राष्ट्रीय स्वाधीनता आंदोलन को सांप्रदायिक मसलों में उलझाकर भारत में ब्रिटिश शासन को चिरस्थायी बनाना था। इसके बावजूद भी उदारवादियों ने इनका स्वागत किया।

सन् 1914 में प्रथम विश्वयुद्ध के आरंभ होने पर ब्रिटिश सरकार ने स्वार्थपूर्ण उद्देश्यों से प्रेरित हो जब बंगाल को पुनः एक कर दिया, तब उदारवादियों ने इसे अपने प्रयासों का फल माना और अंग्रेजों के प्रति सहृदयतापूर्ण रवैया अपनाते हुए उन्हें प्रथम विश्वयुद्ध में जन-धन से सहायता करने का आश्वासन दिया। गाँधीजी ने भी राष्ट्रीय स्वशासन की आशा से उदारवादियों के इस आश्वासन का समर्थन किया। यद्यपि उग्रवादी नेता इस समर्थन के पक्षधर नहीं थे, फिर भी कांग्रेस के लखनऊ के ऐतिहासिक अधिवेशन (1916) में नरम और गरम दल पुनः एक हो गए तथा कांग्रेस और मुस्लिम लीग में एक समझौता हुआ, जिसका आधार ब्रिटिश साम्राज्य के अन्तर्गत रहते हुए आंशिक तौर पर उत्तरदायी शासन की प्राप्ति के लिए सुधारों की माँग करना था। इस समझौते की भूमिका प्रथम विश्वयुद्ध आरंभ होने पर चलाए गए 'खिलाफत आंदोलन' ने तैयार की थी, जिसमें गाँधीजी भी शामिल थे। 1917 में मान्टेग्यू एक योजना लेकर भारत आए। उसी वर्ष ऐनीबेसेन्ट की अध्यक्षता में कांग्रेस का अधिवेशन हुआ जिसमें कांग्रेस का संगठन तिलक, महात्मा गाँधी और चितरंजन दास जैसे नेताओं के हाथ में आ गया। इसके साथ ही कांग्रेस से उदारवादी नेता धीरे-धीरे अलग होने लगे। उन्होंने 1918 में अपना एक अलग सम्मेलन किया और आगे चलकर 'नेशनल लिबरेशन फैडरेशन ऑफ इण्डिया' का गठन किया। भारतीय स्वाधीनता आंदोलन ने इस समय एक अत्यंत महत्वपूर्ण मोड़ लिया। 1918 के रोलट एक्ट तथा 1919 के 'जलियावाला बाग कॉंड' ने समूची जनता में अंग्रेज़ों के प्रति आक्रोश और प्रतिशोध की ज्वाला भड़का दी। इन घटनाओं से गांधी जी बहुत आहत हुए। अगस्त 1920 में लोकमान्य बालगंगाधर तिलक का स्वर्गवास हो गया 'जिससे स्वाधीनता' आंदोलन के नेतृत्व का सारा भार गाँधी जी पर आ गया।

उन्होंने जनता को व्यापक आंदोलन हेतु संगठित करने तथा ब्रिटिश सरकार के विरुद्ध संघर्ष करने की दिशा में अपना पूरा ध्यान केन्द्रित किया। दिसम्बर 1920 में गाँधी जी के निर्देश से नागपुर में हुए भारतीय राष्ट्रीय कांग्रेस के अधिवेशन में "सभी उचित तथा शान्तिपूर्ण उपायों से पूर्ण स्वराज्य की प्राप्ति" की घोषणा की गई और अपनी माँगों को मनवाने के लिए ब्रिटिश शासन के विरुद्ध अहिंसा पर आधारित असहयोग आंदोलन चलाने का निश्चय किया गया। इस प्रकार कांग्रेस के उद्देश्य

और उपायों में एक बड़ा बदलाव आया जिससे उसे अधिकाधिक जन-समर्थन प्राप्त होने लगा।

भारतीय राजनीति में गाँधी जी के पदार्पण से पूर्व की स्थिति में हमने देखा कि उदारवादी यद्यपि स्वाराज्य चाहते थे किन्तु इस ओर किए जा रहे अपने उपायों और नीतियों में वे स्पष्ट नहीं थे। इधर उग्रवादियों की दृष्टि इस विषय में बिल्कुल स्पष्ट थी कि यदि भारत को स्वतंत्र होना है तो जनता को ब्रिटिश सरकार का पूर्ण बहिष्कार और उसके साथ असहयोग की नीति अपनानी ही पड़ेगी।

गाँधी जी यद्यपि उदारवादी थे, तथापि उनके और पूर्व के उदारवादी नेताओं की दृष्टि में एक बड़ा अंतर था। गाँधी जी ने उग्रवादियों द्वारा अपनाई गई असहयोग की नीति को अपने आंदोलन का मुख्य अस्त्र बनाया और अहिंसा तथा सत्याग्रह को उसमें साधन के रूप में शामिल किया।

असहयोग आंदोलन के प्रमुख उद्देश्य थे—वकीलों, डॉक्टरों, अध्यापकों और छात्रों आदि सभी के द्वारा सरकारी संस्थाओं और सेवाओं का बहिष्कार तथा उनके स्थान पर जन-न्यायाधिकरणों, राष्ट्रीय विद्यालयों जैसी सार्वजनिक राष्ट्रीय संस्थाओं को स्थापित करना, विधान-सभाओं, प्रांतीय काउन्सिलों, सरकारी समारोहों, विदेशी माल का बहिष्कार, मद्यनिषेध, व खादी के उपयोग पर विशेष बल तथा ब्रिटिश सरकार द्वारा प्रदत्त उपाधियों व सम्मान-पत्रों को लौटाना।

इन उद्देश्यों की प्राप्ति हेतु जो योजनाएँ तैयार की गईं, उनके अंतर्गत 'तिलक कोष' में एक करोड़ रुपए जमा करना, सामाजिक-शैक्षणिक, आर्थिक और विधिक संगठनों को बनाने के लिए एक करोड़ स्वयं-सेवकों की भर्ती करना, बेरोजगार युवकों को आर्थिक रूप से स्वावलम्बी बनाना, जनता को खादी के रूप में स्वदेशी वस्त्रों के उपयोग की ओर प्रेरित करना और इसके लिए लगभग एक लाख चरखे वितरित करना आदि कार्यक्रम सम्मिलित किए गए।

इस आंदोलन की एक बड़ी उपलब्धि यह रही कि क्रांतिकारी नेताओं ने भी गाँधी जी के अनुरोध पर इसमें सक्रिय सहयोग दिया। उन्हें गाँधी जी के नेतृत्व में आस्था थी। चन्द्रशेखर आजाद, विष्णु शरण दुबलिस, रामदुलारे त्रिवेदी तथा बजरंग बली गुप्त जैसे क्रांतिकारियों ने इस आंदोलन में मनोयोग से हिस्सा लिया। इस प्रकार यह आंदोलन गाँव-गाँव तक पहुँच गया तथा किसान और मज़दूर सभी इसमें सम्मिलित हुए। 1921 में गाँधी जी के नेतृत्व में कांग्रेस द्वारा मुसलमानों के 'खिलाफत आंदोलन' का समर्थन किए जाने से मुसलमानों ने भी असहयोग आंदोलन में बढ़-चढ़कर भाग लिया। इसी वर्ष युवराज एडवर्ड अर्थात् प्रिन्स ऑफ वेल्स के भारत आगमन पर उसका बायकॉट किया गया, जिससे यह प्रमाणित हो गया कि हिन्दु-मुसलमानों के संयुक्त असहयोग से सरकार को कहाँ तक पंगु बनाया जा सकता है।

सरकार ने इस आन्दोलन का दमन करने में कोई कसर नहीं छोड़ी। इधर 1922 में चौरी-चौरा हत्याकांड के कारण यह आंदोलन पूरी तरह अहिंसक न रह सका। तुर्की में घटनेवाली घटनाओं के कारण 'खिलाफत आंदोलन' भी बन्द हो गया। गाँधीजी को इन घटनाओं से क्षुब्ध होकर असहयोग आंदोलन को वापिस लेना पड़ा, लेकिन कांग्रेस द्वारा विभिन्न रूपों में स्वाधीनता आंदोलन लगातार चलता रहा और लाहौर अधिवेशन (1929) में कांग्रेस द्वारा पूर्ण स्वाधीनता प्राप्ति के लक्ष्य की घोषणा की गई।

इधर असहयोग आंदोलन वापिस लिए जाने से क्रांतिकारी नेता क्षुब्ध और निराश होकर गाँधी जी से अलग हो गए और विभिन्न क्रांतिकारी गतिविधियों में जुट गए। गाँधी जी के पदार्पण से पूर्व स्वाधीनता आंदोलन में अहिंसा और हिंसा जैसे मुद्दे नहीं थे। गाँधी जी के नेतृत्व में ब्रिटिश सरकार के विरुद्ध संघर्ष चेतना को तो देशव्यापी प्रचार मिला, किंतु संघर्ष पद्धति को लेकर अहिंसा और हिंसा के प्रश्न पर गाँधी जी और क्रांतिकारियों के बीच एक वैचारिक द्वन्द्व छिड़ गया जो 1947 में भारत के स्वाधीन होने तक बना रहा।

1930 में कांग्रेस ने पूर्ण स्वाधीनता की प्राप्ति हेतु 'सत्याग्रह आंदोलन' आरंभ किया। मुस्लिम लीग ने इस आंदोलन में शामिल होने से इंकार कर दिया। सरकार ने फिर दमन का आश्रय लिया और गाँधी जी तथा कांग्रेस के दूसरे बड़े नेताओं को जेल भेज दिया। फलस्वरूप कांग्रेस को यह आंदोलन स्थगित करना पड़ा।

ब्रिटिश सरकार का दमन भारतीय जनता की स्वाधीनता की चेतना को नहीं कुचल सका और 1939 ई. में द्वितीय विश्वयुद्ध के आरंभ होने तक यह भली प्रकार प्रकट हो गया कि ब्रिटेन युद्ध जीतने के लिए भारत पर आश्रित है। गाँधी जी के नेतृत्व में कांग्रेस ने ब्रिटेन के 'शत्रु राष्ट्रों' का खुला समर्थन करने से इस आशा से स्पष्ट मना कर दिया कि ब्रिटेन में एक-न-एक दिन सद्‌बुद्धि का उदय अवश्य होगा और वह स्वेच्छा से भारत की स्वाधीनता की माँग को मान लेगा। नेता जी सुभाषचन्द्र बोस गाँधी जी के इस विचार से सहमत नहीं थे। इसके विपरीत वे ब्रिटेन के शत्रु राष्ट्रों से फौजी गठबंधन कर लेने के पक्ष में थे। गाँधी जी की अहिंसक नीतियों से निरंतर विरोध के कारण नेता जी को 1939 में ही कांग्रेस के अध्यक्ष पद से त्याग-पत्र देना पड़ा।

नेता जी ने दोहरा संघर्ष किया। एक तरफ उनका संघर्ष ब्रिटिश सरकार से था, जिसे वे भारत से किसी भी तरीके से उखाड़ फेंकना चाहते थे तो दूसरी तरफ गाँधी जी की अहिंसक नीति की समर्थक कांग्रेस से।

जब द्वितीय विश्वयुद्ध अपने पूरे जोर पर था, नेताजी ने इस बात पर जोर दिया कि भारत को अंतर्राष्ट्रीय स्थिति का पूरा फायदा उठाना चाहिए और भारत के लिए सम्मानजनक शर्तों पर ब्रिटेन के शत्रुओं से सशस्त्र सहायता लेनी चाहिए। उनकी इस नीति के कारण ब्रिटिश सरकार नेताजी को सबसे खतरनाक व्यक्ति मानने लगी और उन्हें उनके ही घर में नजरबंद कर दिया गया।

26 जनवरी 1941 को नेताजी चुपके से अपने घर से भाग निकले और स्थल मार्ग से जर्मनी जा पहुँचे। 1942-43 में अंग्रेजों ने बर्मा खाली करते समय जिन नब्बे हजार भारतीय सैनिकों को जापानियों के हाथ बंदियों के रूप में छोड़ दिया था, नेताजी ने उनकी सहायता से सिंगापुर में 'आजाद हिन्द फौज' का गठन किया। अपनी अध्यक्षता में अस्थायी 'आजाद हिन्द सरकार' की स्थापना की और जापान की ही सहायता से भारत को स्वाधीनता दिलाने हेतु पूर्वी सीमाओं पर सशस्त्र आक्रमण कर दिया। उनका यह प्रयास 1944 में विफल हुआ। इधर 1942 में गाँधी जी द्वारा छेड़ा गया 'भारत छोड़ो' आंदोलन भी विफल हो चुका था।

यद्यपि 1945 में ब्रिटेन विजयी हुआ तथापि, युद्ध में हुई जन-धन की अपार क्षति के कारण वह जर्जर व पंगु हो गया। इधर भारत में ब्रिटिश विरोधी भावनाओं एवं गतिविधियों ने इतना प्रबल रूप धारण कर लिया कि उसके पास इसके अतिरिक्त कोई चारा नहीं रहा कि वह भारत की स्वाधीनता की माँग मान ले।

इधर हिन्दू और मुसलमानों के बीच समय-समय पर उभरने वाला मतभेद और वैमनस्य भी स्वाधीनता-आंदोलन का एक महत्वपूर्ण अंतर्विरोध बनकर उभरा, जिसके कारण पाकिस्तान के रूप में देश के विभाजन का भारी मूल्य चुकाकर, भारत 15 अगस्त 1947 को स्वतंत्र हुआ।

उपरोक्त विवेचन से यह स्पष्ट हो जाता है कि देश में उन्नीसवीं शताब्दी के उत्तरार्द्ध और बीसवीं शताब्दी के आरंभ में वैचारिक उद्वेलन उत्पन्न करनेवाले जो भी सामाजिक और सांस्कृतिक आंदोलन हुए, उनके मूल में भारत की आध्यात्मिक चिंतन-परंपरा ही रही। इन आंदोलनों के पुरस्कर्ताओं ने पुरानी चली आ रही चिन्तन-परम्परा को नवीन युग चेतना में रूपांतरित कर जनमानस में प्रसारित किया। फलस्वरूप यह चेतना व्यापक जन-जागरण के रूप में प्रतिफलित हुई।

'परंपरा' के सार्थक उपयोग की प्रक्रिया और राष्ट्रीय चेतना का विकास एक साथ और अन्योन्याश्रित रूप में हुआ। एक ओर जहाँ परंपरा के आधुनिकीकरण द्वारा उत्पन्न 'जनजागरण' 'स्वाधीनता आंदोलन' का एक महत्वपूर्ण प्रेरक तत्व बना वहीं दूसरी ओर राष्ट्रीय व सांस्कृतिक विकास के लक्ष्यों से व्यापक रूप से जुड़ जाने के कारण परंपरा के आधुनिकीकरण की इस चेतना को सार्थक दिशा व नवीन आयाम प्राप्त हुए।

आधुनिक हिन्दी साहित्य के उद्भव और विकास में भी इस जन-जागरण की नियामक भूमिका रही। परंपरा के आधुनिकीकरण या आधुनिकता-बोध में 'परंपरा' के अनिवार्य उपयोग के जो प्रयास भारतेन्दु युग में प्रारंभ हुए थे, वे द्विवेदी युग से होते हुए छायावाद में अपने चरम उत्कर्ष को प्राप्त हुए।

छायावादी कवियों में भारतीय इतिहास और चिंतन-परंपरा के प्रति एक ही समय में प्रगाढ़ अनुराग और विश्लेषणात्मक आलोचना का जो जटिल और द्वन्द्वात्मक दृष्टिकोण विकसित हुआ और जिसने उन्हें परम्परा के नवीन मूल्यांकन और

रूपांतरण की ओर प्रवृत्त किया, उसका गहन सम्बन्ध उस राष्ट्र-प्रेम की भावना से है जिसकी प्रेरणा से इन कवियों में सामन्तवाद और साम्राज्यवाद विरोधी चेतना का संचार हुआ।

निराला (1896-1961) छायावाद के प्रमुख आधार स्तम्भों में से एक थे। राष्ट्रीय स्वाधीनता आंदोलन के उभार का समय ही निराला की रचनात्मक प्रतिभा के उन्मेष का काल रहा। परिवेश के प्रति पूर्ण सजग, निराला के सर्जक मन में स्वाधीनता की यह चेतना, जिसने उनकी स्वछन्द प्रवृत्ति को रचनात्मक रूप प्रदान किया, चिंतन व काव्य की मूल प्रेरणा बनी। इस मुक्तिकामी प्रवृत्ति ने सृजन के विविध आयाम ग्रहण किए और जीवन के विभिन्न क्षेत्रों में विस्तार पाया। उनकी यह स्वच्छंदता उस विराट संघर्ष चेतना का मूल प्रेरक तत्व बनी, जो हर प्रकार की जड़ता से टकराने हेतु उन्हें आत्मिक ऊर्जा व तृप्ति प्रदान करती रही। उनका यह संघर्ष उनके लिए ऐसा रचनात्मक मूल्य बना, जिसे आत्मसात् कर वे व्यक्तिगत जीवन से आरंभ कर समाज, राजनीति, साहित्य और संस्कृति आदि सभी क्षेत्रों में जड़ता का विरोध कर, निर्भय हो मुक्ति का आह्वान करते रहे।

निराला की चेतना में आध्यात्मिक, सांस्कृतिक, सामाजिक और साहित्यिक क्षेत्रों में व्याप्त जीवन-मूल्यों को लेकर परंपरा और आधुनिकता तथा जड़ता और गतिशीलता का जो द्वन्द्व सक्रिय हुआ, उसकी समझ और सार्थक पहचान बनाने में भारत में उन्नीसवीं शताब्दी में प्रादुर्भूत सांस्कृतिक आंदोलनों की महती भूमिका रही। निराला की संघर्षशील विद्रोही प्रकृति के लिए चिंतन के स्तर पर किसी भी निष्कर्ष को आँख मूँदकर स्वीकार कर पाना संभव नहीं था, इस कारण सांस्कृतिक नवोन्मेष से प्रेरित कई अंतर्विरोधी विचारधाराएँ उनके मानस को एक साथ उद्वेलित करती रहीं।

इनमें निराला सर्वाधिक रूप से संघर्षमूलक जनतांत्रिक विचारधारा के उन्नायक स्वामी विवेकानन्द के चिंतन और कार्य से प्रभावित हुए इनके अतिरिक्त उन्होंने राजा राममोहन राय के रूढ़िवाद विरोधी विचारों, 1857 के प्रथम स्वतंत्रता-संग्राम की ऐतिहासिक घटना तथा संघर्षमूलक जनतांत्रिक विचारधारा के अन्य प्रतिनिधियों लोकमान्य तिलक व अरविन्द घोष के चिंतन से व्यापक प्रेरणा ग्रहण की। इसके साथ ही साथ वे अपने युग में प्रवाहित विभिन्न अंतर्विरोधी विचारधाराओं के प्रति भी पर्याप्त सजग रहे।

देश की पराधीनता, सामाजिक जड़ता, राष्ट्रभाषा हिन्दी की स्थिति, सांस्कृतिक मूल्यों व जातीय गौरव की चेतना का ह्रास एवं साहित्यिक रूढ़िवाद आजीवन निराला की चिंता के बुनियादी विषय बने रहे। परिवर्तन की आकुल आकांक्षा उन्हें द्वन्द्वमूलक जीवन-दर्शन की उस सार्थक दिशा की ओर ले गई जिसको आधार बनाकर वे अपने परिवेश में सक्रिय विविध स्तरीय जीवन-पद्धतियों और व्यवस्थाओं की तह में व्याप्त विषमताओं और अंतर्विरोधों की सही पहचान और विश्लेषण कर पाने में समर्थ हो सके।

निम्नलिखित कुछ ऐसे विचार बिन्दु हैं जो निराला की सृजन-शीलता को निरंतर प्रेरित करते रहे और जिन्हें लेकर वे चिंतन और सृजन दोनों ही स्तरों पर जीवन पर्यन्त विविधस्तरीय द्वन्द्व से जूझते रहे :

- राष्ट्र मुक्ति की आकांक्षा।
- स्वाधीनता की चेतना और उसका बहुआयामी अर्थ।
- साम्राज्यवाद का विरोध।
- सामंती व्यवस्था का विरोध।
- किसानों के संगठित संघर्ष का समर्थन।
- व्यावहारिक वेदान्त का समर्थन तथा उसके आधार पर नवीन मानवतावादी अवधारणा की स्थापना।
- धार्मिक अंध-विश्वासों का विरोध।
- जाति प्रथा का विरोध।
- नारी की मुक्ति और उसके सर्वांगीण विकास का समर्थन।
- सामाजिक रूढ़िवाद के मूल में व्याप्त अज्ञान को दूर कर ज्ञान के विस्तार हेतु सार्वजनिक शिक्षा के महत्व का प्रतिपादन।
- पौराणिक कथाओं में निहित प्रतीकों की युगानुकूल व्याख्या।
- साहित्य के क्षेत्र में रीतिवाद विरोधी चेतना, पूँजीवादी, उदारपंथी एवं अतिशय नैतिकतापरक उपयोगितावादी आदर्शवाद के स्थान पर यथार्थपरक नवीन सौन्दर्य-बोध और उसकी अभिव्यक्ति के लिए अनेकविध प्रणालियों के अन्वेषण और विकास की तीव्र आकांक्षा।

अपने जनतांत्रिक दृष्टिकोण के कारण निराला के समक्ष जनहित और देशहित का लक्ष्य बहुत स्पष्ट था। इसीलिए वे अपने युग में सक्रिय परम्परा और आधुनिकता के विविध स्तरीय द्वन्द्व के बीच अपने रचना कर्म को सही दिशा प्रदान कर सके। उनका साहित्य समकालीन जन-चेतना और जन-आकांक्षाओं का प्रतिनिधि बनकर सक्रिय हुआ।

संदर्भ :

1. डॉ. शर्मा रामविलास, महावीर प्रसाद द्विवेदी और हिन्दी नवजागरण, पृ. 92
2. भारतीय परम्परा के आधुनिकीकरण एवं पाश्चात्य पुनर्जागरण के दो बुनियादी अन्तर हैं। पश्चिम के पुनर्जागरण एवं अतीत समृद्धि के बीच प्रायः एक हजार वर्ष का अन्धकार युग है। भारत में ऐसा नहीं हुआ। मध्यकाल में भी अनेक वैष्णव आचार्य, संत, भक्त, चिंतक मुक्त चिंतन की परम्परा को बनाए रखने में तल्लीन रहे।...दूसरी बात यह है कि प्राचीन यूनान एवं रोम की मूल्य-व्यवस्था में तथा पश्चिम की पुनर्जागरण कालीन मूल्य-व्यवस्था में एक गुणात्मक अंतर आ गया था, जो पश्चिम द्वारा ईसाई धर्म की स्वीकृति से उत्पन्न

हुआ था। मगर भारतीय परंपरा में अतीत एवं वर्तमान में इस प्रकार का कोई गुणात्मक परिवर्तन नहीं है। वर्तमान अतीत के जीवंत अंश का ही आधुनिकीकरण विकास या पुनराख्यान है।

—डॉ. बाली, तारकनाथ, छायावाद और कामायनी, पृ.28

3 भक्ति आन्दोलन से इसकी समानता केवल इसके विद्रोही स्वभाव के आधार पर ही नहीं बल्कि एक और आधार पर की जा सकती है और वह है इसका धर्म केन्द्रित होना। यूरोप का नवजागरण जहाँ नए विज्ञान की चकाचौंध से प्रेरित और तर्क केन्द्रित है, वहाँ भारत का नवजागरण प्राचीन दार्शनिक विचारधाराओं के नए युग के अनुरूप विश्लेषण व पुनर्संयोजन के साथ-साथ धर्म में, धार्मिक सत्यों में विश्वास के इर्द-गिर्द चलता है। इसलिए हम देखते हैं कि इस आंदोलन के हर नेता ने समाज व राष्ट्र के जीवन में परिवर्तन की बात धर्म के आधार पर की और परिवर्तन एवं सुधार की हर अवधारणा धर्म की पुनर्व्याख्या से आरंभ हुई।

—डॉ. मुदीराज, शशि, छायावाद का समाजशास्त्र, पृ.63

4. दामोदरन के., भारतीय चिन्तन परम्परा, (अनुवाद-श्रीधरन जी) पृ.365-366
5. डॉ. मुदीराज, शशि, छायावाद का समाजशास्त्र, पृ. 68 (जी.)
6. चालीस वर्षों के सुगंभीर चिंतन के बाद मैं कह रही हूँ कि विश्व के सभी धर्मों में हिन्दू धर्म से बढ़कर पूर्ण वैज्ञानिक, दर्शन-युक्त व आध्यात्मिकता से परिपूर्ण धर्म दूसरा और कोई नहीं।

   —राय, महेन्द्रनाथ, नवजागरण और छायावाद, पृ.49
7. पाल, विपिन चन्द्र, मैमोरीज़ ऑफ माई लाइफ एण्ड टाइम्स इन दि डेज़ ऑफ माई यूथ, कलकत्ता-1932, पृ.424
8. दामोदरन के., भारतीय चिन्तन परम्परा, (अनुवाद-श्रीधरन, जी.) पृ.393
9. दामोदरन के., भारतीय चिन्तन परम्परा, (अनुवाद श्रीधरन, जी.) पृ.347
10. मजबूत बनो। कायर और लिबलिबे न बने रहो। साहसी बनो। कायरता की जरूरत नहीं। तथा "आज हमारे देश को जिस चीज की आवश्यकता है, वह है दृढ़ इच्छाशक्ति, इस्पात जैसी मांसपेशियां और मजबूत स्नायु—जिन्हें कोई भी ताकत रोक या झुका न सके, जो यदि जरूरी हो तो सागर की अतल गहराइयों में भी अपने लक्ष्य की पूर्ति के लिए मौत का मुकाबला करने को तैयार रहे।"—दामोदरन के., विवेकानन्द का कथन, भारतीय चिंतन परंपरा, (अनुवाद-श्रीधरन, जी.) पृ.373-374 में उद्धृत
11. राव, वी.के.आर.वी., स्वामी विवेकानन्द, पृ.172
12. दामोदरन, के. भारतीय चिंतन परंपरा, (अनुवाद-श्रीधरन, जी.) पृ. 409
13. भट्टाचार्य, सच्चिदानन्द, भारतीय इतिहास कोश, पृ. 331
14. दामोदरन, के. भारतीय चिंतन परंपरा, (अनुवाद-श्रीधरन, जी.) पृ. 412-416
15. डॉ. उपाध्याय, विश्वमित्र, भारतीय क्रांतिकारी आंदोलन और हिन्दी साहित्य, पृ.34
16. मजूमदार, आर.सी., हिस्टरी ऑफ फ्रीडम मूवमैन्ट इन इण्डिया, भाग-दो, पृ.214
17. डॉ. उपाध्याय विश्वमित्र, भारतीय क्रांतिकारी आंदोलन और हिन्दी साहित्य, पृ.40

द्वितीय अध्याय

निराला-काव्य में द्वन्द्वात्मक यथार्थपरक जीवन-दृष्टि तथा स्वाधीनता का बहुआयामी अर्थ

जिस रचनाकार में अपने समय और परिवेश में पनपनेवाले जड़ एवं प्रगतिशील जीवन-मूल्यों का बोध जितना स्पष्ट होता है, उसकी चेतना का द्वन्द्व उतना ही तीव्र और गहरा तथा उसकी दृष्टि उतनी ही यथार्थपरक होती है। द्वन्द्व ही उसकी यथार्थपरकता का सबसे बड़ा प्रमाण होता है।

यथार्थ के साक्षात्कार, उसके प्रति अपनाए जानेवाले दृष्टिकोण तथा उसके चित्रण की कई पद्धतियाँ देखने को मिलती हैं। एक प्रकार की पद्धति को अपनाने वाले बुद्धिजीवी 'विषमता-मूलक-व्यवस्था' का अंग होकर जीते हैं। वे इस व्यवस्था के पोषक होकर इसे बनाए रखने और विषमता की खाई को समाप्त करने के स्थान पर नई-नई युक्तियों द्वारा उसे गहरा करने में अपना सक्रिय योग देते हैं, क्योंकि ऐसा न करने से उन्हें अपना अस्तित्व खतरे में दिखाई पड़ता है। इसी पद्धति के अन्तर्गत ऐसे बुद्धिजीवी भी हैं जो यथार्थगत विषमताओं से सामंजस्य तो नहीं कर पाते। किन्तु विषमता के मूल कारणों तथा उससे उबरने के उपायों के सन्दर्भ में उनकी दृष्टि अस्पष्ट होती है। ये तनाव व संघर्ष से बचना चाहते हैं, इसलिए नियतिवादी आदर्शों का सहारा लेकर इस व्यवस्था को न्यायसंगत ठहराते हुए तटस्थ बने रहते हैं।

इस तरह, पहले प्रकार के व्यक्ति जहाँ विकृत व्यवस्था का अंग होकर जीते हैं, वहीं दूसरे प्रकार के व्यक्ति उससे निस्संग होकर। परन्तु दोनों ही यथार्थ को एक नितान्त अगतिशील और शाश्वत जीवन-मूल्यों के समुच्चय के रूप में देखते और व्याख्यायित करते हैं। प्रथम प्रकार के बुद्धिजीवी सौन्दर्य को स्वायत्त मूल्य बनाकर समाज निरपेक्ष कलावाद का समर्थन करते हैं और दूसरे प्रकार के बुद्धिजीवी कल्पना के दुरुपयोग द्वारा यथार्थ में छिपे अन्तर्विरोधों और संभावनाशील तत्वों को उभारने की अपेक्षा उन्हें और अधिक धुँधला बनाते हैं। वे कल्पना के रंगीन कोहरे का जाल बुनकर यथार्थ की विषमताओं को ढक लेते हैं। इसलिए इन दोनों ही प्रकार के बुद्धिजीवियों को यथास्थितिवादी कहा जा सकता है।[1]

यथार्थ के साक्षात्कार और उसके चित्रण की एक अन्य पद्धति है, जिसके

अन्तर्गत वे विचारशील व्यक्ति आते हैं, जो यथार्थ को आँख मूँदकर स्वीकार नहीं करते। उनके पास एक ऐसी सचेत और सक्रिय जीवन दृष्टि होती है जो यथार्थगत विषमताओं से असंतुष्ट हो, उसमें व्याप्त अन्तर्विरोधों की सही पहचानकर उसके जीवंत एवं मरणशील तत्वों के विवेकपूर्ण विश्लेषण में समर्थ होती है। इस पद्धति को स्वीकार करनेवाले व्यक्ति यथार्थ को जड़ और अगतिशील न मानकर उसे परिवर्तनीय और गतिशील मानते हैं। ऐसे व्यक्तियों में परिवर्तन के प्रति अपूर्व छटपटाहट होती है।

छायावादी कवियों की संवेदना या मनोभूमि इतिहास के जिस दबाव से निर्मित हुई थी, वे उसी के अनुसार यथार्थ के प्रति अपना रुख और प्रतिक्रिया व्यक्त करते थे। इन कवियों का रचनाकाल देश की पराधीनता का समय था। पराधीनता और उसमें व्याप्त सामन्तवादी रूढ़ियों के कारण इनके भीतर परिवेश के प्रति असामंजस्य का बोध उत्पन्न हुआ। इस अर्थ में इन कवियों का परिवेश और भावबोध यूरोपीय स्वच्छन्दतावादी काव्य से अनेक स्तरों पर भिन्न है। अन्तर में छिपी असीम मानवीय संभावनाओं का अहसास और परिवेशगत प्रतिकूलताओं की समझ के एक साथ प्रबल होने के कारण इन कवियों में व्यक्ति-स्वातंत्र्य की भावना का उदय हुआ।

स्वभावगत अन्तर्मुखता ने इन कवियों को भाव जगत की सूक्ष्मातिसूक्ष्म अनुभूतियों के चित्रण की ओर प्रेरित किया। भावबोध की इस सूक्ष्मता और सघनता के कारण उनकी अभिव्यक्ति में संश्लिष्टता और जटिलता आ गई। भावुक मनोवृत्ति, कल्पना प्रियता और सूक्ष्म अभिव्यक्ति प्रणाली को ही छायावादी कवियों की आधारभूत विशेषताएँ मान लेने के कारण अनेक आलोचकों ने छायावाद को अमूर्त, वायवीय, अतिशय-कल्पनावादी तथा जीवन के ठोस यथार्थ से विमुख पलायनवादी काव्यधारा के रूप में विश्लेषित किया। परंतु, यह दृष्टिकोण एकांगी है।[2]

ये विद्वान छायावाद के उस रचनात्मक स्वरूप की उपेक्षा करते हैं, जो उस समय 'राष्ट्र-मुक्ति-आन्दोलन' से अनेक स्तरों पर जुड़ा रहा, जो साम्राज्यवाद विरोधी होने के साथ-साथ सामन्तवादी और साहित्यिक रूढ़ियों का प्रबल विरोधी बना रहा और जिसने संकीर्ण व्यक्तिवाद के आत्मकेन्द्रित कुंठाग्रस्त विकृत स्वरूप का अतिक्रमण कर ऐसी वैयक्तिकता का निर्माण किया जो समाजविमुख न होकर व्यक्ति और समाज के सहअस्तित्व के दृष्टिकोण को पुष्ट करती है। यह दृष्टिकोण जहाँ कवि को अपने व्यक्तित्व और अस्मिता की स्थापना के प्रति सजग बनाता है, वहीं समाज के हित और उसकी गतिशीलता के प्रति सक्रिय भी।

छायावाद को नितान्त व्यक्तिवादी, कुंठित मनोवृत्ति व पलायनवादिता का प्रतिफलन मानने वाले वस्तुतः उसकी सर्जनात्मक चेतना को समग्र रूप में विश्लेषित नहीं कर पाते। वे उसे काव्य और गद्य में विभाजित कर अलग-अलग खाँचों में रखकर देखते हैं। यही नहीं, आधुनिकता के आवेश में मनोविश्लेषण और मार्क्सवाद की यांत्रिक समझ द्वारा प्राप्त आंशिक सत्य को पूर्ण सत्य मानकर वे भ्रामक निष्कर्ष

दे बैठते हैं और छायावादी काव्य में अभिव्यक्त विद्रोह के उन स्वरों की प्रायः उपेक्षा कर जाते हैं जो इन कवियों की समसामयिक चेतना को उजागर करते हैं।

वस्तुतः इन कवियों का विद्रोह एक ऐसा रचनात्मक विद्रोह था, जिसके मूल में जड़ जीवन-स्थितियों और व्यवस्थाओं को तोड़कर परिवर्तन की आकांक्षा सक्रिय रही। यह अवश्य है कि चार प्रमुख छायावादी कवियों जयशंकर प्रसाद (1889-1937), सूर्यकान्त त्रिपाठी 'निराला' (1896-1961), सुमित्रानंदन पंत (1900-1977) और महादेवी वर्मा (1907-1987) में विद्रोह के इस स्वरूप के स्तर और मात्रा में भिन्नता है, परन्तु उसका मूल स्रोत और प्रेरणा-शक्ति पराधीन भारत की विषम परिस्थितियों में ही विद्यमान है।

छायावादी कवियों में जहाँ अपनी कमजोरियाँ हैं, वहीं इन कमजोरियों की सचेत पहचान और उनसे मुक्त होने की छटपटाहट भी है। अन्य कवियों में यह पहचान और मुक्ति की छटपटाहट उनकी काव्य-संवेदना की विकास-प्रक्रिया में क्रमशः पुष्ट और विकसित होती दिखाई देती है। परन्तु, निराला की चेतना में साहित्यिक जीवन के प्रारम्भ से ही संवेदनागत सीमाओं का बोध और उनसे उबरने के सचेत प्रयासों के प्रति एक द्वन्द्वात्मक दृष्टि लक्षित होती है।

भाव-बोध और शिल्प को लेकर निराला के मन में जो गहरा द्वन्द्व और तनाव है तथा जीवन-यथार्थ को समग्रता में समझने और अभिव्यक्त करने की जो तीव्र ललक है, उसका प्रमाण इसी तथ्य से मिल जाता है कि अपनी काव्य-यात्रा के प्रारम्भ से ही उनकी कविताओं में समानान्तर रूप से परस्पर भिन्न और विरोधी प्रवृत्तियाँ एक साथ लक्षित होती हैं। एक ही कालखण्ड में वे 'जन्मभूमि' (1920) और 'आध्यात्म फल' (1921), 'जूही की कली' (1922) और 'भिक्षुक' (1923), 'सच्चा प्यार' और 'विरहिणी पर व्यंग्य' (1922), 'अधिवास' और 'तुम और मैं' (1923), 'उसकी स्मृति', 'बाबा और नाती' एवं 'विधवा' (1923), 'संध्या सुन्दरी' व 'धारा' (1923), तथा 'ध्वनि' और 'पतनोन्मुख' (1924-25) जैसी अनेक स्तीय भावबोध और शिल्प को अभिव्यक्त करनेवाली कविताओं की रचना करते हैं। इनके माध्यम से हम उनकी चेतना में निरन्तर सक्रिय उस अन्तर्द्वन्द्व को भली-भाँति समझ सकते हैं जो परिवेश में विद्यमान यथार्थ के विषम स्वरूप तथा अन्तर्विरोधी विचारधाराओं की सचेत पहचान और उनके मन्थन से उत्पन्न परिवर्तन की आकांक्षा को अधिकाधिक प्रबल और सक्रिय बनाता है। यह द्वन्द्व न्यूनाधिक मात्रा में छायावाद के लगभग सभी कवियों में मिलता है। परंतु अपने तीव्रतम व व्यापकतम रूप में यह निराला के व्यक्तित्व और काव्य में अभिव्यक्त हुआ है।[3]

यद्यपि निराला जिन काव्य-प्रवृत्तियों से सम्बद्ध हुए, उन्हें हिन्दी साहित्य में 'छायावाद' के नाम से जाना गया। तथापि अपनी रचना यात्रा में अनेक स्थलों पर वे इन स्व-स्थापित प्रवृत्तियों का अतिक्रमण करते हुए परवर्ती काल में विकसित होनेवाली विभिन्न काव्य-धाराओं, यथा प्रगतिवाद, प्रयोगवाद और नई कविता आदि

के पूर्व-रूपों का निर्माण करते चलते हैं। असीम संभावनाओं से युक्त उनकी सृजनशीलता उनके काव्य को युगान्तरकारी परिप्रेक्ष्य प्रदान करती है।

सन् 1920 से 1961 के बीच का समय निराला का रचनाकाल है। इकतालीस वर्षों के इस कालखण्ड में भारत में राजनीतिक, सामाजिक, सांस्कृतिक तथा साहित्यिक क्षेत्रों में जो परिवर्तन हुए तथा राष्ट्रीय और अन्तर्राष्ट्रीय स्तर पर घटित हुई विभिन्न घटनाओं से भारतीय मानस में जो उद्वेलन उत्पन्न हुआ, निराला का चिन्तन और साहित्य उसका प्रामाणिक दस्तावेज है। यह वह समय है जब भारत ही नहीं, समस्त विश्व ही राजनीतिक उथल-पुथल से गुजर रहा था।

स्वाधीनता आन्दोलन का चरम उत्कर्ष, स्वाधीनता की प्राप्ति, देश का विभाजन, फिर 1950 में भारतीय गणराज्य का गठन और 1961 तक पण्डित जवाहरलाल नेहरू के नेतृत्व में राजनीतिक स्थिरता, जन सामान्य की स्थिति, उनकी समस्याएँ, दो विश्वयुद्ध और उनके कारण हुई जन-धन की भीषण क्षति तथा रूसी क्रांति जैसी राष्ट्रीय और अंतर्राष्ट्रीय स्तर पर घटित होनेवाली घटनाएँ निराला के सर्जक मन को बनाने और उसे रचनाकर्म में प्रवृत्त करने में अत्यन्त महत्वपूर्ण प्रेरणा स्रोत सिद्ध हुईं।

निराला के भावबोध और उनकी विचारधारा के निर्माण में 'राष्ट्र-मुक्ति आन्दोलन' की चेतना का प्रमुख योग है। उनकी व्यापक दृष्टि में राजनीतिक, सामाजिक, सांस्कृतिक व साहित्यिक यथार्थ की इकाइयाँ परस्पर असम्बद्ध, अप्रभावित व विछिन्न न होकर समग्रता में मिलकर एक इकाई का निर्माण करती हैं। इस व्यापक जीवन-बोध के कारण ही निराला ने राष्ट्रीय जीवन के किसी एक अंग पर नहीं वरन् राष्ट्र की सर्वांगीण उन्नति पर अपनी दृष्टि केन्द्रित की। उन्नति के उपायों और मार्ग में आनेवाली बाधाओं के मूल कारणों पर विचार करते हुए निराला में उस द्वन्द्व-मूलक यथार्थ परक दृष्टि का विकास हुआ जो किसी भी सजग साहित्यकार में युगीन अन्तर्विरोधों की समुचित पहचान करने का सामर्थ्य उत्पन्न करती है।

इस सामर्थ्य के कारण निराला की चेतना में जीवन यथार्थ की विभिन्न स्थितियों के प्रति जागरूकता उत्तरोत्तर बढ़ती गई, जिसके कारण वे अपने काव्य में मात्र मनोनुकूल यथार्थ के चित्रण तक सीमित न रहकर, यथार्थ के व्यापक एवं विविध पक्षीय स्वरूप की अभिव्यक्ति में प्रवृत्त हुए।

अनेक अन्तर्विरोधों से टकराते हुए भी निराला की रचनात्मकता यथार्थ-बोध से अधिकाधिक समृद्ध है। उनकी स्वाधीन चेतना में परम्परा और परिवेशगत दबाव की द्वन्द्वात्मकता से सृजन का जो स्वरूप प्रस्फुटित हुआ, उसने उनके मन में शोषण और अन्याय से संघर्ष,की चेतना को सदैव प्रखर बनाए रखा। उनकी पहली कविता 'जन्मभूमि', जो 'प्रभा' के 1 जून 1920 के अंक में प्रकाशित हुई थी, में जिस भैरववाणी की ओर संकेत है, वह तत्कालीन संघर्ष चेतना को ही व्यक्त करती है :

बधिर विश्व चकित भीत सुन भैरव वाणी।
जन्मभूमि मेरी है जगन्महारानी ॥

—निराला रचनावली, भाग-1, पृ.39

निराला जानते थे कि जब राष्ट्र सदियों से पराधीन होता है, तब भाव, ज्ञान, विचार, भाषा, जीवन-पद्धति आदि सबका विकास अवरुद्ध हो जाता है और सांस्कृतिक मूल्यों का ह्रास होने लगता है। अतः उनके लिए पराधीनता केवल राजनीतिक पराधीनता तक सीमित नहीं थी, बल्कि वह सामाजिक, सांस्कृतिक और साहित्यिक पराधीनता भी थी :

मेरे साथ मेरे विचार
मेरे जाति—
मेरे पददलित—
मौन हैं—निद्रित हैं—
स्वप्न में भी पराधीन!
कितनी बड़ी दुर्बलता!

—निराला रचनावली भाग-1, पृ.132

इसलिए स्वाधीनता प्राप्ति का अर्थ उनके लिए मात्र राजनीतिक स्वाधीनता तक ही सीमित नहीं था, वे तो उपरोक्त सभी अर्थों में स्वाधीनता प्राप्त करना चाहते थे।

परिवेशगत विषमताओं का बोध : द्वन्द्व के विभिन्न स्तर

निराला की कृति 'तुलसीदास' में परिवेश का जो चित्रण है, वह निराला के अपने समय को व्यंजित करता है। अपने परिवेश से जैसा द्वन्द्वसमर तुलसीदास को करना पड़ा था, वैसा ही निराला को भी। वे देख रहे थे कि अंग्रेजों की साम्राज्यवादी शक्ति भारत को निरन्तर पतन के गर्त में धकेलती जा रही थी। जनता, अंग्रेजों द्वारा भारत के गौरवपूर्ण इतिहास को अंधकारपूर्ण घोषित किए जाने के कारण आत्मगौरव से च्युत हीन-भावना का शिकार थी। भाव, भाषा, विचार और संस्कार के रूप में अंग्रेजों द्वारा जो कुछ लादा जा रहा था, वह उसे ही उन्नति का वास्तविक मार्ग समझ रही थी, जिस पर चलना उसकी नियति थी। जैसे मध्यकाल में द्विज और क्षत्रिय अपना धर्म भूल गए थे, वैसे ही देशी राजा और जमींदार अंग्रेजों के हाथ बिककर अपने देश की गरीब और निरीह जनता का शोषण कर रहे थे। सामन्ती व्यवस्था के अन्तर्गत उत्पादक-वर्ग में प्रमुख रूप से किसान और गाँवों में रहनेवाले दस्तकार तथा समाज में निम्न समझी जानेवाली जातियों के लोग, सभी शोषण और अत्याचार से ग्रस्त थे। अशिक्षा और अज्ञान के कारण सामाजिक और सांस्कृतिक रूढ़ियाँ अपनी जड़ें बहुत गहरी जमा चुकी थीं। समाज के शोषित वर्गों में परस्पर वैमनस्य, ऊँच-नीच तथा जातिगत भेद व्याप्त होने के कारण उनके द्वारा शोषणकारी शक्तियों के विरुद्ध संगठित संघर्ष किया जाना असम्भव था। उच्च और सम्पन्न वर्ग भी स्वार्थ से प्रेरित होकर अंग्रेजों से सहयोग कर

रहा था। फलस्वरूप भारत पर पराधीनता की बेड़ियाँ अधिकाधिक कस रही थीं। नारी तो और भी पराधीन थी, क्योंकि निराला की दृष्टि में वह दासों की दासी थी :

"धार्मिक संस्कारों के चक्र की प्रदक्षिणा करते रहने के कारण ही हम पराधीन हैं। हम पर दूसरी-दूसरी जातियों के बुद्धिमान लोग प्रभुत्व कर चुके हैं और कर रहे हैं। हमलोग स्वयं जिस तरह गुलाम हैं, उसी तरह अपनी स्त्रियों को भी गुलाम बना रखा है, बल्कि उन्हें दासों की दासियाँ बना रखा है। इस महादैन्य से उन्हें शीघ्र मुक्ति देनी चाहिए। तभी हमारी दासता की बेड़ियाँ कट सकती हैं।"

—निराला रचनावली भाग-6, पृष्ठ-131

वस्तुतः जिन सामंतवादी रूढ़ियों के कारण पुरुष स्वयं शोषण का शिकार था, उन्हीं को अपनाकर वह अपनी ही स्त्रियों का शोषण कर, उन्हें और अधिक पराधीन बना रहा था।

जहाँ निराला को देश की राजनीतिक स्वाधीनता की गहरी चिन्ता थी, वहीं किसान, मजदूर तथा दलित जनता की सामन्तवाद के शोषणकारी शिकंजे से मुक्ति, वर्ण-व्यवस्था के नाम पर फैली जातिगत विकृति के शिकार निम्न वर्ग का छुटकारा, सामाजिक रूढ़िवाद के चक्रव्यूह में फँसी भारतीय नारी की दासत्व के जीवन से मुक्ति, मनुष्यत्व की रक्षा और विकास आदि के विभिन्न प्रश्न उनकी अनेकविध चिन्ता के विषय थे।

सामाजिक जीवन में मानवीय मूल्यों की क्षति, उनके स्थान पर स्वार्थ केन्द्रित अमानवीय व्यवस्था का वर्चस्व, जीवन के विविध स्तरों पर सिद्धान्त एवं व्यवहार के बीच उभरने वाली गहरी विसंगति आदि सभी जीवन स्थितियाँ, समग्र युगीन परिवेश के रूप में, एक सजग, विवेकशील व विद्रोही रचनाकार होने के नाते, निराला के विविध-स्तरीय बाह्य और आंतरिक द्वन्द्व का स्रोत और मूलाधार बन गईं। अपने युग में उत्पन्न मूल्य-संक्रमण के प्रति सजग रहते हुए उन्होंने राजनीति, समाज, संस्कृति और साहित्य सभी क्षेत्रों में सक्रिय प्रगतिशील और प्रतिगामी शक्तियों के द्वन्द्व को बराबर लक्षित किया।

व्यक्तिगत जीवन तथा राष्ट्र की समग्र जीवन-पद्धति में व्याप्त द्वन्द्व की बहुपक्षीयता के सजग बोध के कारण जड़ीभूत स्थितियों और विचारों में परिवर्तन की आकांक्षा उनमें तीव्र से तीव्रतर होती गई, जिसके फलस्वरूप उनके काव्य में स्वच्छंदता, आक्रोश और विद्रोह की प्रवृत्तियों ने एक समग्र व रचनात्मक स्वरूप ग्रहण किया।

निराला के लिए साहित्य रचना का प्रश्न जातीय जीवन और राष्ट्रभाषा हिन्दी के गौरव और प्रतिष्ठा से सीधा जुड़ा हुआ था। एक ओर ब्रिटिश साम्राज्य था, जिसके समक्ष उन्हें भारत की उन्नत सांस्कृतिक छवि को अंकित करना था। दूसरी ओर हीन भावना से ग्रस्त जनता थी, जिसमें उन्हें आत्मगौरव की भावना जगानी थी। इसके लिए आवश्यक था कि इतिहास के प्रेरणादायी प्रसंगों, घटनाओं और

चरित्रों का पुनः मूल्यांकन कर उनसे ऐसे महत्वूपर्ण सूत्रों को खोज निकाला जाए जो नवीन स्थितियों और संदर्भों के लिए प्रासंगिक और प्राणवान सिद्ध हो और पराधीन भारत की जड़ता में जकड़ी हुई जनता के हृदय में नवीन चेतना का संचार कर सके। जिससे उसमें राष्ट्र-मुक्ति की आकांक्षा प्रबल हो तथा तीव्र से तीव्रतर होती हुई सचेत और संगठित संघर्ष का रूप धारण कर सके। राष्ट्र-प्रेम की इस प्रबल-भावना ने निराला को हिन्दी भाषा और साहित्य के विकास व उन्नयन की दिशा में प्रवृत्त किया।

निराला के लिए खड़ी बोली हिन्दी राष्ट्रीय अस्मिता की पहचान थी। उनके मन में हिन्दी को राष्ट्र-भाषा के रूप में प्रतिष्ठित करने, उसके गौरव को सुरक्षित रखने और उसमें वृद्धि करने की आकांक्षा प्रबल थी। वे अपनी रचनात्मक प्रतिभा के श्रेष्ठतम अवदान द्वारा उसे समृद्ध और ऐश्वर्य से मण्डित करना चाहते थे। उन्होंने जिस प्रकार अपने चिन्तन और सृजन द्वारा साम्राज्यवाद विरोधी स्वर मुखरित किया जिस प्रकार सामन्तवादी रूढ़ियों, आचार-विचार तथा समूची जीवन-पद्धति में व्याप्त संकीर्णताओं के विरुद्ध आवाज उठाई और जिस प्रकार आजीवन साहित्यिक क्षेत्र में रीतिवादी जड़ सौन्दर्य-मूल्यों व द्विवेदीयुगीन, अतिशय आदर्शवादिता, नैतिकता और उपयोगितावाद से आक्रान्त जीवन दृष्टि के संकीर्ण घेरे से हिन्दी कविता को मुक्त कर भाव-बोध और अभिव्यक्ति के स्तर पर नवीन सौन्दर्य-मूल्यों और प्रणालियों की प्रतिष्ठा हेतु अनथक संघर्ष किया, वह सब उनकी इसी आकांक्षा का रचनात्मक प्रतिफलन है। इसके साथ ही साथ राष्ट्र की जीवन-पद्धति के सभी महत्त्वपूर्ण घटकों राजनीतिक, सामाजिक, सांस्कृतिक और साहित्यिक क्षेत्रों के परस्पर अंतर्संबंधों व उनमें व्याप्त समस्याओं के स्वरूप को समझने और उनमें समानान्तर रूप से अनेक स्तरीय परिवर्तनों की आकांक्षा, निराला की चेतना में घनीभूत द्वन्द्व की व्यापकता और विविध पक्षीयता की द्योतक है। उनका विरोध सबसे अधिक इसी कारण हुआ कि उन्होंने जड़तामूलक विचारों और शक्तियों को दृढ़तापूर्वक चुनौती दी। इसी 'द्वन्द्वात्मक, यथार्थपरक, समग्र जीवन दृष्टि' के कारण उनकी कविताओं में देश-प्रेम का स्वरूप संश्लिष्ट है। उनका देश-प्रेम केवल अतीत के गौरव गान, भौगोलिक सौन्दर्य-वर्णन तथा राष्ट्रीय भावना से ओतप्रोत उच्छ्वासमय उद्‌बोधनों तक ही सीमित नहीं, वरन् उसके अन्तर्गत परिवेशगत अन्तर्विरोधों का भी चित्रण है। उन्होंने देश के गौरवगान के साथ-साथ सदैव उन कमजोरियों को उजागर किया जो सर्वांगीण उन्नति में बाधक थीं :

क्या यह वही देश है?
भीमार्जुन आदि का कीर्ति-क्षेत्र
चिर कुमार भीष्म की पताका ब्रह्मचर्य दीप्त
उड़ती है आज भी जहाँ के वायुमण्डल में
× × ×
भारत के अविश्वस्त अवनत ललाट पर

निज चिताभस्म का टीका लगाते हुए—
सुनते ही रहे खड़े भय से विवर्ण जहाँ
अविश्वस्त संज्ञाहीन, पतित, आत्मविस्मृत नर?
बीत गए कितने काल
क्या यह वही देश है?

—निराला रचनावली, भाग-1, पृ. 99-100

क्रांति-चेतना का विकास

1857 के प्रथम स्वाधीनता संग्राम के फलस्वरूप ब्रिटिश शासन और जनता के बीच की खाई अधिकाधिक गहरी हो रही थी। इस आंदोलन में किसान और जनता की महत्त्वपूर्ण भूमिका रही थी। इस स्वाधीनता की चेतना को सांस्कृतिक और नैतिक क्रांति में बदलने की दृष्टि दयानन्द सरस्वती, विवेकानन्द, मैडम एनीबेसेन्ट, तिलक, अरविन्द घोष और लाला लाजपतराय जैसे नेताओं ने दी।

निराला एक ओर तो राजा राममोहन राय के ब्रह्म समाज आन्दोलन के रूढ़ि-विरोधी विचारों और नवीन ज्ञान-विज्ञान को अपनाने के पक्ष में रहे, तो दूसरी ओर उन्होंने अपने विचारों को रचनात्मक रूप देने के लिए सांस्कृतिक नवजागरण की उस संघर्षमूलक उग्रवादी धारा को आत्मसात् किया जिसमें वे जनक्रांति के बीज देख रहे थे।

निराला ने उदार और समझौतावादी नीतियों, रवीन्द्रनाथ टैगोर के आभिजात्य एवं सुधारवादी विचारों और गाँधी जी के अहिंसामूलक सिद्धान्त का भी विरोध किया। उनको स्वाधीनता हेतु क्रांति का मार्ग अभीष्ट था। वे चाहते थे कि भारत की दलित एवं शोषित जनता को संगठित कर उसकी सुप्त संघर्ष-चेतना को जगाया जाए ताकि वह ब्रिटिश सरकार द्वारा किए जा रहे शोषण के विरुद्ध एकजुट हो, खड़ी हो सके।

निराला ने स्वयं किसानों, कोरियों, जुलाहों आदि के संगठन तैयार किए और उन्हें स्वदेशी का महत्त्व समझाया। उन्होंने क्रांतिकारियों के विषय में उस साहित्य का भी अध्ययन किया, जिस पर सरकार ने प्रतिबंध लगा रखा था।[4] नवम्बर 1921 में प्रकाशित कविता 'अध्यात्मफल' में 'मुक्ति की युक्ति' उनकी इसी क्रांतिदर्शिता की ओर इंगित करती है।

1942 में स्वाधीनता आंदोलन का उभार देखने को मिला। निराला ने कविता लिखी 'गहन है यह अन्धकारा'। इस कविता में आंदोलन का सन्दर्भ आन्तरिक तनाव के रूप में सर्वथा प्रकट है। 1943 में प्रकाशित कविता 'देवी सरस्वती' में किसान उनकी संवेदना के केन्द्र बिन्दु बने।

सुख के आँसू दुखी
        किसानों की जाया के
भर आए आँखों में

खेती की माया से।

—निराला रचनावली, भाग-2, पृ.192

किसानों के साथ-साथ निराला आर्थिक रूप से विपन्न व पिछड़े तथा वर्णभेद के कारण पतित समझे जानेवाले प्रत्येक व्यक्ति में शक्ति और जागरण की एक ऐसी चेतना संचरित करना चाहते थे, जो उन्हें अपने विस्मृत गौरव को अर्जित करने तथा राष्ट्रीय स्वाधीनता आंदोलन हेतु संगठित संघर्ष की प्रेरणा दे। यहाँ वे विवेकानन्द के पौरुष एवं आत्मगौरव युक्त विचारों से प्रभावित प्रतीत होते हैं। उन्हें ब्रह्म-समाज की आभिजात्यवादी तथा अमूर्त मानवतावादी धारणा की अपेक्षा रामकृष्ण परमहंस और विवेकानन्द द्वारा प्रतिपादित दलित वर्ग के प्रति सहानुभूति की भावना से उद्भूत 'व्यावहारिक वेदान्त' पर आधारित ठोस एवं मूर्त मानवतावाद अधिक ग्राह्य था।

निराला अपनी पैनी दृष्टि और प्रखर मेधा के बल पर अपने युग के उदारपंथी सुधारवादी नेतृत्व के अन्तर्विरोधों को लक्षित कर चुके थे। यह अंत विरोध बुद्धिजीवी जनता को यथार्थ से जूझने की प्रेरणा देने के स्थान पर यथार्थ पर कल्पनावादी आदर्शों और आदर्शवादी कल्पनाओं का रंगीन आवरण चढ़ाकर जनता की दृष्टि को धुंधला बना, उसकी संघर्ष चेतना को क्षीण और निस्तेज कर रहे थे। उदारपंथी विचारक एक ओर देश प्रेम के गीत गाते थे तो दूसरी ओर जार्ज पंचम की स्तुति करते थे। एक ओर वर्ण व्यवस्था का विरोध करते थे तो दूसरी ओर पौराणिक देवी-देवताओं के प्रति परम्परागत आस्था में बँधे थे। एक ओर राष्ट्रीय एकता की बात करते थे तो दूसरी ओर हिन्दू और मुसलमानों के आपसी भेदभाव को मिटाने के लिए ऊपरी तौर पर समन्वय की नीति अपनाना चाहते थे। ऐसा समन्वय जिसके अन्तर्गत हिन्दू और मुसलमान दोनों ही अपनी धार्मिक रूढ़ियों को बनाए रखकर एकता के प्रति समझौतावादी रुख अपनाते रहें। इन उदारवादियों की दृष्टि में भारत अखण्ड राष्ट्र न होकर हिन्दू और मुसलमान दो पृथक जातियों में बँटा हुआ था।

उन्नीसवीं और बीसवीं शताब्दी में प्रादुर्भूत सांस्कृतिक उन्मेष को उदारवादी प्रमुख रूप से पश्चिमी शिक्षा और ज्ञान की देन मानते थे। निराला ने भारतीय ज्ञान को हेय बताने वालों का विरोध किया और प्रमाणस्वरूप वैदिक ज्ञान के श्रेष्ठ प्रयोक्ता के रूप में स्वामी दयानन्द सरस्वती के प्रखर एवं ज्ञान-दीप्त व्यक्तित्व को प्रस्तुत किया—

> "जो लोग कहते हैं कि वैदिक अथवा प्राचीन शिक्षा द्वारा मनुष्य उतना उन्नत नहीं हो सकता, जितना अंग्रेजी शिक्षा द्वारा होता है। महर्षि दयानन्द जी इसके प्रत्यक्ष खण्डन हैं। महर्षि दयानन्द जी से बढ़कर भी मनुष्य होता है, इसका प्रमाण प्राप्त नहीं हो सकता।"

—सूर्यकान्त त्रिपाठी निराला, प्रबन्ध प्रतिमा, पृ.36

निराला के व्यक्तित्व की यह विशेषता थी कि वे किसी भी महापुरुष की विचारधारा या मान्यता को आँख मूँदकर स्वीकार नहीं करते थे। इसीलिए उन्होंने स्वामी दयानन्द की पुनरुत्थानवादी चेतना में साम्प्रदायिकता और संकीर्ण हिन्दूवाद

की धारणा को ग्रहण नहीं किया, बल्कि हिन्दू और मुसलमानों के बढ़ते साम्प्रदायिक वैमनस्य को समाप्त कर उनमें एकता स्थापित करने हेतु तुलसीदास और विवेकानन्द द्वारा प्रतिपादित अद्वैत वेदान्त के व्यावहारिक स्वरूप का समर्थन किया।

राष्ट्रीय विकास की अवधारणा : राजनीतिक और सामाजिक क्रांति का अनिवार्य सम्बन्ध

निराला ने जिस युग में काव्य-रचना आरम्भ की और अपनी रचनात्मक प्रतिभा का विकास किया, उसे भारतीय स्वाधीनता आंदोलन के इतिहास में गाँधीयुग की संज्ञा दी जाती है। साहित्य के क्षेत्र में उस युग के लगभग प्रत्येक रचनाकार पर गाँधीवादी विचारधारा का प्रभाव कहीं-न-कहीं अवश्य परिलक्षित होता है। परन्तु यह निराला की सचेत प्रज्ञा ही थी जिसने गाँधीवाद के आभा मण्डल की चकाचौंध से अपनी चेतना को आविष्ट नहीं होने दिया। उन्होंने गाँधीवाद का समर्थन वहीं तक किया, जहाँ तक वह ब्रिटिश साम्राज्यवाद का विरोध करता था, छूआछूत का विरोधी था और राष्ट्रीय एकता की भावना के विकास में हिन्दू-मुसलमानों की पारस्परिक मैत्री का समर्थक था।

निराला गाँधीवादी विचारधारा में विद्यमान अन्तर्विरोधों के प्रति सदैव सजग रहे। वे गाँधी जी के अहिंसा के सिद्धान्त से सहमत नहीं थे, क्योंकि यह किसानों और जमींदारों के बीच संघर्ष को भारतीय सांस्कृतिक परम्परा के विरुद्ध समझता था, जबकि निराला ब्रिटिश सत्ता को उखाड़ फेंकने में इस संघर्ष को अनिवार्य सोपान मानते थे। निराला यह भली-भाँति अनुभव कर रहे थे कि अंग्रेज अपने आर्थिक स्वार्थ के लिए जो जाल बिछाते हैं, उससे सर्वाधिक हानि इन्हीं किसानों को उठानी पड़ती है। निराला का विचार था कि किसानों के संगठित सहयोग के बिना राष्ट्रीय स्वाधीनता आंदोलन को सफल नहीं बनाया जा सकता। अंग्रेज तब तक हार नहीं मानेंगे, जब तक जमींदारी प्रथा समाप्त न हो जाए। अंग्रेजों द्वारा पोषित सामन्ती व्यवस्था, जिसके अन्तर्गत राजा और जमींदार किसानों का शोषण करते थे, को तोड़ने के लिए, निराला जन-क्रांति को आवश्यक मानते थे।

निराला की दृष्टि इस संदर्भ में बहुत स्पष्ट थी कि अंग्रेजों ने अपने आर्थिक स्वार्थों की पूर्ति के लिए ही भारत को उपनिवेश बनाया था। उनकी प्रत्येक नीति और कार्य, यथा भारत में शिक्षा-प्रचार, रेल व डाकतार की व्यवस्था, उद्योगों की स्थापना और छापेखाने का प्रारम्भ आदि भले ही उनकी उदार प्रगतिशीलता का भ्रम उत्पन्न करते हों, इसी स्वार्थ भावना से प्रेरित थे। वस्तुतः उनका उद्देश्य भारत पर अपनी साम्राज्यवादी पकड़ को अधिकाधिक मजबूत करना और उसे खेतिहर उपनिवेश बनाए रखना था, जिससे वह ब्रिटेन में स्थापित उद्योगों को कच्चे माल की लगातार आपूर्ति करने वाला स्रोत और वहाँ निर्मित सामान की मनमाने दामों पर बिक्री हेतु एक तैयार बाजार के रूप में बना रहे।[5]

निराला इस तथ्य को भली-भाँति जानते थे कि जब तक भारतीय किसान

आपसी भेदभाव भूलकर एकता का अनुभव नहीं करते, वे ब्रिटिश शासन के विरुद्ध संगठित नहीं हो सकते। किसानों में एकता की भावना पनपने में सबसे बड़ी रुकावट तत्कालीन समाज में व्याप्त रूढ़ियाँ, अशिक्षा, अंधविश्वास तथा जाति और वर्ग-गत भेद थे। निराला का विचार था कि जेल जाने और गिरफ्तारियाँ देने की अपेक्षा यदि नेता अपनी शक्ति को जनसाधारण के लिए शिक्षा-अभियान चलाने जैसे रचनात्मक कार्यों में लगाएं तो देश का अधिक भला होगा। यहाँ हम देखते हैं कि निराला की द्वन्द्वात्मक दृष्टि किस प्रकार राजनीतिक, सामाजिक और सांस्कृतिक व्यवस्थाओं के बीच विद्यमान अन्तर्सम्बन्ध को उजागर कर पाने में सक्षम है।

वर्ण-वैषम्य का विरोध

गाँधीवाद में वर्ण-व्यवस्था के अन्तर्गत शूद्र—'हरिजन' समझे जानेवाले लोगों के उद्धार और उन्न्यन हेतु राजनीति से अवकाश के समय रचनात्मक कार्यक्रम चलाए जाते थे। निराला इससे संतुष्ट नहीं थे। वे चाहते थे कि वर्ण-व्यवस्थागत भेद-भाव को जितनी जल्दी संभव हो, आमूल समाप्त कर देना चाहिए, तभी तमाम वर्ण एकजुट हो पराधीनता के खिलाफ संघर्ष कर सकेंगे।

वे शूद्रों को जनेऊ पहनाकर सवर्ण बनाने के पक्ष में नहीं थे। उनके विचार में ऐसा करने से इन लोगों के मन में अपने जाति-भाइयों की तुलना में श्रेष्ठत्व की भावना घर कर जाएगी और एक तुच्छ अहम् उन्हें घेर लेगा। कलकत्ता के विद्यासागर कॉलेज में बुलाए जाने पर उन्होंने युवकों से अपने-अपने जनेऊ फेंक देने के लिए कहा था। वे स्वयं भी जनेऊ धारण नहीं करते थे। उनके विचार में वर्ण-व्यवस्था का विरोध राजनीति से अवकाश के समय चलाया जाने वाला कार्यक्रम मात्र नहीं, वरन् राजनीतिक कर्त्तव्य था।

सामान्य मनुष्यता के आधार पर राष्ट्रीय एकता

वर्ण-व्यवस्था के विरोध के संदर्भ में ही नहीं, हिन्दू-मुसलमानों में एकता का भाव स्थापित करने में भी निराला व्यावहारिक वेदान्त की भूमि पर मनुष्य मात्र की एकता का उपाय देखते थे। उनका कहना था कि व्यावहारिक वेदान्त की भूमि पर ही हिन्दू-मुसलमानों को आपसी भेदभाव मिटाकर मानवीय एकता के सूत्र में बाँधा जा सकता है। निराला ने अपने निबन्ध 'हिन्दू और मुस्लिम कवियों का भाव-साम्य' के अन्तर्गत गालिब का उदाहरण देकर यह सिद्ध किया, कि उच्चतर आध्यात्मिक भूमि पर हिन्दुओं के अद्वैत और इस्लाम की मान्यताओं में कोई अन्तर नहीं है—

न था कुछ तो खुदा था, कुछ न होता तो खुदा होता,
डुबोया मुझको होने ने, न होता मैं तो क्या होता ॥

—*ग़ालिब*

× × ×

"महाकवि ग़ालिब के ये भाव हर्फ-हर्फ वेदान्त से मिलते हैं। जब कुछ नहीं था, तब खुदा था, यही वेदान्त की तथा हिन्दू आस्तिक और नास्तिक दर्शन की बुनियाद है।"

–निराला रचनावली, भाग-5, पृ. 334

इनके ऊपरी भेद-भाव संकीर्णता की उपज है, जो दोनों ही जातियों को मनुष्यता के स्तर से नीचे ले जाते हैं। 'महाराज शिवाजी का पत्र' कविता में उन्होंने लिखा है कि यदि हिन्दू और मुसलमान दोनों का झुकाव जातीय-राष्ट्रीय हो जाए तो उनकी संगठित शक्ति के समक्ष साम्राज्यवादी शक्तियाँ ध्वस्त हो जाएँगी और पराधीनता की बेड़ियाँ स्वयं ही कट जाएँगी–

एक ओर हिन्दू एक ओर मुसलमान हों
व्यक्ति का खिंचाव यदि जातिगत हो जाए
देखो परिणाम फिर
स्थिर न रहेंगे पैर यवनों के
पस्त हौंसला होगा–
ध्वस्त होगा साम्राज्य
× ×
दासता के पाश कट जाऐंगे।

–निराला रचनावली, भाग-1, पृ.169

इस प्रकार किसानों और जमींदारों के संघर्ष द्वारा सामन्ती व्यवस्था का नाश तथा उच्च और निम्न वर्ग एवं हिन्दू-मुसलमान का मनुष्यता की समान भूमि पर एकीकरण निराला के लिए राष्ट्र की सर्वांगीण उन्नति के बुनियादी आधार थे। वे यह सभी भेदभाव दूर करके श्रम करनेवाले सभी लोगों को एक नए वर्ग के रूप में संगठित करने का स्वप्न देख रहे थे। सामाजिक रूपांतरण का यह स्वप्न राष्ट्रीय स्वाधीनता की परिकल्पना से सीधे जुड़ा था। उनके लिए स्वाधीनता जीवन के बहुआयामी संदर्भों से युक्त थी, जिसका अर्थ था प्रत्येक देशवासी की व्यक्तिगत, पारिवारिक, सामाजिक, राजनीतिक और आर्थिक स्वतंत्रता।

नारी-मुक्ति की अवधारणा

निराला की दृष्टि में जब पराधीन देश का निवासी प्रत्येक पुरुष शूद्र है तो उसके नियंत्रण में रहनेवाली नारी शूद्र से भी शूद्र है। निराला को स्त्री का यह दासी-रूप बिल्कुल स्वीकार्य नहीं। वे उन कोरे आदर्शवादियों से भिन्न हैं जो नारी के दिव्य गुणों का गुणगान करते नहीं थकते तथा उसकी अस्मिता के कुचले जाने व स्वत्व के छीने जाने पर केवल दर्शक बनकर उसकी त्यागमयता का बखान करते रहते हैं और वस्तुस्थिति में परिवर्तन लाने की नहीं सोचते। इसके विपरीत निराला नारी के प्रेरणादायी व्यक्तित्व की कल्पना करते समय उसकी पराधीन एवं शोषित स्थिति को नहीं भूलते। वे सदैव उन कारणों की तह तक पहुँचना चाहते हैं जो नारी स्वातंत्र्य

में बाधक हैं। उनके अनुसार नारी की पराधीनता का मूल कारण उसकी पुरुष पर आर्थिक निर्भरता है। स्त्री को पुरुष के अभाव में हीं नहीं, उसके साथ रहते हुए भी आर्थिक रूप से स्वावलंबी होना चाहिए। इससे दोनों मिलकर गृहस्थी का भार सहज रूप से उठा सकेंगे। इस हेतु सबसे अधिक आवश्यक है नारी की शिक्षा। शिक्षा ही व्यक्ति को उसकी अस्मिता, यथार्थ स्थिति और स्वत्व का बोध कराती है। इसलिए नारी को इसकी उतनी ही आवश्यकता है, जितनी पुरुष को। अब तक शिक्षा से वंचित रहने के कारण ही वह पराधीन है। यद्यपि,निराला से पूर्व और समकालीन लेखक नारी शिक्षा के महत्व पर पर्याप्त प्रकाश डाल चुके थे, तथापि निराला ने उनसे एक कदम आगे बढ़कर नारी और पुरुष की बौद्धिक क्षमता की समानता की घोषणा की। उनके अनुसार ज्ञान प्राप्ति के अनुकूल अवसर मिलने पर स्त्रियाँ अपने व्यक्तित्व के विकास के साथ-साथ सम्पूर्ण समाज के लिए नदियों के समान जीवन-रस का संचार कर सकेंगी। वे कहते हैं :

> ''घर की छोटी-सी सीमा में बँधी हुई स्त्रियाँ आज अपने अधिकार, अपना गौरव, देश तथा समाज के प्रति अपना कर्त्तव्य सब कुछ भूली हुई हैं। उनके साथ जो पाशविक अत्याचार किए जाते हैं, उनका कोई प्रतिकार नहीं होता ...शिक्षा से यह सब दूर होगा। देवियाँ अपना दिव्य रूप पहचानेंगी। उन्हें अपने कर्तव्य का ज्ञान होगा। वे नदियों की तरह समाज के कगारों से बहती हुई सहस्त्रों जीवन प्रतिदिन पवित्र कर जाएँगी।''
>
> *—निराला रचनावली, भाग-6, पृष्ठ-129*

राष्ट्र की उन्नति : आध्यात्मिक और भौतिक विकास का सह-अस्तित्व

निराला व्यावहारिक वेदान्त को स्वीकार करते हुए सामाजिक व सांस्कृतिक विकास में भौतिक प्रगति की भूमिका को अनिवार्य मानते थे। वे चाहते थे कि सामाजिक विकास की आधार भूमि वैज्ञानिक हो तथा वैज्ञानिक प्रगति समाज और सभ्यता के विकास का एक आवश्यक अंग हो, न कि सभ्यता और समाज की विरोधी। यद्यपि, बड़े उद्योगों की स्थापना को वे हानिकारक नहीं मानते थे, तथापि निम्न वर्ग की आजीविका हेतु ग्रामीण व कुटीर उद्योग धंधों की आवश्यकता को स्वीकार करते थे।

इस प्रकार गाँधीवाद जहाँ वैज्ञानिक प्रगति और बड़े उद्योगों की स्थापना को मानव-मूल्यों की दृष्टि से हानिकारक समझता था, वहीं निराला ने अपने समय से काफी आगे रहते हुए विकास में इन दोनों की भूमिका को बहुत पहले समझ लिया था। गाँधीवाद जहाँ स्वावलम्बन हेतु कुटीर उद्योगों के विकास को अधिक श्रेयस्कर मानता था, वहीं निराला वैज्ञानिक प्रगति के आधार पर इन उद्योग धंधों को नई तकनीकी से संयुक्त कर समय के साथ चलने वाला बनाना चाहते थे। वे अपनी 'यथार्थपरक मानवतावादी दृष्टि' के अनुरूप मनुष्य को इसी लोक में सुखी व समृद्ध देखना चाहते

थे। उनका मानव भौतिक ऐश्वर्य से विमुख अथवा उसे तुच्छ मानकर अमूर्त आनन्द का अभिलाषी नहीं है। उनकी दृष्टि में सुख जीवन-यथार्थ के ठोस धरातल पर प्राप्त होने वाली अनुभूति है। वे उन विचारकों से सहमत नहीं, है जो जगत को मिथ्या मानकर भौतिक सुखों की अवहेलना को ही आध्यात्मिक सुख का साधन मानते हैं। जब वे दलित जन के सुख की बात करते हैं तो वे उनके जीवन को भौतिक सुख- साधनों से युक्त देखना चाहते हैं। वे ज्ञान और भौतिकता को विरोधी नहीं वरन् परस्पर पूरक और सहयोगी मानते है। ज्ञान ही भौतिक सुख-समृद्धि के अर्जन का मार्ग है उसके सदुपयोग द्वारा न केवल भौतिक उन्नति होती है, वरन एक ऐसा सचेत विवेक भी अर्जित होता है जो हमें भौतिक सुखों की प्राप्ति हेतु अमानवीय पद्धतियों को अपनाने से रोकता है और उनके विरुद्ध संघर्ष हेतु प्रेरित करता है।

निराला की दृष्टि में लक्ष्मी और सरस्वती का सह-अस्तित्व न केवल सम्भव है वरन सामाजिक कल्याण हेतु अनिवार्य रुप से अपेक्षित भी। 'जागो जीवन धनिके' कविता में निराला लक्ष्मी और सरस्वती दोनों में एकत्व भाव स्थापित कर उनसे प्रार्थना करते हैं कि वे भारतीय जनता के दुःख, अभाव, अज्ञान और नैराश्य युक्त अन्धकारपूर्ण जीवन को ज्ञान, सुख और समृद्धि से परिपूर्ण कर दें–

जागो जीवन धनिके।
विश्व - पण्य प्रिय वणिके।
× × ×
गह कर अकल तूलि रंग-रंगकर
बहु जीवनोपाय, भर दो घर
भारति, भारत को फिर दो वर
ज्ञान - विपणि - खनिके।

–निराला रचनावली, भाग-1, पृष्ठ-256

वे जानते हैं कि देश-वासियों की भौतिक सुख-समृद्धि हेतु भारत का विश्व के अन्य देशों के साथ व्यापारिक व औद्योगिक सम्बन्ध आवश्यक है, पर यह तभी संभव है जब भारत वैज्ञानिक व औद्योगिक दोनों ही दृष्टियों से सुदृढ़ हो।

निराला भारत को ज्ञान-स्वरूप मानते हैं। वह उसे भौतिक दृष्टि से समृद्ध देखना चाहते हैं। 'तुलसीदास' कविता के अंतिम बन्ध में, रत्नावली की सरस्वती और लक्ष्मी के रूप में जो छवि प्रत्यक्ष होती है, वह ज्ञान और ऐश्वर्य से मण्डित उस भारत माँ की है जो निराला की कल्पना का भारत है–

चल मन्दचरण आए बाहर
उर में परिचित वह मूर्ति सुघर
जागी विश्वाश्रय महिमाधर, फिर देखा–
संकुचित, खोलती श्वेत पटल
बदली, कमला तिरती सुख-जल

प्राची-दिगन्त-उर में पुष्कल रवि-रेखा।

—निराला रचनावली, भाग-एक, पृ. 307

वर्ग-वैषम्य का बोध और क्रांति की अवधारणा

निराला औद्योगीकरण के पक्ष में होते हुए भी भौतिक सुख-समृद्धि को केवल पूँजीपतियों तक ही सीमित नहीं देखना चाहते, वरन् वे ऐसे समाजवाद की स्थापना करना चाहते हैं, जिसमें श्रम करनेवाले मनुष्य भी समान रूप से उसका उपभोग कर सकें। गाँधीवादी दृष्टि पूँजीपतियों के प्रति उदार थी। वह पूँजीपतियों पर दबाव डालकर नहीं बल्कि नैतिक चेतना जागृत कर उनका हृदय-परिवर्तन करने में विश्वास रखती थी, जिससे वे स्वयं अपनी आवश्यकतानुरूप धन अपने पास रखकर शेष धन जनता में वितरित करने को प्रेरित हों। निराला इस दृष्टि को भ्रामक मानते हैं। उनका विचार पूँजीपतियों से ऐसी अपेक्षा रखना उन्हें अप्रत्यक्ष रूप से समर्थन देना ही है। वे यह नहीं चाहते कि जनता पूँजीपतियों की कृपा पर आश्रित रहे व पूँजीपति जनता के धन के संरक्षक बने रहें। 'जल्द-जल्द पैर बढ़ाओ' कविता में निराला पूँजीपतियों के एकाधिकार का विरोध करते हुए पूँजी और उद्योग धंधों के राष्ट्रीयकरण का दृढ़तापूर्वक समर्थन करते हैं। इस हेतु वे गाँधीवादी तरीकों का समर्थन न करके काँटे को काँटे से निकालने का प्रस्ताव रखते हैं—

आज अमीरों की हवेली
किसानों की होगी पाठशाला
× × ×
सारी सम्पति देश की हो
सारी आपत्ति देश की बने
जनता जातीय वेश की हो,
वाद से विवाद यह ठने
काँटा काँटे से कढ़ाओ।

—निराला रचनावली, भाग-2, पृ.167-168

वे इस विषय में किसी भी प्रकार की नरमी अथवा समझौतापरस्ती के पक्ष में नहीं दिखते। 'भेद कुल खुल जाय' कविता में वह स्पष्ट लिखते हैं कि जो धन पूँजीपतियों के पास है, वह जनता को मिल जाए—

देश को मिल जाए जो
पूँजी तुम्हारी मिल में है।

—निराला रचनावली, भाग-दो, पृष्ठ-166

'महंगू महंगा रहा' में निराला गाँधीवादी ही नहीं वरन् अन्य समाजवादी नेताओं की भी कलई खोलते हैं जों बाहरी तौर पर तो जनता के हितों का पक्षधर होने का दंभ भरते हैं, परन्तु भीतरी तौर पर पूँजीपतियों से मिले हुए हैं। उन्हें मजदूरों को उनके

अधिकार दिलवाने की अपेक्षा अपने नेतृत्व को सुरक्षित रखने की चिंता अधिक है—

आज पंडित जी देश में विराजते हैं
× × ×
बड़े भारी नेता हैं।
× × ×
कुर्सी रखनेवाले अनुल्लंघ्य विद्या से
देशी जनों के बीच
लेड़ी जमींदारों को आँखों तले रखे हुए
मिलों के मुनाफे खानेवालों के अभिन्न मित्र
देश के किसानों, मजदूरों के भी अपने सगे
विलायती राष्ट्र से समझौते के लिए।

—निराला रचनावली, भाग-दो, पृष्ठ 203-204

जिस समय जवाहरलाल नेहरू समाजवादी विचारों से प्रेरित अपने भाषणों द्वारा जनता को मंत्र-मुग्ध कर रहे थे, निराला ने उनके ब्रिटिश शासन और पूँजीपतियों के साथ सहयोगात्मक रुख को उजागर किया—

पंडितजी कांग्रेस के चुनाव पर बोले।
आजादी लेते हैं, एक साल और है
आततायियों से देश पिस-पिसकर मिट गया
हमको बढ़ जाना है
चैन नहीं लेना है जब तक विजयी न हों
जनता मन्त्रमुग्ध हुई।
× × ×
'महंगू ने कहा, हाँ कम्पू में किरिया के
गोली जो लगी थी
उसका कारण पंडित जी का शागिर्द है।
× × ×
यहाँ भी वह जमींदार, बाजू से लगा ही है।
कहते हैं, इनके रुपये से ये चलते हैं,
कभी-कभी लाखों पर हाथ साफ करते हैं।
× × ×
हमारे अपने हैं यहाँ बहुत छिपे हुए लोग
मगर चूँकि अभी ढीला-पोली है देश में
× × ×
राजनीति कड़ी से भी कड़ी चल रही है।

—निराला रचनावली-2, पृ.205

नेहरू के चिन्तन का एक प्रगतिशील पक्ष यह था कि वे आधुनिकीकरण हेतु वैज्ञानिक प्रगति को अनिवार्य मानते थे व उद्योगों के राष्ट्रीयकरण के पक्षधर थे। परन्तु उनके चिन्तन का एक बड़ा अंतर्विरोध यह था कि सैद्धान्तिक रूप से समाजवादी होते हुए भी वे व्यावहारिक रूप से पूँजीपति वर्ग के पोषक थे। यही कारण है कि उनके नेतृत्व में देश में सम्पति का एकाधिकार, विदेशी ऋण पर निर्भरता और नौकरशाही में वृद्धि देखने को मिली। निराला भारत के लिए जिस समाजवादी व्यवस्था की कल्पना करते हैं, वह उसकी प्राप्ति हेतु क्रांति का जो रूप निर्धारित करते हैं, वह उस युग की गाँधीवादी तथा (नेहरू की) समाजवादी विचारधारा से टकराती प्रतीत होती है।

निराला के लिए क्रांति साध्य नहीं बल्कि स्वाधीनता प्राप्ति का एक मात्र साधन है। इसकी संवाहक देश की वह अधिकांश जनता है जो सदियों से शोषित-पीड़ित रही है। इस प्रकार निराला की स्वाधीनता की परिकल्पना उन राजनीतिज्ञों, बुद्धिजीवियों एवं साहित्यकारों की तरह खोखली नहीं है जो स्वाधीनता का नारा लगाते समय उस वर्ग को भूल जाते हैं, जिसके स्वाधीन हुए बिना स्वाधीनता का कोई अर्थ नहीं है।

निराला की दृष्टि में सामाजिक क्रांति के बिना राजनीतिक क्रांति अधूरी है। देश के सभी जन तभी सुखी व समृद्ध हो सकते हैं जब राजनीतिक क्रांति का आधार सामाजिक हो और क्रांति में सभी वर्गों की समान हिस्सेदारी हो। उनकी क्राँति साम्यवाद से नहीं वरन् उस नव्य वेदान्त से प्रेरित है जिसका स्वरूप स्वामी विवेकानंद के दार्शनिक चिन्तन व स्वयं उनकी मानवतावादी दृष्टि के समन्वय से निर्मित हुआ है। साम्यवाद से भिन्न होने पर भी निराला की क्रांति-चेतना वैज्ञानिक है, क्योंकि यहाँ मानवीय करुणा का स्वरूप अमूर्त न होकर ठोस यथार्थबोध से निसृत है। उनकी क्रांति-चेतना की प्रेरक वह रहस्यवादी करुणा भी नहीं है जो मानवता के नाम पर सामाजिक विषमताओं की उपेक्षा कर सम्पूर्ण विश्व को सहानुभूति के एक तार में बाँधना चाहती है तथा समता व सामंजस्य के आदर्शवादी प्रभामंडल की चकाचौंध में विषम यथार्थ के अँधेरे से आँख मूँदकर चलती है।

निराला का क्रांति दर्शन, उसका स्वरूप और उद्देश्य विषम यथार्थबोध से उपजी मानवीय करुणा के ठोस धरातल से विकसित हुए हैं। उनके मूल में जन सामान्य के विकास को राष्ट्रीय-प्रगति की मुख्य धारा से जोड़ने तथा समस्त मानव समाज को सुखी एवं समृद्ध देखने की आकांक्षा सक्रिय है। देश की स्वस्थ चिंतन- परंपराओं से जुड़े रहने तथा राष्ट्रीय परिवेश की माँग के अनुरूप आधुनिक बोध को आत्मसात् करने के कारण निराला की चेतना में परंपरा और आधुनिकता का जो द्वन्द्व सक्रिय है, वह उनके राष्ट्रीय जनतांत्रिक दृष्टिकोण के विकास तथा क्रांति-दर्शन का वैचारिक आधार है।

जिस प्रकार बदलते समय के साथ निराला राष्ट्रीय एवं सामाजिक जीवन-पद्धति में क्रांति-जन्य परिवर्तन के आकांक्षी हैं, उसी प्रकार साहित्य के विकास और

उन्नयन में वे युग-धर्म के अनुकूल परिवर्तन को अनिवार्य मानते हैं। उनके विचार में यह परिवर्तन क्रांति के बिना संभव नहीं है।

> ''क्रांति साहित्य की जननी है। नवीनता तभी पैदा होती है, और साहित्य का रथ कुछ कदम आगे बढ़ता है। इसे ही जीवन भी कहते हैं। ऋतु के बदलने पर जिस तरह पृथ्वी एक नए रूप से सजती है उसी तरह क्रांतिजन्य नवीनता से साहित्य।''
>
> *—निराला रचनावली, भाग-5, पृ.-531*

वस्तुतः सामाजिक तथा साहित्यिक क्रांति अंतर्संबंधित है। सामाजिक क्रांति का उद्‌देश्य समाज में व्याप्त शोषण, रूढ़िवाद और जड़ता का विनाश कर समतामूलक व्यवस्था की स्थापना है। साहित्य की मूल्यवत्ता तभी है, जब वह अपने कलात्मक स्वरूप को बनाए रखते हुए जनता की संगठित संघर्ष चेतना को उद्‌बुद्ध करे। सामाजिक क्रांति भी तभी सार्थक कही जा सकती है, जब वह साहित्य के विकास में सहायक हो। साहित्यिक क्रांति और सामाजिक क्रांति का यह अविच्छिन्न सम्बन्ध निराला के समक्ष बहुत स्पष्ट था। अपने द्वन्द्वात्मक दृष्टिकोण के कारण ही वे इस अन्तर्सम्बन्ध को लक्षित कर पाए और बदलते परिवेश के अनुरूप साहित्य में परिवर्तन की अनिवार्यता को अनुभव किया—

> ''यह निर्विवाद है कि कवि पर देश, काल और समाज का प्रभाव पड़ता है। जिन कार्य-कारणों के घात-संघातों से मानवीय मस्तिष्क के विचार बदलते हैं, चाल-चलन, वेश-भूषा में उलट-फेर होते रहते हैं, स्मृतियाँ और व्यवस्थाएँ परिवर्तित होती रहती हैं, वही कार्य और कारण भाषा और साहित्य के रूपांतरित होने के कार्य और कारण कहे जाते हैं।''
>
> *—निराला रचनावली, भाग-5, पृ.164*

उनका काव्य परिवर्तन की इसी आकांक्षा, विद्रोह और संघर्ष की चेतना को मुखरित करता हुआ, जनमानस को क्रांति की ओर उत्प्रेरित करता है।

अपने बहुपक्षीय द्वन्द्वात्मक जीवन-बोध के कारण निराला व्यक्तिगत जीवन से लेकर सामाजिक, धार्मिक, सांस्कृतिक और साहित्यिक सभी स्तरों पर रूढ़िवाद का विरोध करते हुए सचेत परिवर्तन के लिए संभावनाशील शक्तियों का आह्वान करते हैं और व्यापक जनहित की आकांक्षा से प्रेरित हो राष्ट्रीय स्वाधीनता के बहुआयामी अर्थ की अवधारणा प्रस्तुत करते हैं। उनका काव्य पढ़ने से जिस मानसिक ऊर्जा और कर्म चेतना का विकास होता है, उसका मूल उनकी "द्वन्द्वात्मक-यथार्थपरक जीवन दृष्टि" तथा उससे उत्पन्न संघर्ष चेतना में निहित है।

उनके चिन्तन और काव्य में जातिवाद-विरोध, नारी-मुक्ति, किसान-संघर्ष, हिन्दू-मुसलमानों की एकता, धार्मिक पाखण्ड का विरोध तथा इन सबसे विकसित मनुष्यत्व की प्रतिष्ठा का जो प्रयास लक्षित होता है, वह उनकी स्वाधीनता कामी चेतना का द्योतक है। उनकी दृष्टि में स्वाधीन का एक अर्थ 'निर्भय' होना है। इसी

कारण वे अपनी काव्ययात्रा ही नहीं, जीवन यात्रा में भी निर्भय व निडर बने रहे।

"समझा मैं
भय ही व्यवस्था का जनक है,
निर्भय अपने को
और दुर्बल समाज को
करके दिखाना है–
'स्वाधीन' का ही
एक और अर्थ निर्भय है।"

–निराला रचनावली, भाग-1, पृष्ठ-133

संदर्भ :

1. इस दूसरी कोटि में दूसरे तरह के बुद्धिजीवी होते है। एक तो जो जानबूझकर यथास्थिति का पक्ष ग्रहण करते हैं। जीवन की सही समझ उन्हें खतरनाक महसूस होती है इसलिए वे सौंदर्य-मूल्यों को जीवन और समाज से निरपेक्ष बताते हैं। अभिव्यंजना और रूप के प्रति आग्रह समाज निरपेक्ष सौंदर्य मूल्यों का स्वाभाविक परिणाम है। दूसरे प्रकार के बुद्धिजीवी वे होते हैं जो भरे पेट तो होते हैं परंतु सामाजिक संकट के दबाव से मुक्त नहीं होते। जीवन में श्रम का तिरस्कार और अवमूल्यन देखकर उनका मोह- भंग होता है किंतु वे असलियत को साफ-साफ नहीं समझ पाते। इसलिए यथार्थ से पलायन कर कल्पना में सौंदर्य की खोज करते हैं। जाने-अनजाने ये भी यथास्थिति के हिमायती साबित होते हैं।

   –डॉ. तिवारी अजय, प्रगतिशील कविता के सौंदर्य मूल्य, पृष्ठ-26
2. छायावाद पर कई आलोचक व्यक्ति निष्ठता का आरोप लगाते हैं और यह सिद्ध करते हैं कि वह व्यक्ति केंद्रित है तथा समाज से उसका कोई सरोकार नहीं। वस्तुतः ऐसी दृष्टि एकांगी है।

   –डॉ. त्रिवेदी देवेंद्रनाथ, निराला काव्य में मानव मूल्य और दर्शन, पृ. 287
3. छायावाद के सभी कवि उस उन्मेष की देन थे और कुछ हद तक सभी में उसकी विविध और अंतर्विरोधी प्रवृत्तियों के चित्र मिलते हैं लेकिन उस युग के कवियों में जितना आत्म-मंथन जितना अंतर्द्वंद्व निराला के व्यक्तित्व और साहित्य में है उतना और किसी में नहीं।

   –शरद ओंकार (सं.), निराला स्मृति ग्रंथ, पृ. 163
4. डॉ. शर्मा रामविलास, निराला की साहित्य साधना, भाग-1, पृ. 39।
5. सं. नवल नंदकिशोर, निराला रचनावली, भाग-6, (निबंध–इंग्लैण्ड और भारत का सम्वन्ध), पृ. 283।

परम्परा और आधुनिकता का द्वन्द्व : रचनात्मक परिवर्तन की दिशा

आधुनिकता और परम्परा दोनों का सम्बन्ध मनुष्य की चेतना और उसकी जीवन-पद्धति से है। चेतना और जीवन-पद्धति सतत् परिवर्तनशील व अन्योन्याश्रित हैं। इसी कारण परम्परा और आधुनिकता दोनों ही गतिशील व काल-सापेक्ष हैं। इस दृष्टि से परम्परा का स्रोत जहाँ अतीत से सम्बन्ध रखता है, वहीं आधुनिकता का वर्तमान भविष्य से। वस्तुतः वर्तमान भूत और भविष्य के बीच इतनी सूक्ष्म रेखा होती है कि घटित होने के साथ ही वर्तमान अतीत में बदल जाता है।

यद्यपि परम्परा और आधुनिकता दोनों गतिशील हैं, परंतु परम्परा आधुनिकता की अनुगामिनी बनी रहती है। इस प्रक्रिया में जब तक परम्परा आधुनिकता-बोध से अर्थ ग्रहण कर स्वयं को रूपांतरित करती है, तब तक आधुनिकता उससे आगे निकलकर एक नवीन आधुनिक-बोध का सृजन कर चुकी होती है। कहने का तात्पर्य यह है कि जब तक परंपरा वर्तमान को आत्मसात् करती है, तब तक वर्तमान अतीत में बदल चुका होता है और आधुनिकता एक नए वर्तमान का सृजन कर चुकी होती है।

समर्थ रचनाकार के समक्ष सबसे बड़ी चुनौती यही होती है कि वह आधुनिकता की इस भविष्योन्मुखी गतिशीलता को आत्मसात् करे व अगले क्षणों में "क्या घटित होने वाला है" का सही अनुमान लगाकर "क्या घटित होना चाहिए" की दृष्टि के साथ परम्परा को आधुनिकीकृत करे तथा परम्परा आधुनिकता की अनुगामिनी बनने की बजाय यह प्रयत्न करे कि दोनों कंधे से कंधा मिलाकर सतत् गतिशील रहें।

किसी भी कालजयी रचना के लिए परम्परा आधुनिकता का यह सम्बन्ध अभीष्ट है। तथापि, यह स्थिति इनके अन्तर्सम्बन्ध के चरमोत्कर्ष की स्थिति है, जिसकी प्राप्ति हेतु सतत् प्रयत्नशील रहना प्रत्येक सजग रचनाकार का दायित्व है। इसलिए जो रचना इस उत्कर्ष के जितनी ही निकट होगी, वह उतनी ही सार्थक व समाज के लिए उपयोगी सिद्ध होगी।

रचना के समाजोपयोगी व सार्थक होने का प्रश्न रचनाकार के समक्ष सबसे बड़ी

चुनौती है, जो उसमें अन्तर्द्वन्द्व का कारण बनती है। उसे सदैव सचेत रहते हुए एक ओर परंपरा में विद्यमान मृत तत्वों की पहचान कर अपनी चेतना को उनसे मुक्त रखना है। दूसरी ओर आधुनिकता के जीवंत तत्वों को ग्रहण कर अपनी चेतना का विकास करते हुए परंपरा को युगीन आवश्यकताओं के अनुरूप समृद्ध करना है।

वस्तुतः आधुनिकता का विकास परम्परा की काल-भूमि से होता है। वह अपने पोषक तत्व इसी भूमि से ग्रहण करती है, लेकिन उसके पुष्प भविष्य के आकाश में ही खिलते हैं। समर्थ रचनाकार का दायित्व है कि वह आधुनिकता की बेल को परम्परा की काल-भूमि पर ही फैलने दे, ताकि उसके पुष्पों की सुगन्ध आकाश में खोने से पूर्व परम्परा ग्रहण करे व अधिक जीवंत होकर स्वस्थ एवं सजग समाज के विकास में उत्तरदायी भूमिका अदा करे।

वह समाज जो परम्परा और आधुनिकता के इस सह-अस्तित्व को अस्वीकृत कर दोनों में से एक का निषेध करने का प्रयत्न करता है, अतिवादिता से ग्रस्त, एकांगी व जड़ होता है। जो रचनाकार इन संकल्पनाओं में एकता का अनिवार्य सम्बन्ध लक्षित करते हुए एक ओर परम्परा में निहित यथास्थितिवाद की पोषक रूढ़ियों से संघर्षरत रहता है और दूसरी ओर सतही और छिछली आधुनिकता का विरोध करता है, वही अतीत के जीवंत अंशों से भविष्य के प्रति संभावनाशील वर्तमान का सह-अस्तित्व मूलक सामंजस्य स्थापित कर पाने में समर्थ होता है।

जिस रचनाकार के पास यह विवेक होता है, वही अपने चिन्तन और सृजन द्वारा समकालीन जीवन-यथार्थ को सचेत परिवर्तन की ओर प्रेरित कर सकता है। रचनात्मक विवेक अर्जित करने की यह प्रक्रिया इकहरी व सरल न होकर द्वन्द्वात्मक है। यह द्वन्द्वात्मकता है व्यक्तित्व और अस्तित्व की, संस्कार और विवेक की, चयन और त्याग की तथा स्वीकृति और रूपांतरण की। यह सत्य है कि कोई भी रचनाकार परम्परा का पूर्ण निषेध कर नवीन रचना में समर्थ नहीं हो सकता, परन्तु उतना ही सत्य यह भी है कि समकालीनता के दबाव के अनुरूप परम्परा का रूपान्तरण किए बिना वह आधुनिक-बोध भी अर्जित नहीं कर सकता, जो उसकी रचनाशीलता को सार्थक, संदर्भवान व संभावनाशील बनाता है।

परम्परा के समुचित बोध और मूल्यांकन के लिए यह जरूरी है कि रचनाकार को अपनी वर्तमान स्थिति का यथार्थ ज्ञान हो। युगीनजीवन की सचेत पहचान के दृढ़ आधार पर खड़े होकर ही वह परम्परा के जीवंत स्वरूप को आत्मसात् करता है।[1] परम्परा से जीवंत तत्वों को ग्रहण करने के लिए यह आवश्यक है कि वर्तमान सामाजिक जीवन में सक्रिय प्रतिगामी और प्रगतिशील शक्तियों के संघर्ष का बोध होने के साथ-साथ ही इस संघर्ष की दिशा भी ज्ञात हो। यही वह सूत्र है जो परम्परा और आधुनिकता के द्वन्द्व को एक रचनात्मक प्रक्रिया का स्वरूप प्रदान करता है।

जब ऐतिहासिक परिवर्तन के फलस्वरूप कोई नवीन युग-परिस्थिति उत्पन्न

होती है तब संस्कारों में बँधे जन-मानस के लिए उसका सामना करना एक चुनौती बन जाता है। ऐसी स्थिति में साहित्यकार का दायित्व अत्यन्त महत्वपूर्ण होता है। उसे पहले तो परिवर्तित स्थिति की सचेत पहचान करनी होती है, फिर उसमें विद्यमान मृत और संभावनाशील शक्तियों का पता लगाकर संभावनाशील शक्तियों कापक्ष लेने योग्य मानसिकता का निर्माण करना होता है। उसका दायित्व है कि जनसाधारण को ऐसा रचनात्मक विवेक और मानसिक ऊर्जा प्रदान करे, जिससे प्रेरित होकर वे इन शक्तियों का साथ देने की दिशा में सक्रिय हो सके।

प्रत्येक युग में नए और पुराने जीवन-मूल्यों के बीच एक द्वन्द्व सक्रिय रहता है। यह द्वन्द्व जहाँ समुचित जीवन-पद्धति में प्रतिबिम्बित होता है, वहीं विकास के लिए यह एक अनिवार्य प्रक्रिया है। यह प्रक्रिया जिस युग में जितनी अधिक तीव्र होती है, विकास की संभावनाएँ उतनी ही बढ़ जाती हैं। साहित्य भी तभी युगांतरकारी कहलाने का गौरव अर्जित कर सकता है, जब उसमें सामाजिक गतिशीलता व अंतर्निहित विरोधों की टकराहट व उससे उत्पन्न परिवर्तनों की सार्थक एवं संश्लिष्ट अभिव्यक्ति हो। यह क्षमता जिस रचनाकार में जितनी अधिक होती है, उसका रचनाफलक उतना ही व्यापक, प्रासंगिक और समर्थ होता है।

निराला के मन में अपने देश, संस्कृति और परम्पराओं के प्रति असीम स्नेह और गौरव की भावना थी। अंग्रेजों और उनके समर्थकों द्वारा भारतीय जनता और संस्कृति को हीन और पिछड़ा हुआ बताए जाने पर उनका मन क्षोभ और आक्रोश से भर उठता था। किन्तु अपनी चेतना में परम्परा और आधुनिकता के द्वन्द्व को निरंतर अनुभव करते रहने के कारण वे धार्मिक पुनरुत्थानवादियों के समान परम्परा के प्रति अन्ध-मोह का शिकार नहीं हुए। उन्होंने तत्कालीन भारतीय समाज, संस्कृति और साहित्य तीनों में व्याप्त रूढ़िवाद का खुलकर विरोध किया। कहीं-कहीं पुनरुत्थानवाद से प्रेरित अतीत-प्रेम उनकी रचनाओं में बिना किसी रचनात्मक भूमिका के मुखर हुआ, जैसे 'यमुना के प्रति' कविता में। परन्तु पुनरुत्थानवाद का यह कमजोर रूप उनकी चेतना पर हावी नहीं है।

अपनी इसी निष्पक्ष, मुक्त एवं व्यापक दृष्टि के कारण निराला अपने समय की रूढ़िवादी और प्रगतिशील चिंतन धाराओं का विश्लेषण करने में समर्थ हो सके हैं। समस्त जीवन-पद्धति में जो कुछ भी अवांछनीय, अप्रासंगिक और जीर्ण-शीर्ण प्राचीन है, उसे नष्ट कर देने और उसके स्थान पर आमूल परिवर्तन द्वारा नूतन विकास की आकांक्षा बार-बार उनके चिन्तन और सृजन में अभिव्यक्त हुई है—

जला दे जीर्ण-शीर्ण प्राचीन।

—निराला रचनावली, भाग-1, पृ.258

तथा

आँखों में नवजीवन की तू अंजन लगा पुनीत

बिखर झर जाने दे प्राचीन।

× × ×

जीर्ण-शीर्ण जो, दीर्ण धरा में प्राप्त करें अवसान
रहे अविशिष्ट सत्य जो स्पष्ट।

—वही, पृ.103-104

उनका यह प्रखर आधुनिक बोध उन्हें परम्परा के सचेत मूल्यांकन की दृष्टि देता है और साथ ही अपने समय में व्याप्त पुनरुत्थानवादी चेतना के अतिक्रमण का साहस भी प्रदान करता है। वे अपनी कविता 'कल्पना के कानन की रानी' में कामना करते हैं—

"मेरी अखिल पुरातनप्रियता हर दो
मुझको एक अमर वर दो।"
मैंने जिसकी हठ ठानी।

—निराला रचनावली, भाग-1, पृष्ठ-219

उनकी यह कामना उस छटपटाहट का प्रतिफल है जो परम्परा व आधुनिक-बोध के द्वन्द्व से उपजी है। वे इस द्वन्द्व के भीतर से लगातार परम्परा के साथ एक रचनात्मक सम्बन्ध का अन्वेषण करते दिखाई देते हैं।

अपनी 'आदान-प्रदान' कविता में उन्होंने परम्परा को माँ के रूप में चित्रित करते हुए इसी रचनात्मक सम्बन्ध को अभिव्यक्त किया है—

शिशु पाते हैं माताओं के
वक्षःस्थल पर भूला गान,
माताएँ भी पाती शिशु के
अधरों पर अपनी मुसकान।

—निराला रचनावली, भाग-एक, पृ.113

जिस प्रकार माँ और शिशु का रागात्मक सम्बन्ध दोनों के अस्तित्व को तृप्ति, पूर्णता और सार्थकता प्रदान करता है, उसी प्रकार परम्परा में व्यक्ति अपनी अस्मिता की पहचान प्राप्त करता है और परम्परा व्यक्ति की सर्जनात्मक चेतना में अपना जीवंत स्वरूप अर्जित करती है।

निराला के चिन्तन और सृजन में परम्परा के साथ उनके व्यक्तित्व का ऐसा ही जीवंत व प्रगाढ़ सम्बन्ध परिलक्षित होता है। जागरूक और संवेदनशील रचनाकार की जीवन दृष्टि परिवेश में निहित यथास्थितिवादी जीवन-पद्धतियों और शक्तियों से एक द्वन्द्वात्मक विधान निर्मित करती चलती है। द्वन्द्व की यह प्रक्रिया उसकी चेतना में परिवर्तन की छटपटाहट उत्पन्न करती है। यही छटपटाहट और तनाव रचनाकार को प्रचलित जीवन-पद्धति के विकल्प प्रदान करते हैं और उसकी दृष्टि रचनात्मक स्वरूप ग्रहण करती है।[2] निराला की काव्य-संवेदना में इसी रचनात्मक दृष्टि का विकास दिखाई

देता है। उनके काव्य में परिवर्तन की आकांक्षा तथा विद्रोह और संघर्ष का जो रचनात्मक स्वरूप दृष्टिगत होता है, उसके मूल में अनुभव और विचारधारा का यही द्वन्द्वात्मक विधान सक्रिय है। वे जीवन और संसार को सतत् प्रवहमान और परिवर्तनीय मानते हैं तथा इस प्रवाह और परिवर्तन के बाधक तत्वों का विरोध करते हैं।

यह अवश्य है कि निराला जीवन के हर क्षेत्र में यथास्थितिवाद के विरोधी और सक्रिय परिवर्तन के आकांक्षी थे। किन्तु इसका यह अर्थ नहीं है कि वे परम्परा-द्रोही थे और नवीनता तथा आधुनिकता की झोंक में प्राचीन के प्रति नकारात्मक दृष्टिकोण रखते थे। उनमें न तो नवीन के प्रति विवेकहीन आग्रह ही दृष्टिगत होता है और न ही परम्परा के प्रति अन्ध मोह। इसके विपरीत प्राप्त परम्परा को गतिशील और समृद्ध बनाए रखने हेतु जिस आधुनिक बोध और सजग दृष्टि की आवश्यकता होती है, उसे निराला अपने सचेत विवेक द्वारा अर्जित करने में समर्थ हो सके। इसी कारण उनके चिन्तन और समस्त रचनाकर्म में परम्परा और आधुनिकता का द्वन्द्व रचनात्मक स्वरूप ग्रहण कर सका।

निराला ने आध्यात्मिक, सामाजिक, सांस्कृतिक और साहित्यिक क्षेत्र में व्याप्त रूढ़िवाद का जो खुलकर विरोध किया और प्राप्त परम्परा के जीवंत अंशों का युगीन संदर्भों में सार्थक रूपान्तरण करते हुए अपने चिन्तन और सृजन द्वारा राष्ट्रीय जीवन को विकासोन्मुख करने की दिशा में जो सार्थक प्रेरणा प्रदान की, वह उनके भीतर निरन्तर सक्रिय परम्परा और आधुनिकता के द्वन्द्व की रचनात्मक परिणाति है।

जीवन और जगत को मिथ्या न मानकर उसके यथार्थ और गतिशील स्वरूप की पहचान, ईश्वर के अतिमानवीय मिथकीय स्वरूप के भीतर यथार्थ मानवीय स्वरूप की प्रतिष्ठा, अन्धविश्वास-मूलक पौराणिक आस्थाओं और उनके मूल में निहित नियतिवादी दृष्टिकोण का विरोध, परिवर्तन के लिए मानवीय संघर्ष की भूमिका का समर्थन, परम्परागत वर्णव्यवस्था का विरोध, सामाजिक विषमता के मूल में व्याप्त वर्णभेद से आगे बढ़कर समस्त शोषक एवं शोषित वर्ग के अन्तर्विरोध की पहचान, नारी-मुक्ति का समर्थन, व्यावहारिक वेदान्त पर आधारित मनुष्य मात्र की एकता का बोध व क्रांति का स्वप्न आदि सभी नवीन जीवन-मूल्यों की संकल्पना, निराला को अपनी चेतना में निरंतर सक्रिय परम्परा और आधुनिकता के रचनात्मक द्वन्द्व द्वारा प्राप्त हुई और इसी रचनात्मक द्वन्द्व की सहायता से वे यथार्थमूलक मानवतावादी जीवन-मूल्यों की प्रतिष्ठा कर पाने में समर्थ हो सके।

दार्शनिक चिन्तन परम्परा का नवीन रूपान्तरण

निराला के चिन्तन में भारत की दार्शनिक परम्परा से कई अन्तर्विरोधी विचारधाराएँ आकर मिलती हैं। मूलतः अद्वैत दर्शन को आत्मसात् करने के साथ-साथ उनकी चेतना में सांख्य, योग, वैष्णव और शाक्त सभी विचारधाराओं से

जुड़े संस्कार सक्रिय दिखाई पड़ते हैं। निराला की विशेषता यह है कि उन्होंने किसी भी दार्शनिक विचारधारा को अपने चिंतन और सृजन में यथावत रूप में ग्रहण नहीं किया वरन् समकालीन युग-बोध में रूपान्तरित कर उनमें निहित संभावनाओं को विस्तार दिया। उन्होंने विभिन्न चिंतन-धाराओं को जीवनानुभवों की आँच में तपा अपनी काव्य-संवेदना में ढालकर ऐसे जीवन-सत्य को उजागर किया, जिससे न केवल भारत की दार्शनिक चिन्तन-परम्परा गतिमान हुई वरन् आधुनिक चिंतन भी समृद्ध हुआ।

निराला के समय में भारतीय चिन्तन के क्षेत्र में वैचारिक संक्रान्ति का युग आरम्भ हो चुका था। एक ओर चेतना का वह स्तर था, जहाँ ईश्वर के सर्वशक्तिमान स्वरूप में तर्कातीत श्रद्धा, आस्था और समर्पण का भाव जड़ें जमाए था तथा दूसरी ओर विज्ञान के प्रभाव से विकसित हुआ विश्लेषणमूलक तार्किक दृष्टिकोण था, जो यथार्थ के विभिन्न स्तरों पर व्याप्त विषमताओं और उससे उत्पन्न वस्तुस्थितियों के बीच विद्यमान कार्य-कारण सम्बन्ध-सूत्रों की तह में जाने के लिए प्रेरित कर रहा था। इन दोनों प्रकार की विचारधाराओं का द्वन्द्व निराला के भाव-बोध में स्पष्ट लक्षित होता है। परम्परागत संस्कारों और वैज्ञानिक-विवेक के बीच उत्पन्न यह द्वन्द्व उनके चिन्तन को सतत् गतिशीलता प्रदान करता है। यह गतिशीलता उन्हें आध्यात्मिक रूढ़िवाद से मुक्त होने, चिन्तन व सृजन के स्तर पर उनसे संघर्ष करने तथा धार्मिक व दार्शनिक चिन्तन-परम्पराओं के नवीन रूपान्तरण की प्रेरणा देती है। इसी कारण निराला जहाँ धर्मगत संकीर्णता तथा उससे उत्पन्न सामाजिक, सांस्कृतिक और साहित्यिक रूढ़ियों का विरोध करते हैं, वहीं अपने युग की संभावनाशील विचारधाराओं व शक्तियों का समर्थन भी करते हैं। यह विवेक उनके दृष्टिकोण की आधुनिकता का द्योतक है जो उनमें मूल्य-संक्रमण के उस कठिन दौर में भी प्रगति और परिवर्तन की सही दिशा पहचानने की सामर्थ्य उत्पन्न करता है, और जिसे अर्जित कर उनका साहित्य नवीन ऊर्जा व जीवनधर्मिता का वाहक बनता है।

परम्परा और आधुनिकता का यह द्वन्द्व निराला के अद्वैतदर्शन सम्बन्धी विचारों में भी मिलता है। एक ओर वह ब्रह्म को ही सत्य और सर्वशक्तिमान स्वीकार करते हुए उसे प्राप्त करने का लक्ष्य अपने सामने रखते हैं, वहीं दूसरी ओर उस मानव के प्रति अपने हृदय की संपूर्ण करुणा उड़ेलते दृष्टिगत होते हैं, जो निरंतर अन्याय और अत्याचार के आघात सहता हुआ भी मूक है और जिसकी चेतना में साहस और शक्ति का वह अंकुर फूटना अभी शेष है, जो उसे अपनी अन्यायपूर्ण स्थिति से संघर्ष करने में सक्षम बनाएगा।

'समन्वय' के सम्पादन-काल में रामकृष्ण मिशन के साधुओं के निकट सम्पर्क में रहते हुए निराला के भीतर परमपद-लाभ की आकांक्षा बहुत प्रबल हो उठी थी। स्वामी

शारदानन्द जी के महिमा-मण्डित व्यक्तित्व का चमत्कारपूर्ण प्रभा-मण्डल निराला को दिव्य-ज्ञान की प्राप्ति की ओर तीव्रता से आकर्षित कर रहा था किन्तु दूसरी ओर पराधीन भारत की शोषित और पीड़ित जनता का शोचनीय जीवन-यथार्थ उनके मानस को विक्षुब्ध कर रहा था। जनता की जीवन स्थिति में आमूल परिवर्तन लाने की आकांक्षा निराला को सदैव बेचैन करती थी और ब्रह्म-प्राप्ति की आकांक्षा उनके उद्विग्न मन को सांत्वना देने में असमर्थ सिद्ध हो रही थी। उनके समक्ष सामाजिक स्तर पर निष्क्रिय रहकर त्याग और अपरिग्रह का कोई मूल्य नहीं था। कभी-कभी उन्हें लगता था कि साधु-संतों का जीवन निश्चित रूप से त्यागी, अपरिग्रही, पवित्र तथा निस्पृह है, परन्तु संसार में लोग इतने दुखी और पीड़ित हैं कि उनकी स्थिति में परिवर्तन लाए बिना सारी दार्शनिकता व्यर्थ है। इस द्वन्द्व के कारण परम पद-लाभ के प्रति उनकी आस्था डिगने लगी।[3] जिसकी स्पष्ट झलक हमें उनकी 'अधिवास' कविता में मिलती है। इस कविता में निराला मोक्ष प्राप्ति की आकांक्षा के समक्ष मानव सुलभ सहानुभूति और करुणा को प्रमुखता देते हुए स्पष्ट करते हैं कि जहाँ ब्रह्म है, वहाँ गति का अन्त हो जाता है और जहाँ माया है, संसार है और जीवों के प्रति हार्दिक करुणा है, वहीं प्रगति है। यही प्रगति निराला को अभीष्ट है–

कहाँ–
मेरा अधिवास कहाँ?
× × ×
क्या कहा?–रुकती है गति जहाँ?
भला इस गति का शेष
सम्भव है क्या,
करुण स्वर का जब तक मुझमें रहता है आवेश?
× × ×
फँसा माया में हूँ निरुपाय,
कहो, कैसे फिर गति रुक जाय?
× × ×
छूटता है यद्यपि अधिवास,
किन्तु फिर भी न मुझे कुछ त्रास।

–निराला रचनावली, भाग-1, पृ.47,48

भाव-बोध और चिन्तन के इस स्तर पर निराला ब्रह्म की विराट कल्पना को उपेक्षित कर साधारण मानव की दुख और यातनाओं से मुक्ति की चिन्ता को अधिक मूल्यवान मानते हैं। मानव के प्रति यह सहानुभूति और करुणा उनकी क्रांति चेतना का मूल स्रोत हैं। अपनी 'प्रकाश' नामक कविता में निराला ब्रह्म-ज्ञान को इसी मानवतावादी दृष्टि की कसौटी पर व्याख्यायित करते हैं। उनकी दृष्टि स्पष्ट है–ज्ञान

के सच्चे स्वरूप व चेतनता की सबसे बड़ी पहचान वहीं है, जहाँ मनुष्य-मनुष्य में कोई भेद नहीं रह जाता। इस स्थिति में पहुँचा हुआ व्यक्ति किसी को दुखी नहीं देख सकता :

हुई दुई में अगर कहीं पहचान
तो रस भी क्या—
अपने ही हित का गया न जब अनुमान?

है चेतन का आभास
जिसे, देखा भी उसने कभी किसी को दास?

—निराला रचनावली, भाग-एक, पृष्ठ-48

निराला के भीतर स्थित आधुनिक मनुष्य ने सदैव उनके विवेक व तर्कशक्ति को जागृत रखा। इसी कारण देश-प्रेमी होते हुए भी वह पुनरुत्थानवादी चेतना की अतिवादिता से मुक्त होने में समर्थ रहे। उनके हृदय में विद्यमान जन-करुणा और सजग मनुष्य ने अन्धविश्वासमूलक पौराणिक आस्थाओं के प्रति उनकी चेतना में जो द्वन्द्व सक्रिय किया, उससे प्रेरित होकर उन्होंने अद्वैत दर्शन को व्यापक मानवीय संदर्भ में व्यावहारिक स्वरूप प्रदान किया। उन्होंने पराधीनता से मुक्ति के लिए क्रांति की जो रूपरेखा गढ़ी, उसका मूल आधार व्यावहारिक वेदांत की धारणा से पुष्ट मानवतावाद है। यह नव मानवतावाद निराला को जगत से पलायन की ओर उन्मुख नहीं करता वरन् मानव-जीवन के और निकट लाकर उनकी काव्य-संवेदना की रीढ़ बन जाता है।

निराला ने स्वीकार किया कि वेदांत अपने में चाहे कितना भव्य दर्शन क्यों न हो, उसे यथावत् रूप में ग्रहण करके साहित्य की रचना नहीं की जा सकती। साहित्य तो यथार्थ जीवन से प्रेरणा लेकर ही प्राणवान हो सकता है। जीवन और जगत को मिथ्या मान लेने से साहित्य अपनी आधारभूमि से विछिन्न होकर निष्प्राण रह जाएगा :

"निवेदन यह है कि तुम तो अपने को सप्राण और शक्तिमान समझते हो? फिर जमीन पर पैर न रखो और चलो? साँस लेकर हवा न खींचों और कुछ कहो? बाहर से विषय ग्रहण न करो और अपने मस्तिष्क से कुछ निकालो? क, ख, ग, घ न रटो और विद्वान बन जाओ? इसका उत्तर निरुत्तर होगा अथवा हमारे ही विषय को पुष्ट करेगा।"

—निराला रचनावली, भाग-6, पृ. 46-47

निराला दर्शन के धरातल पर खड़े होकर जीवन का चित्रण नहीं करते। उनके लिए तो जीवन ही दर्शन का स्रोत है और जीवनानुभवों के परस्पर घात-संघात से ही दर्शन की उत्पत्ति होती है। उनकी रचनाओं में जीवन अपनी समग्रता में घुला-मिला है और यही कारण है कि उनकी कविता जीवनधर्मी है।

मध्ययुगीन बोध और आधुनिक विचारधारा का द्वन्द्व

निराला ने अपनी कृति 'तुलसीदास' में मध्यकालीन जीवन-मूल्यों और अपने आधुनिक चिंतन के रचनात्मक द्वन्द्व द्वारा प्राप्त परंपरा को परिमार्जित कर एक नई अर्थवत्ता प्रदान की। भक्ति-युग में आस्था का चरम मूल्य ईश्वर था और जीवन का लक्ष्य उसे प्राप्त करना तथा भौतिक जीवन को असार मानते हुए उससे विमुख हो पारलौकिक आनन्द प्राप्त करना था। जबकि निराला जिस युग में जी रहे थे, वहाँ चिन्तन का केन्द्र-बिन्दु मानव बन चुका था और श्रद्धा का स्थान तर्क ने ले लिया था। विज्ञान ने जगत को मिथ्या मानने वाली धारणा का खण्डन कर वस्तुजगत् की यथार्थता को प्रमाणित कर दिया। निराला ने 'तुलसीदास' में जिस मायावी परिवेश और आसुरी वृत्तियों का वर्णन किया है, वह परिवेश में व्याप्त अज्ञानता, जड़ता और दिग्भ्रम की प्रतीक हैं। यह परिवेश असार नहीं है, जिससे विमुख हुआ जाए वरन् इसे समझने के लिए वह बोध आवश्यक है जो उसके वास्तविक स्वरूप को पहचान सके। इसके साथ ही साथ दृष्टिगत भ्रम को भी दूर करने की आवश्यकता है, जिससे कि मनुष्य के साथ-साथ सामाजिक जीवन की मुक्ति भी सम्भव हो। यहाँ मुक्ति का अर्थ सापेक्षिक है। यह मुक्ति सामाजिक दायित्वों से मुक्ति अर्थात् पलायन नहीं, वरन् वह स्वाधीन चेतना है जो मनुष्य द्वारा सर्वांगीण विकास के समान अवसर प्राप्त करने की सामर्थ्य की घोषणा करती है।

मध्यकालीन पारलौकिक आनन्द की कामना से भिन्न यह इहलौकिक सुख को प्रतिष्ठित करनेवाला सामुहिक-कल्याणमूलक-मानवतावादी दृष्टिकोण है, जिसका उद्देश्य मानव-शक्ति पर विश्वास करते हुए उसे जीवन-स्थितियों के यथार्थ को अधिकाधिक बेहतर बनाने कीदिशा में गतिशील करना है। मध्यकालीन भक्त अथवा योगी जब साधना की चरम अवस्था में पहुँचता था तो ब्रह्म में लीन होकर परमानन्द की प्राप्ति ही उसकी सिद्धि होती थी, परन्तु निराला कृत 'तुलसीदास' में तुलसीदास का मन चित्रकूट-भ्रमण के समय जब चेतना के उच्चतम स्तर पर पहुँचता है तब वे ब्रह्म सत्ता के निरपेक्ष आनन्द में लीन नहीं होते, वरन् उस विषम यथार्थ का साक्षात्कार करते हैं जो उनकी चेतना को द्वन्द्व-समर के लिए प्रेरित करता है :

करना होगा यह तिमिर पार—
देखना सत्य का मिहिर-द्वार—
बहना जीवन के प्रखर ज्वार में निश्चय--
लड़ना विरोध से द्वन्द्व-समर;

—निराला रचनावली, भाग-एक, पृ.289

यहाँ मध्यकालीन जीवन-बोध तथा स्व-अर्जित आधुनिक-बोध की टकराहट के बीच निराला एक नया रचनात्मक जीवन-मूल्य स्थापित करते हैं।

ऊर्ध्व-चिन्तन की इस स्थिति में भारतीय संस्कृति और सभ्यता की जर्जर स्थिति को देखकर तुलसीदास को ऐसा लगा, जैसे सूर्य की ज्योति राहु द्वारा ग्रस लेने के कारण विवश खड़ी हो :

उस मानस उर्ध्व देश में भी
ज्यों राहु-ग्रस्त आभा रवि की
देखी कवि ने छवि छाया-सी, भरती-सी-
भारत का सम्यक् देशकाल,
खिंचता जैसे तम-शेष जाल,

—निराला रचनावली, भाग-एक, पृ.286-287

उन्होंने देखा कि नाना प्रकार के मत-मतान्तरों में फँसकर भारतीय जनता का जीवन जड़ व भ्रष्ट हो गया है। उन्हें अपना जीवन ही व्यर्थ जान पड़ा। परमतत्व की खोज में संलग्न मन की ऊर्ध्व-चेतना देश और संस्कृति की पीड़ा से बँध गई। कवि को न तो परमार्थ की सिद्धि हो रही थी और न ही समाज और संस्कृति को पतन के गर्त से निकालने का मार्ग सूझ रहा था, उनका मन उद्विग्न हो उठा :

बँध भिन्न-भिन्न भावों के दल
क्षुद्र से क्षुद्रतर, हुए विकल;
पूजा में भी प्रतिरोध-अनल है जलता;
हो रहा भस्म अपना जीवन,
चेतना हीन फिर भी चेतन;
अपने ही मन को यों प्रति मन है छलता।

—वही, पृ.287

जैसे निराकार जीवन में साकार होता है या ऋतु का प्रभाव वृक्ष में संचित रहता है, उसी प्रकार इस्लाम की शक्ति भारतीय जीवन में व्याप्त हो चुकी थी। पारंपरिक वर्ण-व्यवस्था अपनी समस्त गरिमा खोकर नष्ट हो चुकी थी। क्षत्रिय समाज की रक्षा करने में असमर्थ थे। ब्राह्मण धर्मच्युत होकर चाटुकार मात्र रह गए थे। शूद्रों की स्थिति पशुवत थी। उनमें जीवन का प्रतीक-रूप श्वास मात्र ही शेष थी। वे अन्याय सह सकते थे, लेकिन उसके विरुद्ध आवाज नहीं उठा सकते थे। ब्राह्मणों ने सेवा का भार शूद्र समाज पर ही डाल दिया था। इस्लामी संस्कृति ब्राह्मण, क्षत्रिय और वैश्य तीनों की चेतना को आवृत कर प्रसार पा रही थी। कवि को देशहित में क्या श्रेष्ठ है और क्या नहीं, यह समझ में नहीं आ रहा था। भारतीय जीवन मुस्लिम संस्कृति से बँधकर रह गया था। लोग अज्ञान व जड़ता का आसव पी-पीकर अपने अस्तित्व को भूल रहे थे। कवि को लग रहा था कि इन परिस्थितियों में देश न तो मुक्त हो सकेगा और न ही पहले जैसा उन्नत और विशाल। कवि ने सोचा, यह दासता दीनों की पुकार से नष्ट होने वाली नहीं। भौतिक ऐश्वर्य का अन्धकार

अत्यन्त सघन और पीड़ादायी है। इस्लाम की छाया वास्तविक नहीं, हवा की तरह बहने वाली अदृश्य है और "किरणों का ज्योतिर्मय पुंज" इस प्रवाह से बहुत दूर है। राजा, जो ज्ञानदृष्टि के अभाव में रंक हैं, की लालसाओं का कोई अन्त नहीं है। विषम यथार्थ के इस साक्षात्कार और उद्वेलन की तीव्र अवस्था में तुलसी के हृदय में एक दृढ़ संकल्प उदय होता है—यदि सूर्य की आभा से प्रकाशित सत्य के द्वार तक पहुँचना है तो अज्ञान और माया के इस अन्धकार को पार करना ही होगा। विधर्म, अत्याचार और अज्ञान जैसे बाह्य प्रतिरोध एवं आत्म-दुर्बलता जो आत्मोन्नति के मार्ग में व्यघात उत्पन्न करती हैं, से कठोर द्वन्द्व-समर करना ही पड़ेगा :

करना होगा यह तिमिर पार—
देखना सत्य का मिहिर द्वार
बहना जीवन के प्रखर ज्वार में निश्चय—
लड़ना विरोध से द्वन्द्व-समर
रह सत्य मार्ग पर स्थिर निर्भर।

—निराला रचनावली, भाग-एक पृ. 289

तुलसी का आत्म-बोध उन्हें अलौकिक मोक्ष-प्राप्ति की ओर उन्मुख नहीं करता वरन् रचनाकर्म की साधना द्वारा लौकिक स्तर पर अज्ञान व जड़ता के पाश से जन-सामान्य की मुक्ति की दिशा में सक्रिय होने की चेतना जाग्रत करता है। तुलसी की मनःस्थिति के अंकन में निराला का आधुनिक बोध स्पष्ट लक्षित होता है।

'तुलसीदास' में निराला ने मध्यकालीन परिवेश के चित्रण के अन्तर्गत वर्ण-व्यवस्था की अमानवीयता के फलस्वरूप द्विजों का ग्रास बने शूद्रों की पशुतुल्य दयनीय स्थिति का मार्मिक अंकन किया है। यद्यपि अपनी स्थिति से संघर्ष करने की चेतना इन शूद्रों में नहीं है, तथापि अपने जीवन की नारकीय नियति का बोध उनमें है और कम से कम वे स्वयं पर होने वाले शोषण व अत्याचारों से अनभिज्ञ नहीं हैं :

वे शेष-श्वास, पशु मूक-भाष,
पाते प्रहार अब हताश्वास,
सोचते कभी, आजन्म ग्रास द्विजगण के;
होना ही उनका धर्म परम,
वे वर्णाधम, रे द्विज उत्तम,
वे चरण-चरण बस, वर्णाश्रम-रक्षण के।

—निराला रचनावली, भाग-एक, पृ. 288

यहाँ हमें मध्ययुगीन जीवन-बोध व निराला के आधुनिक-बोध के द्वन्द्व का रचनात्मक स्वरूप स्पष्ट दिखाई पड़ता है।

परंपरा और आधुनिकता के इस सचेत द्वन्द्व से प्राप्त जीवन-दृष्टि के कारण निराला ने बदलते परिवेश के दबाव से टूटती वर्ण-व्यवस्था और उसके भीतर पनपती वर्ग-व्यवस्था की प्रक्रिया को पहले ही अनुभव कर लिया था। वे किसानों, दस्तकारों तथा निम्न और दलित समझे जानेवाले शूद्रों और नारियों आदि सभी को एक समान 'शोषित-वर्ग' के रूप में देखते हैं।

निराला ने अपने जीवनानुभवों और पैनी विश्लेषण-शक्ति के आधार पर यह समझ लिया था कि पराधीन देश का निवासी चाहे वह किसी भी जाति या वर्ग का क्यों न हो, शूद्र ही होता है। स्वयं निराला के पिता ब्राह्मण जाति के होकर भी अर्थोपार्जन की बुनियादी आवश्यकता से विवश होकर महिषादल राज्य में फौज के जमादार होने को बाध्य हुए थे। गढ़ाकोला में रहते हुए निराला ने स्वयं ब्राह्मणों को आजीविका हेतु बकरी-पालन करते हुए देखा था। वस्तुतः वे ब्राह्मणत्व के दम्भपूर्ण अहं के खोखलेपन से भली-भाँति परिचित थे :

> ''रामदीन मिले। कहा, "ब्राह्मण होकर बकरी पालोगे? लेकिन हैं बड़ी अच्छी बकरियाँ, खूब दूध देंगी, अब दो साल में बकरी-बकरों से घर भर जाएगा, आमदनी काफी होगी।" कहकर लोभी निगाह से बकरियों को देखते रहे। रास्ते पर जवाब देना बिल्लेसुर को वैसा आवश्यक नहीं मालूम दिया। साँस रोके चले गए। मन में कहा–'जब जरूरत पर ब्राह्मणों को हल की मूठ पकड़नी पड़ी है, जूते की दुकान खोलनी पड़ी है, तब बकरी पालना कौन बुरा काम है?''
>
> *–निराला रचनावली, भाग-चार पृ.96*

शोषितों को समाज के समान-वर्ग के अंतर्गत मानना, उनके हितों की चिन्ता और उनके द्वारा संगठित संघर्ष की आकांक्षा करना निराला के दृष्टिकोण की आधुनिकता का प्रमाण है।

नियतिवाद विरोधी चेतना

सदियों तक पराधीन रहने के कारण भारतीय जनमानस में व्याप्त पौराणिक संस्कारों ने अन्धविश्वासों का रूप धारण कर लिया था, जिसके कारण उनमें विपरीत परिस्थितियों को नियति के रूप में स्वीकार कर लेने तथा अपनी विवशताओं को ईश्वर की इच्छा मानकर उनसे समझौता कर लेने की प्रवृत्ति बढ़ रही थी। उन्नीसवीं शताब्दी में आधुनिकीकरण की प्रक्रिया और उसके प्रभाव स्वरूप उत्पन्न विभिन्न सांस्कृतिक आंदोलनों की प्रेरणा से जनता के मानस में अपनी जीवन-स्थिति और पद्धति में परिवर्तन और संशोधन लाने की चेतना जाग्रत हुई। इन आंदोलनों से उस मानववादी धारणा का भी विकास हुआ जो मनुष्य को ईश्वर के हाथ की कठपुतली तथा नियति

का दास समझने वाली विचारधारा का विरोध करती है। इससे मानव में अदम्य जिजीविषा, संकल्प-शक्ति का बोध और अपनी संघर्ष-क्षमता में गहरी आस्था उत्पन्न हुई। निराला के चिन्तन और काव्य में नियति से संघर्ष करते हुए ऐसे ही जीवट वाले मनुष्य की प्रतिष्ठा को अभिव्यक्ति मिली है।

निराला जिस युग में जी रहे थे, उस युग में विज्ञान ने परम्परागत ईश्वरीय सत्ता को चुनौती दे दी थी। भावुकता और अन्धश्रद्धा की दृढ़ प्राचीरों में दरारें पड़ने लगी थीं। इससे पूर्व मनुष्य के समक्ष परिवेश के रूप में जो नियति थी, उसका नियामक और परिचालक ईश्वर ही माना जाता था किन्तु, अब वैज्ञानिक चेतना और इतिहास दृष्टि के विकास के कारण मनुष्य और परिवेश के सम्बन्धों की व्याख्या में क्रांतिकारी बदलाव आ रहा था और इस संदर्भ में मानव की सक्रिय भूमिका लक्षित की जा रही थी।

जीवनानुभवों के घात-संघात से उत्पन्न अन्तर्वृत्तियों के द्वन्द्व और विरोधी स्थितियों से निरंतर संघर्ष के कारण निराला इस आधुनिक-बोध को आत्मसात् करने में सक्षम हो सके कि अपनी नियति के रूप में विद्यमान परिवेश से मनुष्य को स्वयं ही संघर्ष करना पड़ता है। दुखों और समस्याओं से जूझते हुए स्वयं ही उनसे निकलने का मार्ग खोजना पड़ता है। परंपरागत रूप में सत्य, धर्म और न्याय आदि उच्चतर मूल्यों की विजय तथा उनसे ईश्वरीय शक्ति के सहयोग का जो सम्बन्ध जोड़ा जाता रहा है, वह बदलती जीवन-पद्धतियों के साथ मेल नहीं खाता।

पौराणिक देवी-देवताओं के प्रति जनता के मानस में व्याप्त अन्धविश्वास मूलक आस्था और उससे जुड़े नियतिवादी दृष्टिकोण का विरोध उनके इसी आधुनिक बोध का परिणाम है। यद्यपि धार्मिक संस्कारों वाले परिवार में जन्म लेने के कारण इन देवी-देवताओं के प्रति निराला के मन में भी परम्परागत आस्था सहज रूप में विद्यमान थी और बंगाल से गहरा सम्बन्ध होने के कारण वहाँ प्रचलित, शक्ति रूप में देवी दुर्गा की उपासना के संस्कार भी उन्हें जन्म से प्राप्त हुए थे, तथापि समकालीन जीवन-स्थितियों को नई गति और दिशा न दे पाने के कारण इनके प्रति विरोध भाव उत्पन्न होना स्वाभाविक ही था। वे हनुमान के परम भक्त थे, फिर भी प्रारम्भिक जीवन से ही उन्हें एक शंका और चिन्ता सदैव सालती रहती थी कि महावीर सर्वशक्तिमान होकर भी गरीबों और शोषितों की सहायता क्यों नहीं करते:

> ''हाथ जोड़े हुए महावीर जी बोले, "वत्स, यहाँ कौन-सी चीज राजा की नहीं है—यह मूर्ति किसकी खरीदी है? कौन पुजवाता है? स्वप्न में आतुर होकर भक्त ने कहा—"ये गरीब मरे जा रहे हैं—इनके लिए क्या होगा?" "ये मर नहीं सकते, इनके लिए वही है, जो वहाँ के राजा के लिए, इन्हें वही उभाड़ेगा, जो वहाँ के राजा को उभाड़ता है, तुम अपने में रहो। दूर मत आओ।"
>
> *—निराला रचनावली, भाग-4, पृ.384*

निराला को बचपन से ही यह ज्ञान हो गया था कि ऐश्वर्यपूर्ण राज-प्रासादों की

सीमा के बाहर साधारण जनता की दशा शोचनीय है। गरीबी, शोषण और अत्याचार से वह बुरी तरह पिस रही है। ऐसे में उनके परम पूज्य महावीर मौन रहे, यह उनका विवेक, जो "भक्ति के परम्परागत दृष्टिकोण के विरोध" से उत्पन्न अन्तर्द्वन्द्व की उपज था, कैसे स्वीकार कर सकता था। उन्हें महसूस हुआ कि महावीर भी राजा के पक्षधर हैं। न केवल पक्षधर, बल्कि राजा के हाथ बिके हैं।

'राम की शक्ति-पूजा' में राम की चिन्ता और क्षोभ का मूल विषय भी यही है कि शक्ति की देवी दुर्गा सत्य, धर्म और न्याय का साथ न देकर असत्य, अधर्म और अन्याय के साथ है। अधर्मी और अत्याचारी होने पर भी रावण को देवी का आश्वासन और संरक्षण प्राप्त है, जबकि सत्य और धर्मनिष्ठ होकर भी राम अकेले और पराजय की आशंका से ग्रस्त हैं :

अन्याय जिधर, है उधर शक्ति! कहते छल-छल,
हो गए नयन, कुछ बूँद पुनः ढलके दृगजल,
× × ×
निज सहज रूप में संयत हो जानकी-प्राण
बोले—"आया न समझ में यह दैवी विधान;
रावण, अधर्मरत भी, अपना, मैं हुआ अपर—
यह रहा शक्ति का खेल समर, शंकर, शंकर।"

—निराला रचनावली, भाग-एक, पृ. 334

यह दैवी न्याय राम की समझ में नहीं आता। निराला से पूर्व महाकवि बाल्मीकि से लेकर मैथिलीशरण गुप्त तक रामकाव्य की एक लंबी परम्परा रही है, परन्तु राम के व्यक्तित्व में ऐसा अन्तर्द्वन्द्व, ऐसा संशय कहीं देखने को नहीं मिलता। वहाँ ऐसी अनास्था के लिए कोई स्थान नहीं है, जहाँ दैवी शक्तियाँ सत्य, धर्म और न्याय का साथ न देकर अन्यायी और अत्याचारी के साथ मिलकर उसकी रक्षा करें।

अपनी परवर्ती कृति 'बिल्लेसुर बकरिहा' में निराला बिल्लेसुर का जो व्यक्तित्व उकेरते हैं, उसके अन्तर्गत बिल्लेसुर जीवन की प्रतिकूल परिस्थितियों को अपने श्रम और संघर्ष के दम पर अकेले ही चुनौती देता है और अन्त में सफल भी होता है। दुःख की भयावह सूरत को बार-बार झेलने के कारण वह उसका अभ्यस्त हो चुका है। वह हनुमान का परम भक्त है, इसलिए अपनी बकरियों की रक्षा का भार आस्थापूर्वक उन्हीं को सौंप देता है। लेकिन जब गाँव के कुछ आवारा लड़कों द्वारा उसका बकरा मार दिया जाता है तो उसकी आस्था छिन्न-भिन्न हो जाती है और वह पीड़ा और आक्रोश में भरकर डण्डे के एक तेज प्रहार से हनुमान का मुँह तोड़ देता है :

> "देख मैं गरीब हूँ। तुझे सब लोग गरीबों का सहायक कहते हैं, मैं इसीलिए तेरे पास आता था, और कहता था, मेरी बकरियों को और बच्चों को देखे रहना। क्या तूने रखवाली की, बता, लिये थूथन-सा मुँह खड़ा है?" कोई उत्तर नहीं

मिला। बिल्लेसुर ने आँखें मिलाए हुए महावीर जी के मुँह पर वह डण्डा दिया कि मिट्टी का मुँह गिल्ली की तरह टूटकर बीघे-भर के फासले पर जा गिरा।''

—निराला रचनावली, भाग-चार, पृ. 100

देश-प्रेम का रागात्मक स्वरूप : मध्ययुगीन भक्ति-भावना का नवीन रूपांतरण

हम देखते हैं कि निराला ने तर्कातीत धार्मिक आस्थाओं और अन्धविश्वास मूलक धार्मिक रूढ़ियों का विरोध किया और मनुष्य को अपनी नियति से संघर्ष करने की प्रेरणा दी। साथ ही यह भी देखते हैं कि उनकी कविताओं में समय-समय पर और विशेषकर परवर्तीकाल की रचनाओं में आध्यात्मिक सत्ता के प्रति भक्ति और विनय से भरे ऐसे मार्मिक भावोद्‌गार हैं, जिसमें भक्त कवियों का सा आत्मनिवेदन और तन्मयता है। उनके ये गीत विनय की भावना से ओत-प्रोत व सघन भावानुभूति से परिपूर्ण आस्था के गहरे संस्पर्श से युक्त हैं। इन्हें पढ़कर मन में सहज ही यह प्रश्न उठता है कि आधुनिक कवि होने पर भी निराला क्या मध्ययुगीन-भक्तिकाव्य परम्परा की पुनरावृत्ति की ओर लौट रहे है अथवा जीवन के विविध स्तरों पर अभावों और विरोधों से निरन्तर संघर्षरत रहने के कारण थक गए है और एकाकीपन तथा पराजय बोध से व्यथित व निराश होकर पलायन, दैन्य व शरणागति की ओर मुड़ रहे हैं। क्या नियति के रूप में विद्यमान परिवेश से संघर्ष करने की उनकी ऊर्जा क्षीण हो गई है?

उत्तर खोजने के लिए निराला की समग्र काव्य चेतना के परिप्रेक्ष्य में इन गीतों का गहन विश्लेषण करने पर हम पाते हैं कि उनकी द्वन्द्वमूलक यथार्थ-परक दृष्टि यद्यपि उन्हें आध्यात्मिक रूढ़ियों और धार्मिक अन्धविश्वासों के प्रति विद्रोह और नियति से संघर्ष करने के लिए प्रेरित करती है, तथापि वे ऐसे निष्क्रिय अनास्थावादी नहीं हैं, जो आधुनिकता के फेर में पड़कर ईश्वरीय सत्ता को नकारने के साथ-साथ मानवीय और नैतिक मूल्यों पर से ही अपना विश्वास खो बैठे हैं।

इसके विपरीत निराला परिवर्तन की कामना से युक्त धर्मप्रेरित जीवन-आस्था के कवि हैं। इसीलिए उनकी भक्ति-भावना का स्वरूप विशिष्ट है, जो न तो पूर्व-परम्परा का पिष्टपेषण मात्र है और न ही नियतिवादी दृष्टिकोण अथवा पलायनवादी वृत्ति की उपज है। वस्तुतः यह पूर्व-परंपरा का आधुनिक संदर्भ में रूपांतरण है जो उनके अपने समय के ऐतिहासिक दबाव से उत्पन्न हुआ है। उनकी भक्ति-भावना का मूल प्रेरणा-स्रोत उनका देश-प्रेम है। उनकी प्रभु-भक्ति और देश-भक्ति दोनों अभिन्न हैं।

अपनी 'भक्त और भगवान' कहानी में परम्परागत पौराणिक स्वरूप से भिन्न हनुमान की छवि में सम्पूर्ण भारत का विराट दर्शन नवीन ऐतिहासिक परिस्थितियों के दबाव में उनके द्वारा परम्परागत भक्ति-भाव के विस्तार और रूपान्तरण का सूचक

है। हनुमान की विराट छवि के आलोक में वे भारत को अपनी समस्त आराधना का आलम्बन बना लेते हैं :

> ''मन इतने दूर आकाश पर था कि नीचे समस्त भारत देखा, पर यह भारत न था—साक्षात् महावीर थे, पंजाब की ओर मुँह, दाहने हाथ में गदा—मौन शब्द-शास्त्र, बंगाल के ऊपर दाएं-बाएं पर हिमालय पर्वत की श्रेणी, बगल के नीचे बंगोपसागर, एक घुटना वीर-वेश-सूचक टूटकर गुजरात की ओर बढ़ा हुआ, एक पैर प्रलम्ब, अँगूठा कुमारी अन्तरीप, नीचे राक्षस-रूप लंका—कमल समुद्र पर लिखा हुआ... ध्वनि हुई, "वत्स यह सूक्ष्म भारत है, इससे नीचे नहीं उतर सकते; इनका प्रसार समझ के पार है।"
>
> *—निराला रचनावली, भाग-चार, पृ. 383*

'नर जीवन के स्वार्थ सकल' निराला का अत्यन्त भावप्रवण और मर्मस्पर्शी वन्दना गीत है।[4] इसमें निराला ज्ञानस्वरूपा भारत माँ की मूर्ति, जो पराधीनता के कारण "अश्रु-जल-धौत विमल" है, को अपने हृदय में आसीन रखना चाहते हैं। वे जीवन के 'सकल श्रेय' व "जन्म-श्रम-संचित फल" अपनी अधिष्ठात्री (भारत) माँ के चरणों में अर्पित करना चाहते हैं। वे प्रार्थना करते हैं कि माँ उन्हें इतना 'दृढ़तर' करे कि वह बलिदान के पथ पर अग्रसर रहते हुए "महाकाल के खरतर शर सह" सकें व भारत माँ को पराधीनता की बेड़ियों से मुक्त करने के लिए अपने प्रण का निर्वाह कर सके। यहाँ निराला का समर्पण भाव एकतरफा नहीं है, जहाँ वे यह चाहते हैं कि "जागे मेरे उर में तेरी, मूर्ति अश्रु-जल-धौत विमल" तथा "देखूँ तुझे नयन मन भर" वहीं वे यह भी चाहते हैं कि "मुझे देख तू सजल दृगों से अपलक, उर के शतदल पर"। उन्हें विश्वास है कि माँ की एक ही करुणामयी दृष्टि से उनके भीतर नवीन स्फूर्ति, शक्ति और प्रेरणा का संचार हो जाएगा। देश-भक्ति का यह रागात्मक स्वर और मातृभूमि के प्रति इतनी विह्वलता व तन्मयता का भाव परम्परागत भक्ति-भावना का ऐसा सार्थक रूपान्तरण है जिसकी अभिव्यक्ति परम्परा और आधुनिकता के द्वन्द्व से ही संभव है।

अवध तथा बंगाल में रहने के कारण और विवेकानन्द के व्यक्तित्व व विचारधारा के प्रभाव स्वरूप देवी दुर्गा और काली की शक्ति रूप में उपासना का संस्कार निराला को प्राप्त हुआ। इसके अतिरिक्त राम व हनुमान की पूजा और भक्ति के संस्कार उन्हें जन्म से ही अपने परिवार में प्राप्त हुए, फिर भी उनकी भक्ति-भावना सांप्रदायिक नहीं रही।

जब निराला जननी के रूप में देवी माँ का स्मरण करते हैं, तब वे कई स्थलों पर ज्ञान-स्वरूपा सरस्वती के रूप में उनसे अपने भीतर ही नहीं, समस्त भारतवासियों की चेतना में "प्रिय स्वतंत्र-रव अमृत मंत्र नव" भर देने की प्रार्थना करते हैं। वे समस्त जनमानस को अज्ञान व जड़ता के बंधनों से मुक्त कर उनमें 'ज्योतिर्मय निर्झर' 'प्रवाहित करने की याचना करते हैं।' 'वर दे वीणावादिनि वर दे' उनकी ऐसी

ही सुप्रसिद्ध रचना है।[5] इसके अतिरिक्त अनेक ऐसे स्थल हैं जहाँ निराला जननीस्वरूपा देवी की आराधना मातृभूमि के रूप में करते हैं। इन मातृ-वन्दनाओं में कई बार भारत माता और देवी सरस्वती दोनों का स्वरूप घुला-मिला रहता है। 'भारति जय-विजय करे' ऐसा ही गीत है। यहाँ भारति में श्लेष है जो एक अर्थ में भारत माँ को व्यंजित करता है और दूसरे में माँ सरस्वती को :

भारति, जय, विजय करे!
कनक-शस्य-कमल धरे!
× × ×
मुकुट शुभ्र हिम-तुषार
प्राण प्रणव ओंकार
ध्वनित दिशाएँ उदार
शतमुख-शतरव-मुखरे।

—निराला रचनावली, भाग-एक, पृ.246-247

'बन्दूँ पद सुन्दर तव' एक और श्रेष्ठ रचना है जिसमें कवि ने जनक-जननि, जननि-जन्मभूमि व देवी सरस्वती में एकरूपता की प्रतिष्ठा की है :

बन्दूँ पद सुन्दर तव,
छन्द नवल स्वर-गौरव।
जननि, जनक-जननि-जननि
जन्मभूमि-भाषे।
जागो, नव अम्बर-भर
ज्योति स्तर-वासे।

—वही, पृ. 247

निराला की देवी-उपासना संबंधी कविताओं की एक बड़ी विशेषता यह है कि ये परंपरागत अर्थ में देवी-स्तुति नहीं है। जब वे देवी दुर्गा या काली का आह्वान करते हैं तब वह उनके लिए क्रांति का प्रतीक बनकर आती है, ऐसी क्रांति जो समस्त जड़ताओं रूढ़ियों, शोषण व पराधीनता के बंधनों को नष्ट करने वाली और जीवन के प्रत्येक क्षेत्र में नव-निर्माण और सृजन की प्रेरक है। 'धारा' और 'आवाहन' जैसी कविताओं में निराला ने माँ काली को इसी रूप में चित्रित किया है :

बड़े दम्भ से खड़े हुए ये भूधर
समझे थे जिसे बालिका,
आज ढहाते शिला-खण्ड-चय देख
काँपते थर-थर
उपल-खण्ड नर-मुण्ड-मालिनी कहते उसे कालिका।

—निराला रचनावली, भाग-एक, पृ. 84

एक बार बस और नाच तू श्यामा!

× × ×

लेगी खड्ग और तू खप्पर
उसमें रुधिर भरूँगा माँ
मैं अपनी अञ्जलि भर-भर

× × ×

अट्टहास-उल्लास नृत्य का होगा जब आनन्द
विश्व की इस वीणा के टूटेंगे सब तार
बन्द हो जाएँगे ये सारे कोमल छन्द
सिन्धु राग का होगा तब आलाप—
उत्ताल—तरंग—भंग कह देंगे
माँ, मृदंग के सुस्वर क्रिया-कलाप।

—वही, पृ. 85-86

यह निराला के हृदय में विद्यमान अगाध जन-करुणा का स्रोत् है जो उन्हें देवी माँ के क्राँतिधर्मी स्वरूप की कल्पना की ओर प्रेरित करता है, जिसके बीज, पूर्व परंपरा के रूप में स्वामी विवेकानन्द तथा बंगाल के उग्रवादी नेताओं के विचारों में निहित शक्ति-उपासना में विद्यमान थे। निराला ने उन्हें क्रांति-दर्शन में रूपान्तरित कर अधिक व्यापक संदर्भ प्रदान किया।

निराला की कविताओं में भक्ति इहलौकिक उद्देश्यों से जुड़कर राष्ट्र-भक्ति में रूपांतरित हो गई है। इस प्रकार वह यथार्थमूलक मानवतावाद की प्रेरक है। व्यक्तिगत मोक्ष-प्राप्ति की कामना के स्थान पर उसमें इसी लोक में और इसी जीवन में समस्त शोषित एवं पीड़ित जनों की मुक्ति की आकांक्षा निहित है। दूधनाथ सिंह के अनुसार :

> ''कवि प्रपत्ति-भाव में डूबकर सारी 'दुख—अवनि' के परित्राण की प्रार्थना करता है, क्योंकि दुःख जर्जर वह अकेले ही नहीं है। यहीं पर निराला अपने निजी दुखान्तों और अपनी व्यक्तिगत् विडम्बनाओं को पीछे डालकर एक सार्वजनिक मुक्ति की प्रार्थना करते हुए दिखाई देते हैं। मोक्ष या प्रपति उनकी व्यक्तिगत उपलब्धि नहीं है। वे अपने साथ-ही-साथ सारे जीवन, सारे मनुष्यों, तथा प्रकृति को मुक्त करने की प्रार्थना करते हैं। इसीलिए उनकी व्यक्तिगत प्रार्थनाएँ एक तरह की सार्वजनिक प्रार्थनाएँ हैं। इस रूप में निराला भक्ति की उस विचारधारा से अलग दिखाई देने लगते हैं, जिसमें प्रभु के कृपा-भाव को भक्त की व्यक्तिगत और निजी उपलब्धि के रूप में चित्रित किया जाता रहा है।''

—दूधनाथ सिंह, निराला : आत्महन्ता आस्था, पृ. 340

उनके हृदय में विद्यमान देश-भक्ति और जन-करुणा के भाव उनकी भक्ति को एक नई अर्थवत्ता प्रदान करते हैं। वे इष्टदेव से अपने लिए मोक्ष न माँगकर पराधीन

देश के समस्त दलित जनों पर ऐसी असीम करुणा-धारा बरसाने की प्रार्थना करते हैं, जो उनका समस्त दैन्य दूर कर उनमें नवीन आत्मबल का संचार करे :

दलित जन पर करो करुणा।
दीनता पर उतर आए
प्रभु, तुम्हारी शक्ति अरुणा।

—निराला रचनावली, भाग-दो, पृ.39

स्वाधीनता से पूर्व निराला निरन्तर उस क्रांति का आह्वान करते दिखते हैं, जिसमें देश के दलित जन संगठित होकर संघर्ष करें और शोषण से मुक्ति पाएँ। यह क्रांति जीवन के किसी एक क्षेत्र तक सीमित न रहकर उसके समग्र रूप को प्रभावित करनेवाली हो तथा जो कुछ भी जीर्ण-शीर्ण व जड़ है, उसे नष्ट करने तथा सब तरफ नव-जीवन का संचार करने वाली हो :

झरें जीव जीर्ण—शीर्ण,
उद्भव हो नव-प्रकीर्ण
× × ×
फिर नूतन तन लहरे
मुकुल गन्ध बन छहरे
उर तरु-तरु का हहरे
नव मन सायं सकाल।

—वही, पृ. 437-438

जीवन-स्थितियों में इस प्रकार के परिवर्तन का स्वप्न देखना निराला ही नहीं, हर उस व्यक्ति के लिए एक बड़ी चुनौती है जो यथास्थिति तोड़कर परिवर्तन की आकांक्षा रखता हैं। इसी उद्देश्य के कारण निराला ने अपने परिवेश में विद्यमान विविध- स्तरीय विचारधाराओं और जीवन-पद्धतियों में व्याप्त जड़ता और रूढ़िवाद के विरुद्ध आजीवन अनथक संघर्ष किया। उनका यह संघर्ष अपने स्वार्थ के लिए नहीं वरन् उन मानवीय मूल्यों के लिए था जो राष्ट्रीय और सामाजिक जीवन के उन्नयन और विकास की नींव है।

अनवरत संघर्ष के बावजूद भी जब उन्हें जीवन-स्थितियों में अपेक्षित बदलाव नहीं दिखाई दिया तो उनके समक्ष दो ही विकल्प थे। अपने साहित्य द्वारा जनता की चेतना को उदबुद्ध कर उसे परिस्थितियों में परिवर्तन लाने की ओर प्रवृत्त करना और यदि फिर भी पर्याप्त सक्रियता का अभाव दिखाई दे तो क्या उचित है, क्या अनुचित, क्या वांछनीय है और क्या वर्जित का बोध कराते हुए जनता को स्वविवेक से परिवर्तन के प्रति आस्था बनाए रखने की ओर प्रेरित करना।

1924 में 'बादल-राग' कविता लिखकर निराला ने किसानों की मुक्ति हेतु बादल का क्रांतिवीर के रूप में आह्वान किया :

जीर्ण बाहु, है शीर्ण शरीर
तुझे बुलाता कृषक अधीर
ऐ विप्लव के वीर!

—निराला रचनावली, भाग-एक, पृष्ठ—136

1946 में प्रकाशित 'बेला' में संकलित कविता 'जल्द-जल्द पैर बढ़ाओ' में उन्होंने समूचे निम्न और शोषित वर्ग को एक-साथ उठ खड़े होने तथा शोषणपरक व्यवस्था में आमूल परिवर्तन लाने का संदेश दिया :

जल्द-जल्द पैर बढ़ाओ, आओ-आओ।
आज अमीरों की हवेली
किसानों की होगी पाठशाला।
× × ×
सारी सम्पत्ति देश की हो,
सारी आपत्ति देश की बने
जनता जातीय वेश की हो
वाद से विवाद यह ठने
काँटा काँटे से कढ़ाओ।

—निराला रचनावली, भाग-2, पृ.167-168

इस कविता में जीवन-स्थितियों में परिवर्तन लाने में सक्रिय संघर्ष की अनिवार्यता स्थापित करने के साथ-साथ निराला इस संघर्ष द्वारा प्राप्त होनेवाली परिवर्तन की रूपरेखा भी स्पष्ट करते हैं।

परन्तु जब देश पराधीन था तब और जब स्वाधीन हुआ तब भी दलित जनों की स्थिति में कोई विशेष परिवर्तन न आया तो निराला के मन में विद्यमान जन-करुणा का अजस्र स्रोत भक्तिपरक विनय के उद्‌गारों में फूट पड़ा। सन् 1950 में रचित 'माँ अपने आलोक निखारो' कविता में निराला ने देवी माँ के समक्ष भारत की जनता को नरक-त्रास से उबारने की प्रार्थना की :

माँ, अपने आलोक निखारो
नर को नरक-त्रास से वारो।

× × ×

विपुल दिशावधि शून्य वर्गजन
व्याधि-शयन जर्जर मानव मन
ज्ञान-गगन से निर्जर जीवन
करुणा करो उतारो, तारो।

—वही, पृ. 403

यह नरक-त्रास परंपरागत माया-मोह का बन्धन नहीं वरन् वे कष्ट और दुःख

हैं, जिन्हें इसी संसार के यथार्थ स्वरूप स्वाधीन भारत की जनता स्वार्थ और अन्याय केन्द्रित व्यवस्था के कारण झेल रही है। वह जनता जो स्वाधीनता के बाद सुख मिलने की आशा कर रही थी, जब शोषण, अभाव और पीड़ा का शिकार हुई, निराला का हृदय कराह उठा।

पीड़ित जनों के साथ संवेदना के स्तर पर निर्मित होनेवाली निराला की यह सहभागिता और दुःख के मूल कारणों का वैज्ञानिक बोध, परम्परागत भक्ति-भावना के रूपान्तरण की आधारभूमि है। इसी कारण जब निराला ईश्वरीय सत्ता से रागात्मक सम्बन्ध स्थापित करते हुए भक्ति की मनोभूमि में विचरते हैं, तब भी भावानुभूति के तन्मय क्षणों में देश-काल के बोध से रहित नहीं हो पाते। यह बोध उनके मानस को सदैव उद्वेलित करता रहता है :

शिशिर की शर्वरी
हिंस्र पशुओं भरी।
ऐसी दशा विश्व की विमल लोचनों
देखी, जगा त्रास, हृदय संकोचनों
काँपा, कि नाची निराशा दिगम्बरी।
× × ×
मातः किरण, हाथ प्रातः बढ़ाया
कि भय के हृदय से पकड़कर छुड़ाया।

—निराला रचनावली, भाग-दो, पृ.349

भव-सागर से पार करो हे!
गह्वर से उद्धार करो हे!
× × ×
नहीं डाल भी जो बैठे खग,
ऐसे तल निस्तार करो हे!
× × ×
विपुल काम के जाल बिछाकर
जीते है जन-जन को खाकर
रहूँ कहाँ मैं ठौर न पाकर
माया का संहार करो हे!

—वही, पृ. 346-347

कई बार ऐसा भी होता है जब निराला परिवेश के साथ संघर्ष के तनावयुक्त क्षणों में अकेला पड़ जाने पर पराजय-बोध से घिर जाते हैं। जीवन की विषम परिस्थितियाँ और अभाव उन्हें भीतर तक तोड़ देते हैं। अपनी विवशता, ग्लानि और घोर निराशा से व्यथित होकर वे प्रभु से अपना हाथ थामने को कहते हैं और अपनी शरण में ले लेने की प्रार्थना करते हैं :

दुरित दूर करो नाथ,
अशरण हूँ, गहो हाथ।
हार गया जीवन-रण
छोड़ गए साथी-जन
एकाकी! नैश-क्षण
कण्टक-पथ, विगत-पाथ।
× × ×
जीवन के विपुल व्याल
मुक्त करो, विश्वनाथ!

—निराला रचनावली, भाग-2, पृ. 346

किन्तु यह दैन्य, ग्लानि, पीड़ा और एकाकीपन किसी अकर्मण्य व्यक्ति का प्रलाप मात्र नहीं है, वह तो सचेत और ईमानदार भाव से, संघर्ष से निरन्तर तपे निष्कलुष हृदय का वेदना-संकुल उद्गार है जो अपने में सार्थक और मूल्यवान है।

शरणागतिमूलक यह भक्ति-भाव न तो उनका पराजय-बोध है और न ही तर्कहीन आस्था की नियतिवादी परिणति है। उनकी इस भक्ति-भावना की विशेषता है कि वह जीवन-संघर्ष से विमुख हो कल्पना में त्राण पाने का साधन न बनकर संघर्ष को न्याय-संगत मान उसके प्रति अपनी आस्था को जीवित रखने तथा विरोधी परिस्थितियों में भी आत्मबल बनाए रखने की दिशा में शक्ति-स्रोत सिद्ध होती है।

स्वाधीनता से पूर्व लिखे गए एक गीत 'प्रात तब द्वार पर', जो 'गीतिका' (1936 में प्रकाशित) में संकलित है, में निराला ने अपनी आराध्य-देवी को 'जननि' संबोधित किया है। जीवन में आनेवाली कठिनाइयों और संघर्षों का संकेत करते हुए वह 'जननि' से मिलनेवाली उस नवीन प्रेरणा-शक्ति के लिए आभार प्रकट करते हैं, जिसने उन्हें जीवन के 'नैश-अन्धपथ' में मिलनेवाले कष्टों और विरोधों की पीड़ा को नगण्य मान, हँसते-हँसते सहने की क्षमता प्रदान की :

प्रात तव द्वार पर,
आया, जननि, नैश अन्ध पथ पार कर।
लगे जो उपल पद, हुए उत्पल ज्ञात,
कण्टक चुभे जागरण बने अवदात,

—निराला रचनावली, भाग एक, पृ. 275

किन्तु इन उद्गारों से यह नहीं मान लेना चाहिए कि निराला के जीवन में संघर्षों का सिलसिला यहीं समाप्त हो गया और उन्हें शाश्वत आनन्द की प्राप्ति हो गई। वास्तविकता यह है कि निराला अपने सम्पूर्ण रचनाकाल में जीवन की कठिनाइयों और संघर्षों के बीच देवी-आराधना के माध्यम से लगातार आत्मबल और विश्वास अर्जित करते रहे। यहाँ तक कि जीवन के अंतिम दौर में जब उनका शरीर रोगग्रस्त होने के कारण शिथिल होने लगा था तथा विषम परिवेश के साथ सतत् संघर्ष व

असामंजस्य के कारण उनकी चेतना में बढ़ते तनाव ने 'अर्ध-विक्षिण्त' का रूप ले लिया था, तब भी उनके भक्ति-मूलक संस्कारों ने उनकी जिजीविषा और परिवर्तन के प्रति उनकी अगाध आस्था को बनाए रखा :

रंग-रंग से गागर भर दो
निष्प्राणों को रसमय कर दो
माँ मानस के सित शतदल को
रेणु-गंध के पंख खिला दो
जग को मंगल मंगल के पग
पार लगा दो प्राण मिला दो
तरु को तरुण पत्र मर्मर दो।
खग को ज्योतिःपुंज प्रात दो,
जग–ठग को प्रेयसी रात दो
मुझको कविता का प्रपात दो
अविरत मारण-मरण हाथ दो
बँधे परों को उड़ते वर दो।

–निराला रचनावली, भाग-दो पृ.414

इसी जिजीविषा, संघर्ष-चेतना और जीवन-आस्था के कारण ही निराला अपने अन्तिम समय तक सृजनशील बने रहे। उनका एक मन परिवेश के दबाव और तनावयुक्त स्थितियों के कारण टूटकर असंतुलित हुआ और अर्ध–विक्षिप्त की अवस्था को प्राप्त हुआ, परन्तु दूसरा मन जो न कभी थका और न ही कभी झुका, सृजन का अनवरत ऊर्जा स्रोत बना रहा। दूधनाथ सिंह के शब्दों में :

"बावजूद सारे दैन्य, सम्पूर्ण नैराश्य, गहरे कटाव और आत्म-क्षय के उनका संघटित रचनात्मक व्यक्तित्व कहीं से भी विखण्डित नहीं हुआ है।"

–दूधनाथ सिंह, निराला : आत्महन्ता आस्था, पृ. 340

निराला की विशेषकर 'आराधना', 'अर्चना', 'गीत-गुञ्ज' और 'सान्ध्य काकली' में संकलित भक्ति रचनाएँ इस बात का प्रमाण है कि उनकी चेतना अर्ध-विक्षिप्त अवस्था में भी देश-काल के यथार्थ-बोध से संपृक्त बनी रही।

परम्परा और आधुनिकता का द्वन्द्व : मिथक का रचनात्मक रूपांतरण

निराला भारत को आधुनिक-बोध से सम्पन्न राष्ट्र के रूप में विकसित देखना चाहते थे। जनता में व्याप्त धार्मिक रूढ़िवाद उनके लिए व्यापक चिन्ता का विषय था। उनका विचार था कि जनसाधारण ही नहीं वरन् अधिकांश परम्परा-प्रेमी साहित्यिक व बुद्धिजीवी भी पुराण कथाओं में निहित प्रतीकात्मक सत्य को न समझकर इन कथाओं को ऐतिहासिक सत्य के रूप में स्वीकार करते हैं और इन्हीं जड़ विचारों द्वारा अपने आचरण को परिचालित करते हैं। निराला इस प्रवृत्ति को

धार्मिक रूढ़िवाद के मूल कारण के रूप में देखते थे और यह मानते थे कि वर्तमान साहित्यिक आधुनिक युग की विकासधारा से पिछड़ता जा रहा है :

> "मैंने कहा, आप जानते हैं। हिन्दी वाले अधिकांश में रूढ़िग्रस्त हैं। वे जड़ रूप ही समझते हैं, सत्व नहीं। जो कथाएँ पुराणों में आई हैं, उनके स्थूल रूप में सूक्ष्मतम तत्व भी हैं। वास्तव में वेदों का सत्य पुराणों में कथाओं द्वारा विकृत हुआ है। यहाँ के लोग कथा को ऐतिहासिक सत्य की तरह मानते हैं। देश की स्वतंत्रता के लिए पहले समझ की स्वतंत्रता जरूरी है।"
>
> *–निराला रचनावली, भाग-6, पृष्ठ-228-229*

इस प्रकार मिथक के रचनात्मक उपयोग द्वारा वे जनमानस को सांस्कृतिक गतिरोध से मुक्त करना चाहते थे। भारतेन्दु हरिश्चन्द्र, मैथिलीशरण गुप्त, अयोध्या सिंह उपाध्याय 'हरिऔध' और जयशंकर प्रसाद आदि रचनाकार इस क्षेत्र में अपना योगदान दे चुके थे निराला ने 'राम की शक्ति पूजा' लिखकर इस शृंखला में एक अत्यंत महत्वपूर्ण कड़ी जोड़ी।

'राम की शक्ति-पूजा' में निराला अपनी द्वन्द्वात्मक दृष्टि के कारण मिथक के आधुनिक व सफल रूपान्तरण की ओर प्रवृत्त हुए और धार्मिक, सामाजिक व साहित्यिक रूढ़िवाद के अन्तर्संबंधों को पहचान सके। मिथक का आशय पुराण-कथाओं और आख्यानों के रूप में ग्रहण किया जाता है। दर्शन, मनोविज्ञान और नृतत्व-शास्त्र सभी इस तथ्य से सहमत हैं कि मिथक मानव चेतना के विकास की प्रारम्भिक दशा को अभिव्यक्त करते हैं।[6]

आदिम मनुष्य ने प्रकृति और स्वयं के बीच जो रागात्मक सम्बन्ध अनुभव किया, मिथक उसकी स्वतः स्फूर्त रचनात्मक अभिव्यक्ति हैं। यह सम्बन्ध तर्क पर आश्रित न होकर आवेगात्मक है, इसीलिए मिथकों का सृजन मानव और प्रकृति के बीच निर्मित होने वाले आवेगात्मक सम्बन्धों पर आधारित है। यह संवेग व्यक्तिगत न होकर सामूहिक होते हैं। मिथकों का स्वरूप प्रतीकात्मक होने के कारण इनका ढाँचा बहुत लचीला हुआ करता है। युग-सत्य के बदलने के साथ-साथ इनके स्वरूप में भी परिवर्तन होता रहता है। इस दृष्टि से मिथक अपने आप में गतिशील सत्य तथा असीम सृजन-संभावनाओं के वाहक बने रहते हैं। वस्तुतः मिथक जातीय स्मृति और संस्कारों के अंग-रूप में किसी भी देश और जाति के सांस्कृतिक मानस के निर्माण में सक्रिय रहते हैं और लोकमानस को आन्दोलित करने की अपूर्व क्षमता रखते हैं।

अब प्रश्न उठता है, कि मिथक काव्य-सृजन में किस प्रकार प्रेरक बनते हैं? विशेषकर जब आधुनिक युग में मनुष्य की चेतना और जीवन-पद्धति में धर्म केन्द्रित आस्था का स्थान विज्ञान-प्रेरित बुद्धिवाद ले चुका है। यहाँ यह कहा जा सकता है कि भारत जैसे देश में, जहाँ आधुनिकीकरण का ढाँचा परम्परा की आधार-शिला पर खड़ा हुआ है, जहाँ आधुनिकता के नाम पर परम्परा का पूर्ण निषेध नहीं किया जाता वरन् उसके जीवंत अंशों का रचनात्मक रूपान्तरण कर उसका सार्थक उपयोग किया

जाता है, वहाँ साहित्य में मिथक का रचनात्मक उपयोग आकस्मिक नहीं कहा जा सकता।

विशेषकर छायावाद-युग में जब साहित्य के क्षेत्र में चिन्तन और सृजन दोनों स्तरों पर भारत का सांस्कृतिक नवजागरण अपने चरम विकास को प्राप्त हुआ, मिथक की सर्जनात्मक संभावनाओं की ओर कवियों का आकर्षित होना स्वाभाविक ही था। यह कवि मिथकों में निहित धार्मिकता के कारण उनके उपयोग में प्रवृत्त नहीं हुए बल्कि समकालीन जीवन-बोध के दबाव ने उन्हें, सृजन के अनिवार्य उपकरण के रूप में, मिथकों को ग्रहण करने हेतु विवश किया।[7]

वस्तुतः जब कवि जातीय-जीवन से बहुत गहरे स्तर पर जुड़े होते हैं जब उन्हें परम्परागत आदर्शों और समकालीन जीवन-पद्धतियों की विसंगति गहरे तक उद्वेलित करती है, अर्थात् जब परम्परागत जीवन-मूल्य अपनी प्रासंगिकता खोने लगते हैं और जब इन जीवन-मूल्यों के अन्वेषण के बुनियादी प्रश्न इन कवियों की चेतना को व्यापक स्तर पर आन्दोलित करने लगते हैं, तब वे मिथक के रचनात्मक रूपान्तरण की अनिवार्यता को वहन करने का साहस जुटा पाते हैं। इस दृष्टि से 'कामायनी' (जयशंकर प्रसाद) और 'राम की शक्ति पूजा'(निराला) छायावादी युग की महत्वपूर्ण रचनाएँ हैं।

'राम की शक्ति-पूजा' की रचना में निराला अनेक स्रोतों से सामग्री लेते हैं और फिर अपने आधुनिक-बोध में उसे आत्मसात कर प्रतीकात्मक रूप देते हुए अनेकार्थी-व्यंजनाओं से युक्त करते हैं। वाल्मीकि, भवभूति, कृतिवास, तुलसीदास और विवेकानंद आदि से प्राप्त चिंतन-परम्परा और रचना-कौशल से प्रेरणा लेते हुए वे उसे समकालीन बोध के साथ, मथकर रचनात्मक स्वरूप प्रदान करते हैं। इस कथा की मूल प्रेरणा उन्हें मध्ययुगीन बंगला कवि कृतिवास रचित 'रामायण' के लंका-काण्ड से प्राप्त हुई। परन्तु 'राम की शक्ति पूजा' को पढ़कर यह स्पष्ट लक्षित होता है कि निराला का उद्‌देश्य कृतिवास की अनुकृति करना मात्र नहीं है। कथा का स्थूल ढाँचा भले ही कृतिवासीय रामायण का हो, परन्तु उसमें आधुनिक-बोध के अनुरूप विविध स्तरीय प्रतीकात्मकता ले आने से जिस सांकेतिकता और अर्थ-घनत्व का समावेश मिलता है, वह पुराण-कथा के सर्जनात्मक रूपान्तरण का प्रमाण है, जो निराला के विवेकशील आधुनिक-बोध की उपज है।

निराला की दृष्टि उन पुरातनपंथियों की तुलना में अधिक स्पष्ट और तार्किक है जो पुराण-कथाओं की प्रतीकात्मकता और उनमें निहित सत्य के मर्म को न समझकर उन्हें ऐतिहासिक तथ्य के रूप में स्वीकार करते थे। निराला इस अज्ञानजनित रूढ़िवाद का विरोध करते हुए वैचारिक स्वतंत्रता लाने पर बल देते हैं। इसलिए उन्होंने परम्परा प्रेमी भारतीय लोकमानस में गहरे पैठे संस्कारों को झंकृत कर उन्हें नए जीवन-बोध से युक्त करने हेतु 'राम की शक्ति पूजा' में राम की पौराणिक कथा का नवीन रूपांतरण कर मिथक का रचनात्मक स्वरूप प्रस्तुत किया।

वस्तुतः जब मिथक में निहित सत्य व समकालीन जीवन-यथार्थ के बीच

अन्तर्विरोध उभरने लगे, रचनाकार की चेतना में आस्था व विवेक का द्वन्द्व उपस्थित हो जाए, जब उसके मानस में अपने समय की वैयक्तिक एवं सामाजिक जीवन पद्धतियों में व्याप्त विसंगतियों के प्रति विक्षोभ उत्पन्न होने लगे और नवीन जीवन मूल्यों के अन्वेषण की आकांक्षा उद्वेलित करने लगे, तभी वह जनता के जातीय संस्कारों को आन्दोलित कर व्यापक जन-चेतना का रूप देने हेतु मिथक के रचनात्मक रूपान्तरण में प्रवृत होता है।

मिथक की अद्वितीयता इस बात में है कि उसके उपयोग द्वारा कवि अपने समय का अतिक्रमण करते हुए काल की अपरिभाषित अवस्था में प्रवेश कर चेतना के स्तर पर अपने ही युग-सत्य को अधिक मार्मिकता और गहराई से अभिव्यक्त करने में समर्थ होता है। जातीय स्मृति और सामूहिक चेतना का अंग होने के कारण मिथक कविता की संप्रेषणीयता में वृद्धि करता है।

इसके रचनात्मक रूपांतरण की प्रक्रिया के दौरान कवि की चेतना निरंतर यथार्थ और कल्पना के अनेक स्तरीय द्वन्द्व से गुजरती है। द्वन्द्व का पहला स्तर वह है, जहाँ कवि मानस में समकालीन युग-चेतना के दबाव के फलस्वरूप मिथकीय कथा में विभिन्न अर्थव्यंजनाओं से युक्त नवीन अंतर्वस्तु के प्रवेश की छटपटाहट उत्पन्न होती है। दूसरा स्तर वह है, जहाँ वह नवीन अंतर्वस्तु के अनुरूप मौलिक प्रसंगों की उद्भावना द्वारा मिथक के कथागत ढाँचे में परिवर्तन की चुनौती से जूझता है। द्वन्द्व का एक अन्य स्तर वह है, जहाँ रचनाकार समकालीन परिवेशगत यथार्थ में विद्यमान अंतर्विरोधी शक्तियों में सक्रिय विविध स्तरीय द्वन्द्व के संश्लिष्ट रूपायन के साथ-साथ इनके बीच से उन संभावनाशील जीवन-मूल्यों के अन्वेषण में प्रवृत्त होता है, जो यथार्थ को नई गति व दिशा देने में समर्थ हों।

'राम की शक्ति-पूजा' के रचनाकार को भी कल्पना और यथार्थ के विविध स्तरीय द्वन्द्व की इस कठिन प्रक्रिया से गुजरना पड़ा। उसके समक्ष अपनी सांस्कृतिक परम्परा में राम के अतिमानवीय मिथकीय चरित्र को आधुनिक मानव के रूप में प्रक्षेपित करने की चुनौती थी। यह चुनौती वस्तुतः मध्ययुगीन अलौकिकता के साथ इहलौकिक दृष्टिकोण के द्वन्द्व का प्रतिफल थी। यह इहलौकिक दृष्टिकोण परिवेश से अकेले संघर्षरत मनुष्य को कभी पराजय-बोध, आत्म-ग्लानि, निराशा और अनास्था से घिरा हुआ देखता है तो कभी संकल्प-शक्ति, आत्मविश्वास और संघर्ष-चेतना के ऊर्जा-स्रोत के रूप में।

'राम की शक्ति-पूजा' के राम में जो गहन आत्म-मन्थन और अंतर्द्वंद्व है वह 'कृतिवास' के राम में नहीं है। निराला के राम सर्वशक्तिमान ईश्वर नहीं, मानव हैं। ऐसे आधुनिक मानव जो संशय और गहन अंतर्द्वंद्व से ग्रस्त हैं और जिनमें अमानवीय व्यवस्था से संघर्षरत व पराजय-बोध से ग्रस्त व्यक्ति की आत्मग्लानि और करुणा है। यहाँ राम न तो लीला-पुरुष अथवा सर्वशक्तिमान ईश्वर हैं और न ही उनके क्रियाकलाप और सुख-दुःख की अनुभूति आदि मात्र लोकादर्श की स्थापना हेतु हैं और न ही वह

घटित-अघटित के पूर्व ज्ञान से युक्त अंतर्यामी हैं। वे तो ऐसे मानव हैं जो इसी संसार में जन्मे हैं, जीते हैं और इसी संसार की चिंताओं, विपदाओं और जीवन-संघर्ष से जूझते हैं। पत्नी सीता की मुक्ति, रावण के साथ संग्राम में जय-पराजय का प्रश्न, विभीषण का राज्याभिषेक तथा शक्ति का धर्म और न्याय के पक्ष में न होकर रावण के साथ अर्थात् अधर्म और अन्याय के पक्ष में होना आदि ऐसी लौकिक समस्याएँ हैं जो राम के मन में क्षोभ, संशय और चिंता को जन्म देती हैं।

'राम की शक्ति-पूजा' में निराला ने कथा को अधिकाधिक लौकिक स्तर पर रचा है। कृतिवासीय रामायण में अलौकिकता का आभास देनेवाले जो अंश हैं निराला ने उन्हें या तो छोड़ दिया है या युगीन यथार्थबोध के स्तर पर उनका रूपांतरण कर दिया है। कृतिवासीय रामायण में राम के दुख पर इंद्र, ब्रह्मा आदि देवता भी चिंतित और व्यथित होते हैं। जबकि 'राम की शक्ति-पूजा' में इस प्रसंग का उल्लेख नहीं है। कृतिवास में राम को 'शक्ति-पूजा' की प्रेरणा ब्रह्मा से प्राप्त होती है। किंतु 'राम की शक्ति-पूजा' में सेनापति जांबवान राम को शक्ति-पूजा का परामर्श देते हैं। दोनों कृतियों में महत्वपूर्ण अंतर यह है कि कृतिवासीय रामायण में दुर्गा राम को विजय का वर दे कर अंतर्धान हो जाती है, जबकि शक्ति-पूजा में वह राम के वदन में लीन हो जाती है। निराला के लिए शक्ति की उपयोगिता उसेआत्मस्थ करने में है, अपने से अलग रखते हुए उसकी वंदना करने में नहीं।[8] निराला के राम अपनी योग साधना से दुर्गा को वश में करते हैं। यहाँ दुर्गा राम की मानसिक ऊर्जा का प्रतीक है जो अतिमानवीय शक्ति न रहकर मानवीय-शक्ति में परिणत हो जाती है।

निराला की इस कृति में भूधर की भूमिका उनके यथार्थपरक दृष्टिकोण को उजागर करती है। भूधर का चित्रण कविता के आरंभ और अंत दोनों ही स्थलों पर अत्यंत भव्य रूप में किया गया है। जिस भूधर का वर्णन कविता के आरंभ में है, उसी भूधर का कविता के अंत में भी। यह भूधर न तो अंधकार से विचलित है और न ही समुद्र के गर्जन से। इसी भूधर के माध्यम से निराला ने शक्ति की मौलिक कल्पना को व्यंजित किया है :

> है अमानिशा, उगलता गगन धन-अंधकार
> खो रहा दिशा का ज्ञान, स्तब्ध है पवन-चार
> अप्रतिहत गरज रहा, पीछे अम्बुधि विशाल
> भूधर ज्यों ध्यान-मग्न, केवल जलती मशाल।
> × × ×
> देखो, बन्धुवर सामने स्थित जो यह भूधर
> शोभित शत-हरित-गुल्म-तृण से श्यामल सुन्दर
> पार्वती कल्पना हैं इसकी, मकरंद-बिंदु।

—निराला रचनावली, भाग-एक, पृ. 330, 336

यहाँ भूधर का पृथ्वी-तत्व प्रत्यक्ष संसार का व्यंजक है और पार्वती-शक्ति इसकी

कल्पना है। निराला यहाँ प्रचलित धारणा को तोड़कर यह तथ्य स्थापित करते हैं कि देवी-देवताओं ने संसार की रचना नहीं की बल्कि संसार ने ही देवी-देवताओं की कल्पना की है।

देवी-देवताओं के उद्भव का सम्बन्ध मानवीय चेतना और कल्पना-शक्ति से जोड़ना, निराला के वैज्ञानिक दृष्टिकोण को प्रमाणित करता है। इस रूप में शक्ति की मौलिक कल्पना उनके चिंतन की रचनात्मक उपलब्धि है। अपने 'शून्य और शक्ति' निबंध में निराला ने उन रूढ़िवादियों पर व्यंग्य किया है जो थोथे धार्मिक-विश्वासों की आड़ लेकर पत्थर के देवी-देवताओं को तो पूजते हैं, परंतु अपने थोड़े से लाभ के लिए जीते-जागते मानव के प्राण ले लेते हैं। निराला ऐसे लोगों की जड़-बुद्धि पर कटाक्ष करते हैं—

> "मूर्तियों की पूजा कर प्रसादस्वरूप एक भाई के सिर पर दोहत्था लट्ठ धमकनेवाले मूर्ति-पूजन का कितना बड़ा तत्व जानते हैं।......... पुरुषों और स्त्रियों में देवी और देवियाँ नहीं, पत्थरों में हैं। तैंतीस करोड़ देवताओं के देश में रहने वाले विद्धज्जन कुछ विचार कर लिया करें। देवियाँ बनाई गईं, या वे पहले से ही देवियाँ हैं, सजीव।"

—निराला रचनावली, भाग-6, पृ.187-188

'राम की शक्ति-पूजा' में राम और रावण की प्रतिद्वंद्विता के समानांतर प्राकृतिक शक्तियों की जिस सक्रियता का चित्रण किया गया है और राम-रावण की पक्षधरता के अनुरूप इन शक्तियों का जो परस्पर विभाजन किया गया है, वह निराला की एक और मौलिक उद्भावना है। आकाश और जल रावण के पक्ष में तथा पृथ्वी, वायु और अग्नि राम के पक्ष में हैं। "ब्रिंध महोल्लास से बार-बार आकाश विकल" तथा "उगलता गगन घन-अंधकार" आकाश तत्व, "अप्रतिहत गरज रहा पीछे अम्बुधि विशाल" जल तत्व, "स्तब्ध है पवन चार" वायु तत्व, "राक्षस पदतल पृथ्वी टलमल" व "भूधर ज्यों ध्यान-मग्न" पृथ्वी तत्व, और "केवल जलती मशाल"—अग्नि तत्व हैं। इनमें से आकाश जो शक्ति का निवास स्थान भी है, अंधकार उगलकर और समुद्र गरज-गरज कर राम को भयभीत करते हैं। दूसरी ओर समुद्र को मथ डालने में समर्थ वायु चिंता और क्षोभ के क्षणों में स्तब्ध हैं। राक्षसों के पदाघात से पृथ्वी कंपायमान तथा भूधर अविचल व ध्यानमग्न हैं। अग्नि मशाल के रूप में घोर निराशा, अनास्था और संशय-युक्त रात्रि में राम की आशा, आस्था और आत्मविश्वास के प्रतीक-रूप में जल रही है।

परिवेश में व्याप्त गहन अंधकार, रावण को संरक्षण देनेवाली शक्ति दुर्गा के साथ उस अंधकार की सहयोगी भूमिका, दुर्गा का नियति-रूप में अंकन, हनुमान के ऊर्ध्वगमन का प्रसंग और उसमें निहित सांकेतिक अर्थ व्यंजना व प्रतीकार्थ रूप में शक्ति की परिकल्पना कुछ ऐसी मौलिक उद्भावनाएँ हैं, जिनका उल्लेख कृतिवासीय रामायण में नहीं है, परंतु जो आधुनिक सृजनशील कवि के रूप में निराला के रचना-सामर्थ्य को उजागर करती हैं।

'राम की शक्ति-पूजा' नए युग के अनुरूप अनेक अर्थ उद्‌भासित करती है। एक ओर, आधुनिक युग का मूल्य-संक्रमण, जिसके अंतर्गत अनीति और अन्याय-मूलक व्यवस्था पर आधारित परिवेश से व्यक्ति का संघर्ष तथा उससे उत्पन्न संशय, पराजय-बोध और आत्म-ग्लानि तो दूसरी ओर, कठिन साधना और आत्म-विश्वास के बल पर आत्मिक ऊर्जा और संकल्प-शक्ति का पुनः अर्जन, ऐसी नवीन अवधारणाएँ हैं जो आधुनिक नवजागरण से प्रेरित मानवतावाद की उपज हैं।

एक ओर निराला का अपना जीवन-संघर्ष, व्यक्तिगत और साहित्यिक प्रतिरोध तथा उससे उत्पन्न निराशा और आत्म-ग्लानि है तो दूसरी ओर अपनी सर्जनात्मक शक्ति का बोध व उसके प्रति दृढ़ आस्था। एक ओर स्वाधीनता-प्राप्ति हेतु किए जा रहे आंदोलनों की विफलता एवं तद्‌जन्य निराशा है तो दूसरी ओर राष्ट्र-मुक्ति के लिए सक्रिय संघर्ष का आह्वान। ये सभी प्रतीकात्मक अर्थ-व्यंजनाएँ 'राम की शक्ति-पूजा' के संरचनात्मक ढाँचे को विविध-स्तरीय द्वन्द्वात्मकता से युक्त करती हैं।

संदर्भ :

1. तिवारी नित्यानंद, आधुनिक साहित्य और इतिहास-बोध, पृ.15
2. तिवारी नित्यानंद, आधुनिक साहित्य और इतिहास-बोध, पृ.52
3. डॉ. त्रिवेदी देवेन्द्रनाथ, निराला काव्य में मानव-मूल्य और दर्शन पृ. 24
4. निराला रचनावली, भाग-एक, पृ.223
5. निराला रचनावली, भाग-एक, पृ.224-225
6. आचार्य नंदकिशोर, सर्जक का मन, पृ. 9
7. भारतीय नवजागरण अपनी मूल प्रवृत्ति में ही धर्म-केंद्रित, मिथकीय और अतीतोन्मुख था, छायावाद ने उसकी इस प्रवृत्ति को चरम उत्कर्ष पर पहुँचाया। इसके लिए उसने मिथकों का आश्रय लिया।... छायावाद की जीवन-दृष्टि में धर्म और धार्मिकता का उतना महत्व नहीं था। छायावाद ने मिथकीय धरातल और रहस्यवादी आवरण अपनी समसामयिक वास्तविकता को प्रकट करने के लिए स्वीकार किया।

   —डॉ. मुदीराज शशि, छायावाद का समाजशास्त्र, पृ.267
8. शर्मा रामविलास, निराला की साहित्य साधना, भाग-दो, पृ.531

विद्रोही व्यक्तित्व के निर्माण में अन्तर्द्वन्द्व की रचनात्मक भूमिका

कविता का जन्म बाह्य परिवेश और व्यक्ति की अन्तर्वृत्तियों के द्वन्द्व से होता है। द्वन्द्व वहीं उत्पन्न होता है, जहाँ व्यक्ति बौद्धिक दृष्टि से अधिक सजग व संवेदनशील होता है। संवेदनशीलता जहाँ अनुभव को अधिक सघन और मार्मिक बनाती है, वहीं बौद्धिकता उन अनुभवों और स्थितियों के विश्लेषण के लिए प्रेरित करती है।[1]

निराला के भीतर अनेक अंतर्विरोधी वृत्तियों को लेकर जो द्वन्द्व सक्रिय हुआ और जिस द्वन्द्व ने उनकी चेतना में यथार्थपरक समग्र-जीवन-दृष्टि का विकास किया, उसका मूल प्रेरणा-स्रोत उन्हें मिलनेवाली विषम जीवन-स्थितियाँ और परिवेश है। परिवेश के साथ निराला की सजग चेतना में निरंतर होनेवाले घात-संघात से परस्पर क्रिया-प्रतिक्रिया का जो सम्बन्ध निर्मित हुआ, उसने उनके मानस को सदैव उद्वेलित और मथित किया।

निराला के लिए परिवेशगत विषमताओं को यथावत् स्वीकार करना, अथवा उनकी उपेक्षा करना संभव नहीं था। इसी कारण 'जो है और जैसा होना चाहिए' का अंतर्विरोध उनकी दृष्टि में जैसे-जैसे स्पष्ट होता गया, वैसे-वैसे ही परिवेश से संघर्ष करने और उसे बदलने की आकांक्षा उनके भीतर बलवती होती चली गई। परिवर्तन की इस तीव्र आकांक्षा के कारण संघर्ष उनके यहाँ एक रचनात्मक मूल्य बनकर प्रतिष्ठित हुआ।

जिस प्रकार निराला की विषम परिस्थितियों ने उनके भीतर द्वन्द्वात्मक चेतना उद्भूत करने में नियामक भूमिका अदा की, उसी प्रकार उनकी द्वन्द्वात्मक दृष्टि ने उन्हें परिवेशगत अंतर्विरोधों और उनकी वास्तविकता को पहचानने तथा विश्लेषण करने की शक्ति प्रदान की, जिससे वे इन अंतर्विरोधों की तह में छिपे मूलभूत कारणों, उनके विविध पक्षों और स्तरों के अंतर्संबंधी सूत्रों को खोज पाने में समर्थ हो सके। इस सामर्थ्य ने उनके भीतर परिवर्तन और बदलाव की जिस छटपटाहट और बेचैनी को जन्म दिया, वह उन्हें संघर्ष की अनवरत प्रेरणा देती रही। परिवेशगत अंतर्विरोधों

की संश्लिष्ट और बहुपक्षीय पहचान के कारण निराला की चेतना में द्वन्द्व का स्वरूप व्यापक और विविध-स्तरीय है। द्वन्द्व की इस व्यापकता व विविध-स्तरीयता के कारण संघर्ष उनके यहाँ जीवन-पद्धति के किसी एक क्षेत्र तक सीमित नहीं रहा, बल्कि वह उनके यथा व्यक्तिगत जीवन, चिन्तन और रचनाकर्म आदि सभी में प्रतिफलित हुआ।

द्वन्द्व : एक शक्ति-स्रोत

निराला का यह संघर्ष किसी आत्मकेंद्रित व्यक्ति का संघर्ष नहीं है। वे अपनी निजता में भी गहरे मानवीय सरोकारों से युक्त हैं। यही कारण है कि उनके काव्य में पाए जानेवाले अंतर्विरोधों और द्वन्द्व का मूल स्रोत उनके व्यक्तित्व की कमजोरी नहीं है। उनका द्वन्द्व संवेदनशील हृदय तथा उस सजग एवं मर्मभेदी दृष्टि का प्रतिफलन है जो अपने समय की विकृत व्यवस्थाओं तथा जीवन-पद्धतियों से टकराती हुई उनमें बदलाव और गति लाने की छटपटाहट से युक्त होती है। बदलाव की यह आकांक्षा और तद्नुरूप सक्रियता भावात्मक व विचारात्मक दोनों स्तरों पर गहन मंथन और आत्मिक ऊर्जा की अपेक्षा रखती है। यह रास्ता अपने आप में जटिल है और बीहड़ भी। ऐसे में संघर्ष ही एकमात्र नियति है। यह संघर्ष तब और अधिक मूल्यवान हो उठता है जब व्यापक जनहित की भावना से जुड़कर रचनात्मक परिवर्तन का वाहक बनता है।

निराला के भावबोध, चिन्तन और सृजन में संघर्ष ऐसा ही रचनात्मक जीवन-मूल्य बनकर सामने आता है। अपने समय में समाज, राजनीति और साहित्य में निराला ने जहाँ और जिस रूप में भी विसंगति देखी, उस पर दृढ़ प्रहार किए। उनके इन्हीं प्रयत्नों के कारण परवर्ती युग में विकसित होनेवाली प्रमुख काव्यधाराएँ अपनी जातीय परंपरा का सम्बन्ध निराला-काव्य से जोड़ने में गौरव अनुभव करती है। अपने जीवित रहते, साहित्य के क्षेत्र में उन्हें जो प्रतिष्ठा नहीं मिली, विरोध के जो थपेड़े सहने पड़े, उनका मूल्य इसी में है कि आगे चलकर उन्हें ऊर्जस्वी प्रेरणा स्रोत के रूप में स्वीकार किया गया। हिन्दी के सुप्रसिद्ध आलोचक श्री परमानंद श्रीवास्तव लिखते हैं :

> "कुछ साल पहले समकालीन हिन्दी कविता को परिभाषित करते हुए मैंने निराला को ही पहला महत्वपूर्ण प्रस्थान माना था। न अज्ञेय न मुक्तिबोध, बल्कि निराला को। मुझे लगा था कि सारी नई राहें निराला से फूटती हैं। मुझे लगा कि आगे की विभिन्न पीढ़ियों के महत्वपूर्ण कवियों के नए प्रयोगों को निराला के काव्य-संघर्ष की परम्परा में ही देखना अधिक उपयोगी होगा।"
>
> *—परमानंद श्रीवास्तव, कविता का पाठ और काव्य-मर्म, पृ. 17*

प्रबुद्ध अहम् और प्रतिकूल परिवेश की टकराहट : रचनात्मक संघर्ष-चेतना का विकास

विलक्षण नैसर्गिक प्रतिभा की अतिशयता के कारण निराला के भीतर स्वतंत्र चिंतन-शक्ति का स्फुरण बहुत तीव्र व वेगवान था। बचपन में माता के निधन के पश्चात् पिता रामसहाय और गाँव की अन्य स्त्रियों द्वारा मिलनेवाले आवश्यकता से अधिक लाड़-दुलार तथा सुरक्षा-भाव ने उनकी स्वतंत्र चिंतन की मनोवृत्ति में अपने प्रति श्रेष्ठत्व की भावना को जगा दिया। परंतु उनका परिवेश और जीवन-स्थितियाँ उनकी इस मनोवृत्ति के सदैव प्रतिकूल बनी रही। एक ओर स्वतंत्र चिंतन शक्ति, दूसरी ओर अज्ञान और अंधविश्वास में जकड़ा रूढ़िवादी ग्रामीण परिवेश एक ओर अपनी श्रेष्ठता के बोध से उत्पन्न प्रबुद्ध अहम, दूसरी ओर शोषणमूलक व्यवस्थाओं द्वारा उत्पन्न विषमजीवन-परिस्थितियाँ; ऐसे में द्वन्द्व का उत्पन्न और सक्रिय होना स्वाभाविक था। यही द्वन्द्व निराला के व्यक्तित्व में विद्रोह और संघर्ष की रचनात्मक प्रेरणा बना।

इसीलिए, निराला में हमें बचपन से ही विद्रोहमूलक स्वछंदतावादी-प्रवृत्ति के दर्शन होते हैं। एक ओर मातृहीन बालक का संवेदनशील हृदय और उसकी स्वतंत्र मनोवृत्ति तथा दूसरी ओर पिता की स्वभावगत् अक्खड़ता, कठोरता और कड़े अनुशासन के साथ पुत्र के प्रति असीम स्नेह और वात्सल्य से भरा हृदय। इस परिवेश तथा निराला की मनोवृत्तियों के बीच टकराहट का प्रमाण हमें उन तीन (निम्नलिखित) घटनाओं से मिल जाता है जिनका वर्णन डॉ. रामविलास शर्मा ने अपनी पुस्तक 'निराला' में किया है :

> ''एक बार हाजत रफा करने के बाद बालक ने यूरोपवासियों की तरह आधुनिक ढंग से बैंगन के पत्ते से कागज का काम लिया। ज्यों ही निवृत होकर रसोईघर में जाना चाहता था... पिताजी ने...बालक को टाँग पकड़कर उठा लिया और तालाब तक ले जाकर अपने हाथ से कई बार डुबकियाँ लगवाईं...बालक की अपवित्रता निवारण करके...उन्होंने उसे वास्तविक दंड देना शुरू किया।...दूसरी बार बालक ने पिता को सुझाया—तुम्हारे मातहत इतने सिपाही हैं। तुम राजा को लूट क्यों नहीं लेते। पिता ने सोचा कि यह भी किसी दुश्मन का जाल है—जो इस तरह भेद लेना चाहता है...तीसरी बार अपने गाँव में मुसलमान वेश्या के लड़कों के हाथ से पानी पीने के कारण फिर वही दशा हुई।''
>
> *—रामविलास शर्मा, निराला, पृष्ठ 1 और 2*

निराला ने अपने उपन्यास 'कुल्लीभाट', जो उनके अपने व्यक्तित्व का भी रेखांकन है, में स्वीकार किया है कि वे बचपन से ही आज़ादी पसंद थे। दबाव नहीं

सह सकते थे, विशेष रूप से वह दवाब जिसका कोई कारण न हो। इसलिए वह आरम्भ से ही विरोध के रास्ते पर चलते रहे। अपना स्वभाव न बदल पाने के कारण पिता द्वारा लगातार मार खाते-खाते सहनशील भी हो गए और उन्हें पिता के प्रहारों की सीमा भी ज्ञात हो गई :–

> "मैं बचपन से आज़ादी पसंद था। दबाव नहीं सह सकता था। खास तौर से वह दबाव जिसकी वजह न मिलती हो।... मारते वक्त पिताजी इतने तन्मय हो जाते थे कि उन्हें भूल जाता था कि दो विवाह के बाद पाए हुए इकलौते पुत्र को मार रहे हैं। मैं भी, स्वभाव न बदल पाने के कारण मार खाने का आदी हो गया था। चार-पाँच साल की उम्र से अब तक एक ही प्रकार का प्रहार पाते-पाते सहनशील भी हो गया था और प्रहार की हद भी मालूम हो गई थी।"
>
> –*निराला रचनावली, भाग-4, पृ. 33 व 36*

स्पष्ट है कि बचपन से कठोर मार सहकर भी समझौता न करने की प्रवृत्ति के कारण निराला के व्यक्तिव में विद्रोह के बीज अंकुरित व पल्लवित हुए, जिन्होंने आगे चलकर जड़ परंपराओं और रूढ़ियों के प्रति विद्रोह का रूप ले लिया।

अपनी पारिवारिक व सामाजिक स्थितियों के दबाव के कारण निराला में दो तरह की प्रवृत्तियाँ समानांतर रूप से विकसित हुईं। एक ओर हम उनमें स्व-प्रतिभा का सजग-बोध और उससे उत्पन्न वैशिष्ट्रय की अनुभूति को विकसित होते देखते हैं, तो दूसरी ओर उन्हें विरोधी स्थितियों के दबाव के फलस्वरूप उत्पन्न आत्मरक्षा का प्रश्न और हीनताबोध जैसी प्रवृत्तियों से घिरा हुआ पाते हैं। व्यक्तित्व के सामान्य विकास में उपरोक्त दोनों प्रवृत्तियाँ बाधक हैं और निराला में भी जिस प्रबुद्ध अहम् का विकास हुआ, वह इन्हीं प्रवृत्तियों की देन है। परंतु निराला का चिंतन और साहित्य इस बात का प्रमाण है कि उनका यह अहम् आंशिक रूप से विकृत होने के बावजूद असामाजिक नहीं है, बल्कि उनके विविध स्तरीय संघर्ष के समक्ष आत्मरक्षा स्वरूप कवच है।

महिषादल में रहते हुए राजा सतीप्रसाद के वैभव-विलास तथा महलों के ऐश्वर्यपूर्ण वातावरण के प्रति निराला आकर्षित तो हुए परंतु उनमें हीन-भावना उत्पन्न नहीं हुई। इसके विपरीत अपने प्रति श्रेष्ठत्व के भाव ने उनके मन में राजा के प्रति स्पर्धा भाव जाग्रत किया।[2]

पिता की मृत्यु के पश्चात निराला को भी उसी रियासत में नौकरी करनी पड़ी, परंतु अपने जीवन-यथार्थ और महत्वाकांक्षाओं के बीच वे कभी सामंजस्य स्थापित नहीं कर सके, जिसके कारण उनमें बेचैनी और विक्षोभ का भाव निरंतर पनपता रहा। उन्हें यह बात मन ही मन कचोटती थी कि रूप, गुण और योग्यता में श्रेष्ठ होने

पर भी उनकी तुलना में साधारण व्यक्तित्व वाला राजा मालिक है। उसके पास सत्ता, प्रतिष्ठा और शक्ति सभी कुछ है, जबकि मैं नितांत नगण्य, साधन, वैभव और प्रतिष्ठा से हीन मामूली-सा नौकर। कोई साधारण व्यक्ति होता तो कदाचित् अपनी इस स्थिति से समझौता कर लेता किंतु निराला के आत्माभिमान ने उन्हें ऐसा नहीं करने दिया। इस द्वन्द्व के कारण उनमें यह आकांक्षा बलवती हो उठी कि जीवन में कुछ ऐसा अवश्य करना है, जिससे प्रतिष्ठा मिले और उनकी श्रेष्ठता प्रमाणित हो। इस महत्वाकांक्षा ने निराला को प्रतिकूल परिस्थितियों से संघर्षरत रहने की सतत् प्रेरणा व शक्ति प्रदान की।

संभव है कि निराला अपनी प्रतिभा और योग्यता को बढ़ा-चढ़ाकर आँक रहे हों और उसके विकास में बाधक परिस्थितियों को अतिरंजित करके देख रहे हों। परंतु उनके संघर्ष का मूल्य फिर भी कम नहीं होता, क्योंकि कवि के रूप में प्रतिष्ठा और सम्मान की प्रबल आकांक्षा होने पर भी उन्होंने अपने आत्मसम्मान को कभी दाँव पर नहीं लगने दिया और न ही अभीष्ट की प्राप्ति हेतु कभी अनैतिक साधनों, अमानवीय जीवन पद्धतियों तथा अवसरवादिता का सहारा लिया।

प्रायः देखा जाता है कि लोग साधन-सम्पन्न वर्ग की चाटुकारिता का सहारा लेकर प्रतिष्ठा अर्जित करते हैं और फिर बड़े आदर्शों और सिद्धांतों का महिमा-मंडित आवरण ओढ़ लेते हैं। ऐसे व्यक्ति येन-केन-प्रकारेण अपना काम निकालते हैं और जीवन में सफल होते हैं। निराला सिद्धांत और व्यवहार में भेद करनेवाली यह कला नहीं अपना सके। उनकी ईमानदारी और आत्मसम्मान ने उन्हें ऐसा नहीं करने दिया। कबीर की भाँति निराला भी अनुचित को अनुचित कहने से नहीं चूके।

व्यक्तित्व को यदि युगांतरकारी होना है तो उसे जनमत को चुनौती देनी ही होगी। इस चुनौती का विरोध तो होगा, परंतु दिशा सही होने पर उसे आत्मबल का सम्बल भी प्राप्त होगा। निराला चाहते तो राजघराने में नौकरी करते हुए अतीव उन्नति कर सकते थे, पर सुपरिंटेन्डेंट के साथ हुई घटना के कारण आत्मसम्मान के प्रश्न पर उन्होंने नौकरी से इस्तीफा दे दिया।

> ''राजमहल के सुपरिटेंडेंट एक बदनाम व्यक्ति थे। एक बार सुपरिटेंडेंट के मुँह से शराब की बू आने पर निराला ने अपना नैतिक कर्तव्य समझकर इसकी सूचना राजा को दी। राजा ने उनकी बात पर सीधे विश्वास न कर दोनों को मदनगोपाल जी के मंदिर में कसम खाकर सत्य कहने का हुक्म दिया। दोनों ने कसम खाकर अपनी-अपनी बात दोहराई किंतु सूर्यकांत (निराला) को सुपरिटेंडेंट के साथ अपनी निष्ठा का एक तराजू पर तौला जाना अपमानजनक लगा और उन्होंने नौकरी से त्याग-पत्र दे दिया।''
>
> *—रामविलास शर्मा, निराला की साहित्य साधना, भाग-एक, पृष्ठ-45-46*

सम्बन्ध अच्छे होने पर भी अपने स्वाभिमान के कारण 'सरस्वती' में अपनी रचनाएँ

छपवाने के लिए द्विवेजी से कभी सिफारिश नहीं की। 'प्रताप' के संपादक तथा छतरपुर नरेश के यहाँ चंडीदास के पदों के अनुवादक का पद अपनी योग्यता के अनुरूप पारिश्रमिक न मिलने के कारण अस्वीकार कर दिया। अपनी इसी स्वाभिमानी प्रवृत्ति के कारण उन्होंने प्रतिकूल परिस्थितियों से कभी समझौता नहीं किया।

'मतवाला', जिसे लोकप्रिय व प्रतिष्ठित बनाने में निराला ने जी-जान से श्रम किया था, जिसकी निराला को साहित्यकार के रूप में स्थापित करने में अहम् भूमिका थी और जिसके प्रति निराला के मन में रागात्मक मोह था। 'भावों की भिड़ंत' छपने के पश्चात् जब उन्हें लांछन और विरोध के तीखे प्रहार सहने पड़ रहे थे, मतवाला मंडल की निगाहें बदल गईं। उन्होंने तुरंत मतवाला से इस्तीफा दे दिया। दो बार कलकत्ता आने पर भी उन्होंने अपनी तरफ से 'मतवाला' में पुनः शामिल होने की पहल नहीं की बल्कि बंगला पुस्तकों के अनुवाद और विज्ञापन लिखने से लेकर विवाह-गीतों की रचना करने तक उन्हें जो भी काम मिला, किया।

बाद में 'मतवाला-मंडल' के सम्मिलित प्रयास से किसी प्रकार निराला अपनी कविताएँ 'मतवाला' में देने को राजी हुए और सन् 1925 की 'वर्षा' से उनकी रचनायें 'मतवाला' में फिर से स्थान पाने लगीं। ऐसे समय में जब कवि का जीवन घोर अभाव और विपन्नता से घिरा था, इन घटनाओं का महत्व असंदिग्ध रूप से और बढ़ जाता है। पिता, पत्नी, भाई, भाभी और अन्य रिश्तेदारों की महामारी में हुई असामयिक मृत्यु के कारण चार भतीजों तथा एक पुत्र और पुत्री के भरण-पोषण का भार उन्हें अकेले ही उठाना पड़ा। वे जीवन-भर अपने व्यक्तित्व की स्थापना और आजीविका के साधन जुटाने में संघर्षरत रहे। निराला का यह संघर्ष, अस्थिर मनोवृत्ति के शिकार, अनुत्तरदायी और व्यक्तिगत स्वार्थ से प्रेरित किसी अकर्मण्य व्यक्ति का संघर्ष नहीं है, बल्कि चुनौतियों का आह्वान करनेवाली उस ऊर्जस्वी चेतना का प्रतिफल है, जो एक बड़ा लक्ष्य प्राप्त करने की प्रेरणा बनती है।

अहम् और आत्म-परिष्कार का द्वन्द्व

निराला की विद्रोही प्रवृत्ति को सामान्य व्यावहारिकता के घेरे में बाँधकर देखना उनके व्यक्तित्व और कृतित्व दोनों के प्रति अन्याय है। यदि हम संसार की महान प्रतिभाओं के जीवन में झाँककर देखे तो हमें वहाँ व्यावहारिक दृष्टि से अनेक विसंगतियाँ दिखलाई पड़ेगी परंतु इससे उन प्रतिभाओं के कृतित्व का महत्व कम नहीं हो जाता। प्रतिभाएँ ही क्यों, सांसारिक जीवन जीने वाले प्रत्येक मनुष्य का व्यक्तित्व और जीवन, सत्-असत्, संगत-असंगत तथा नैतिक-अनैतिक प्रवृत्तियों और आचरणों का पुंज होता है। निराला जिनमें विलक्षण प्रतिभा का बोध और उसके प्रति अहम् प्रारंभ से ही प्रबल था, के भीतर भी अपनी विरोधी प्रवृत्तियों में टकराव होना स्वाभाविक है। उनके अंतःकरण में सक्रिय इन प्रवृत्तियों का द्वन्द्व एक ओर उन्हें ऐश्वर्य, वैभव,

प्रसिद्धि तथा प्रतिद्वंद्विता के लिए उकसाता था तो दूसरी ओर पिता रामसहाय, रामकृष्ण परमहंस, तुलसीदास और महावीर से प्राप्त संस्कार उनके अहम्‌वादी अनियंत्रित व आकांक्षाओं से भरे उत्तेजित मन को बराबर तिरस्कृत कर क्षुद्र भावों से ऊपर उठ निष्काम कर्म करने की प्रेरणा देते थे।

ये संस्कार निराला को यह बोध कराते थे कि ईर्ष्या, द्वेष, प्रतिद्वंद्विता तथा ऐश्वर्य के प्रति आसक्ति आदि क्षुद्र और अविवेकी मन वालों पर अपना प्रभाव जमाते हैं। विवेकशील मनुष्य तो हनुमान और लक्ष्मण के समान निष्काम सेवा करनेवाला तथा अपने धर्म और लक्ष्य के प्रति एकनिष्ठ व समर्पित होता है। निराला के मन में इन संस्कारों व अहम्‌वादी वृत्ति के बीच का द्वन्द्व निरंतर सक्रिय रहा, परंतु अपने सजग विवेक के कारण वे इस द्वन्द्व से सदैव आत्म-परिष्कार की ओर अग्रसर रहे। 'सरोज-स्मृति', 'हिन्दी के सुमनों के प्रति' 'वन-बेला' और ऐसी ही अनेक कविताओं में हम इस प्रयास को लक्षित कर सकते हैं। 'हिन्दी के सुमनों के प्रति' कविता में निराला उद्‌घोषित करते हैं कि "मैं बसंत का अग्रदूत" हूँ, फिर भी साहित्य और समाज ने मुझे अछूतों के समान उपेक्षित कर रखा है, इसपर भी मुझे ईर्ष्या नहीं है :

ईर्ष्या कुछ नहीं मुझे, यद्यपि
मैं ही बसंत का अग्रदूत
ब्राह्मण—समाज में ज्यों अछूत
मैं रहा आज यदि पार्श्वच्छवि।

—निराला रचनावली, भाग—एक, पृ. 351

इसी प्रकार 'वन-बेला' कविता में निराला अपने सतत् साहित्यिक विरोध के कारण इतने विक्षुब्ध होते हैं कि अपनी साधन-हीनता को अपनी असफलताओं के लिए उत्तरदायी मानने लगते हैं। वह सोचते हैं यदि मैं भी राजपुत्र होता तो यह जितने विद्याधर हैं—मेरे अनुचर होते, मेरे समक्ष सदैव सिर झुकाते। मैं धन का अधिकांश अपने पास रख, दान में यदि कुछ देता तो अखबार मेरी प्रशंसा में लेख छापते अथवा यदि मैं लक्षपति का कुमार होता तो मैं भी अरब-समुद्र-पार शिक्षा प्राप्त करता। वह आगे सोचते हैं कि मेरे पिता भी यदि धन का एकाधिकार रखते हुए भी साम्यवाद का प्रचार करने वाले राजनीति के पंडित होते, जनता उन्हें राष्ट्रपति चुनती, लोग उन पर राष्ट्रीय गीतों की रचना करते और जब यह समाचार मुझे 'अरब-समुद्र-पार' मिलता तो मैं वहाँ "लार्ड के लाडलों को" दावत देता। खूब पैसे लुटाता और फिर वायुयान से जब वापस लौटकर भारत पर चरण रखता तो पत्रकारों के दल में हलचल मच जाती वे कैमरा लेकर मेरी ओर दौड़ते और मैं देश को एक मर्मान्तिक संदेश दे रहा होता मैं जनता को साम्यवाद की उदारता के विषय में बताता और जनता मेरी जय-जयकार करती।

इसी मनःस्थिति में हीनता-बोध उन्हें घेर लेता है और उन्हें लगता है कि उनका जीवन व्यर्थ हुआ और वे जीवन-संघर्ष में पराजित हुए। सभी अपने भविष्य को सुखद बनाने हेतु सजग रहते हैं, परंतु निराला ने अपने स्वार्थ के विषय में कुछ नहीं सोचा :

चल रहा नदी तट को करता मन में विचार
हो गया व्यर्थ जीवन,
मैं रण में गया हार!
सोचा न कभी
अपने भविष्य की रचना पर चल रहे सभी।

—निराला रचनावली, भाग-एक, पृ. 346-347

उनकी यह पीड़ा निराधार नहीं है, क्योंकि वह व्यवस्था जहाँ सिद्धांत और व्यवहार में गहरी विसंगति हो, अयोग्य की पूजा होती हो और योग्य उपेक्षित हो, वहाँ किसी भी प्रतिभाशाली और कर्त्तव्यनिष्ठ व्यक्ति का अभीष्ट सिद्ध न होने पर उत्तेजित होना अस्वाभाविक नहीं कहा जा सकता। 'वन-बेला' की प्रेरणा से निराला इस मनःस्थिति से उबरते हैं। अपने अहम् और उत्तेजना को नियंत्रित करते हैं। फिर उपल-प्रहार सहकर भी अपनी सुगंध बिखेरने वाली 'वन-बेला' से अपने रचनाकर्म के लिए नई ऊर्जा और संकल्प-शक्ति ग्रहण करते हैं। यह शक्ति निराला को जीवन व साहित्य दोनों क्षेत्रों में निरंतर विरोधों और आघातों के बीच शांत, निश्छल, द्वेषरहित और दृढ़ बनाए रखती है :

पर ज्ञान जहाँ
देखना—बड़े-छोटे, असमान, समान वहाँ—
सब सुहृद्वर्ग
उनकी आँखों की आभा से दिग्देश स्वर्ग।

बोला मैं—यही सत्य, सुन्दर!
नाचती वृन्त पर तुम, ऊपर
होता जब उपल-प्रहार प्रखर
× × ×
तुम रहो एक मेरे उर में
अपनी छवि में शुचि सञ्चरिता।

—निराला रचनावली, भाग—एक, पृ. 350

निराला के वेदांती संस्कार उन्हें पलायन की ओर नहीं ढकेलते वरन् उनके अहम् को उदात्तीकृत कर उन्हें चौतरफा विरोधों और लांछनों से उत्पन्न अनुभवों की कटुता के परिहार की शक्ति प्रदान करते हैं। इन संस्कारों की सहायता से वे अपने अनुभवों की निजता को सामान्यीकृत कर अपने अहम् का विस्तार करने में सफल होते हैं। अहम् का यह उदात्त विस्तार उनके मानवतामूलक यथार्थवाद को अधिकाधिक पुष्ट और मुखर बनाता है।

'सरोज-स्मृति' में निराला अपने पराजय-बोध तथा समस्त लांछन, निराशा और गहन वेदना के अनुभवों को "हिंदी का स्नेहोपहार" कहकर शिरोधार्य करते हैं। यहाँ उन्होंने अपने 'स्व' का विस्तार हिन्दी की उस जातीय परंपरा में किया है, जिसमें कबीर व तुलसी जैसे साधक व कवि रहे हैं। जिन्होंने आजीवन विरोध सहकर भी समाज, संस्कृति व भाषा के उन्नयन के लिए सर्वस्व अर्पित कर दिया।

निराला का वैराग्य-भाव निष्क्रियता का प्रेरक न होकर असफलताओं से उत्पन्न, विषाक्त अनुभवों की कटुता कम करने में सहायक है। यह वैराग्य उन्हें दूसरे के दुख से जोड़ता है। इलाहाबाद के पथ पर पत्थर तोड़ती मजदूर स्त्री के साथ उनके हृदय का सहज तादात्म्य और तादात्म्य की अनुभूति ने संवेदना का जो सहज सितार सजाया, वह सामाजिक जीवन में उनके स्वानुभव के विस्तार का ही व्यंजक है। यह अहम् और आत्मपरिष्कार की द्वन्द्वात्मक स्थिति है जिसमें वैराग्य-भावना ने अनुभव की संकीर्णता को समाप्त कर उसका सामान्यीकरण कर दिया है।

यह वैराग्य-भाव का अत्यंत स्वस्थ स्वरूप है, जहाँ अनुभवों की वैयक्तिकता विलीन होकर उन्हें उदात्त बनाती है। अनुभव के उदात्तीकरण से राग-द्वेष का संकीर्ण घेरा टूट जाता है। यह निराला के अहम् का विस्तार और स्वानुभव का उदात्तीकरण ही है कि उन्होंने अपना विरोध करने वालों तथा लांछन लगानेवालों को कभी हानि पहुँचाने का प्रयास नहीं किया। भुवनेश्वर और ज्योति प्रसाद निर्मल ने उनके विरुद्ध कड़ी आलोचना लिखी, परंतु फिर भी घर आने पर निराला ने किसी प्रियजन की भाँति ही उनका आदर-सत्कार किया। यह उदात्तता उसी मन से उपजती है, जिसमें रामकृष्ण परमहंस, तुलसीदास और महावीर से जुड़े आस्थामूलक संस्कार विद्यमान हैं।

इसी उदात्तता के कारण निराला जीवन में मिलने वाले लांछन की मर्माहत करने वाली अनुभूतियों से उबर पाने में समर्थ हो सके। व्यक्तिगत जीवन से लेकर साहित्य-रचना सभी स्तरों पर उन्हें किसी न किसी रूप में लांछन सदैव झेलना पड़ा। जिसकी अभिव्यक्ति उनकी कविता में बार-बार हुई है। वे यह भली-भाँति जानते थे कि जो वांछित है, वही लांछित है और जो यथार्थ में लांछन के योग्य है, वह निःशंक होकर आदर पा रहा है। वे सोचते हैं, यदि इस विसंगतिजन्य लांछन को ज्यों का त्यों स्वीकार कर लिया तो जीवन नष्ट हो जाएगा। इसलिए वे उसे आत्मसंघर्ष की आँच में तपाते हैं। आँच में तपकर लांछन-ईंधन रचनात्मक शक्ति में बदल जाता है। अहम् और आत्म-परिष्कार के द्वन्द्व की यह प्रक्रिया और इससे उत्पन्न सतत् आत्म-विश्लेषण की चेतना निराला के संवेदनशील व्यक्तित्व की सर्जनात्मक उपलब्धि बनती है।

स्वार्थ केन्द्रित व्यवस्था के विरुद्ध मानवीय जीवन-मूल्यों का संघर्ष

निराला के व्यक्तित्व के अध्ययन के लिए यह तथ्य बहुत महत्वपूर्ण है कि

उनके वैयक्तिक जीवन, चिंतन और रचनाधर्मिता में हमें एकरूपता दिखाई देती है। उन्होंने अपने जीवन और साहित्य में जिन मूल्यों के लिए संघर्ष किया, वह उनके भावात्मक और वैचारिक अंतर्द्वंद्व का प्रतिफलन है। उनमें हमें मन, वचन और कर्म की जिस एकता के दर्शन होते हैं, वह स्वच्छंदतावादी रचनाकार की बुनियादी पहचान है। यहाँ स्वच्छंदता का तात्पर्य उच्छृंखलता नहीं है। यदि स्वछंतावादी प्रवृत्ति जीवन-स्थितियों से पलायन की ओर प्रेरित करे या नकारात्मक विद्रोह को जन्म दे, तो वह अवश्य ही तिरस्कार के योग्य है तथा समाज के लिए घातक और पतन की ओर धकेलने वाली है। परंतु यदि स्वछंदता अमानवीय-जीवन-स्थितियों, व्यवस्थागत-विसंगतियों, विषमताओं और विकृतियों से जूझने तथा परिवर्तन के लिए संघर्ष के आह्वान की प्रेरणा देती है तो वह श्लाघनीय है। निराला, सृजन को रचनात्मक गति व दिशा देने वाले ऐसे ही स्वछंदतावादी कवि थे।

महिषादल में रहते हुए राजकीय ऐश्वर्य और भोग की चकाचौंध के पीछे जनता पर होते अमानवीय शोषण को निराला ने अपनी आँखों से देखा था। उन्होंने देखा था कि एक व्यक्ति के भोग व ऐश्वर्य के लिए किस प्रकार अनेक जन अपने सुखों व अधिकारों की आहुति देते हैं। शोषण के घिनौने तरीकों को अपनाकर शक्तिशाली व संपन्न बने जमींदारों, पूँजीपतियों, तथाकथित अहिंसावादी राजनीतिज्ञों, साहित्य के मठाधीशों व प्रकाशकों आदि की क्रूर वास्तविकता भी उनकी दृष्टि से छिपी नंहीं थी।

जीवन में पूर्ण भोग के पक्षधर होते हुए भी निराला ने सुख और ऐश्वर्य प्राप्ति के इस अमानवीय स्वरूप को, जो स्वार्थ व आत्मकेंद्रित पद्धति पर आधारित है तथा जिसके लिए मनुष्य पशु तुल्य आचरण करने पर उतारू हो जाता है, स्वीकार नहीं किया। ऐश्वर्यपूर्ण जीवन के इच्छुक होकर भी निराला उसे प्राप्त करने के लिए कभी दिग्भ्रमित नहीं हुए। उनके भीतर की मनुष्यता उनके विवेक को जाग्रत रख विषमतामूलक अमानवीय व्यवस्था के विरुद्ध उनकी संघर्ष-चेतना को सदैव उद्बुद्ध करती रही।

किसी दुर्बल का अन्न छीनना व विपन्न आँखों को देखना उनके लिए संभव न था। इसी कारण 'अर्थागमोपाय' जानते हुए भी वे सदा 'संकुचितकाय' बने रहे :

जाना तो अर्थागमोपाय—
पर रहा सदा संकुचितकाय।
× × ×
क्षीण का न छीना कभी अन्न
मैं लख न सका वे दृग विपन्न

—निराला रचनावली, भाग—1, पृ. 316

यह उनके निश्छल हृदय का सहज मानवीय स्पंदन है। जो संघर्ष बाहर है, वही नैतिक स्तर पर भीतर भी है। जहाँ मनुष्यता इस संघर्ष में उनको नैतिक बल प्रदान करती है, वहीं इस मनुष्यता की प्रतिष्ठा के लिए वे आजीवन संघर्षरत दिखाई देते

हैं। 'विधवा', 'भिक्षुक', 'दान' 'तोड़ती पत्थर', 'बादल-राग' आदि अनेकानेक ऐसी रचनाएँ हैं, जहाँ मानवीय सहानुभूति और मनुष्यता की प्रतिष्ठा स्पष्ट लक्षित होती है। "मनुष्यता की प्रतिष्ठा" का यह संघर्ष निराला को व्यक्ति, समाज, राजनीति और साहित्य, जीवन के प्रत्येक स्तर पर शोषणपरक अमानवीय जीवन-मूल्यों का विरोध करने में सतत् प्रयत्नशील बनाए रखता है।

रूढ़िवादी समाज में नितांत तिरस्कृत, उपेक्षित और अपने दुख में एकाकी विधवा की वेदना से अपनी सहानुभूति का तार जोड़ते हुए निराला उसे प्रचलित मान्यताओं और अंधविश्वासों के प्रतिकूल 'इष्टदेव के मंदिर की पूजा-सी' 'पवित्र घोषित करते हैं। कलंकित व गर्हित न मानकर दीपशिखा के समान अपनी ही वेदना में जलती हुई, शांत, किंतु फिर भी तेजोमय चित्रित करते हैं। निराला के हृदय की यह करुणा इस कविता में हाहाकार बनकर प्रस्फुटित हुई है :

वह इष्टदेव के मंदिर की पूजा-सी
वह दीपशिखा-सी शांत, भाव में लीन।
× × ×
व्यथा की भूली हुई कथा है,
उसका एक स्वप्न अथवा है।
× × ×
मृदु रसावेश में निकला जो गुंजार
यह और न था कुछ, था बस हाहाकार।

—निराला रचनावली, भाग-1, पृ. 72-73

'भिक्षुक' जो शोषणपरक व्यवस्था के कारण अमानवीय जीवन-परिस्थितियों को भोगने के लिए विवश हैं, से तादात्म्य स्थापित करते हुए उसके दुख-दग्ध हृदय को निराला अपने हृदय के करुणामृत से सींचकर इस विषम व्यवस्था से जूझने हेतु उसमें अभिमन्यु जैसी संकल्प-शक्ति भर देना चाहते हैं :

पेट-पीठ दोनों मिलकर हैं एक
चल रहा लकुटिया टेक
× × ×
साथ दो बच्चे भी हैं, सदा हाथ फैलाए
बाएँ से वे मलते हुए पेट को चलते
और दाहिना
दया-दृष्टि पाने की ओर बढ़ाए।
× × ×
चाट रहे जूठे पत्तल वे सभी सड़क पर खड़े हुए
और झपट लेने को उनसे कुत्ते भी हैं, अड़े हुए

ठहरो, अहो मेरे हृदय में है अमृत मैं सींच दूँगा।
अभिमन्यु-जैसे हो सकोगे तुम
तुम्हारे दुःख मैं अपने हृदय में खींच लूँगा।

—अपरा (सं. 1990, भारती भंडार, इलाहाबाद) पृ. 65

इसी प्रकार 'तोड़ती पत्थर' में निराला "गर्मियों के दिन दिवा का तमतमाता रूप/उठी झुलसाती हुई लू/रूई ज्यों जलती हुई भू" जैसे विरोधी प्राकृतिक परिवेश तथा आभिजात्य जीवन-पद्धति को निरंतर चुनौती देनेवाली इलाहाबाद के पथ पर पत्थर तोड़ती मजदूर स्त्री के प्रति तीव्र मानवीय संवेदना से भर उठते हैं। "गुरु हथौड़ा हाथ" ले पत्थर पर बार-बार प्रहार करती उस स्त्री के संघर्ष में निराला जड़ तथा अमानवीय व्यवस्था के विरुद्ध अपने संघर्ष का आभास पाते हैं। यह स्त्री संघर्ष में अकेली नहीं है, अपने आस-पास किसी को न पाकर वह कवि की ओर ऐसी दृष्टि से देखती है जो मार खाकर भी रोना नहीं जानती। उसकी पीड़ा से एकात्म का, यह अनुभव निराला के भीतर की मनुष्यता व रचनाधर्मिता के लिए नवीन प्रेरणा-स्रोत बन जाता है। पत्थर तोड़ती उस स्त्री की दृष्टि में मनुष्यता का एक ऐसा आह्वान है, जिसकी झंकार निराला की चेतना को अंर्त्तम तक उद्वेलित कर देती है :

वह तोड़ती पत्थर
देखा उसे मैंने इलाहाबाद के पथ पर
× × ×
गुरु हथौड़ा हाथ
करती बार-बार प्रहार
× × ×
देखकर कोई नहीं
देखा मुझे उस दृष्टि से
जो मार खा रोई नहीं
सजा सहज सितार
सुनी मैंने वह, नहीं जो थी सुनी झंकार

—निराला रचनावली, भा-1, पृ. 342—343

मानवीय जीवन-मूल्यों की पक्षधरता की दृष्टि से उनकी 'दान' कविता अत्यन्त महत्वपूर्ण है। इसमें उन्होंने एक भिक्षुक की विवश और विडंबनापूर्ण स्थिति तथा उसे उपेक्षित कर धर्म-कर्म के नाम पर बंदरों को पूए खिलानेवाले ढोंगी ब्राह्मणों पर करारा व्यंग्य किया है।

निराला उस भिक्षुक की करुण स्थिति का मार्मिक चित्रण करते हुए समाज में व्याप्त धार्मिक रूढ़िवाद का खोखलापन उद्घाटित करते हैं जो मानव को उसकी समस्त गरिमा से च्युत कर, पशु से भी बदतर जीवन जीने को बाध्य करता है :

एक ओर पथ के, कृष्णकाय
कंकालशेष नर मृत्यु-प्राय
बैठा सशरीर दैन्य दुर्बल,
भिक्षा को उठी दृष्टि निश्चल।
×   ×   ×
झोली से पुए निकाल लिए,
बढ़ते कपियों के हाथ दिए,
देखा भी नहीं उधर फिरकर
जिस ओर रहा वह भिक्षु इतर
चिल्लाया किया दूर दानव
बोला मैं—"धन्य, श्रेष्ठ मानव"।

—निराला रचनावली, भाग-1 पृ. 308—309

कविता की अंतिम पंक्ति—"बोला मैं—धन्य, श्रेष्ठ मानव" धर्म की आड़ में अमानवीय व्यवस्था को प्रश्रय देनेवालों के आचरण में निहित अंतर्विरोध को तीखी व्यंग्यात्मकता से उभारती है।

मनुष्यत्व के मार्ग में बाधा बननेवाली हर प्रकार की जड़ता और संकीर्णता को निराला दृढ़तापूर्वक चुनौती देते चलते हैं। व्यक्तिगत जीवन से लेकर समाज और साहित्य तक हर क्षेत्र में निराला के इस संघर्ष को देखा जा सकता है। फिर चाहे वह जातिगत रूढ़िवाद हो या धर्मगत संकीर्णता, निराला की मनुष्यता किसी का वर्चस्व स्वीकार नहीं करती। 'सम्राट अष्टम एडवर्ड के प्रति' (कविता), 'चतुरी चमार' व 'देवी' (कहानियाँ) तथा 'कुल्लीभाट' (उपन्यास) में व्यक्त संवेदना मनुष्यता के प्रति निराला की इसी निष्ठा को पुष्ट करती है :

मानव, मानव से नहीं भिन्न
निश्चय, हो श्वेत, कृष्ण अथवा
वह नहीं क्लिन्न
भेद कर पंक
निकलता कमल जो मानव का
वह निष्कलंक
हो कोई सर।

—निराला रचनावली, भाग-1, पृ. 339

निराला अपने गाँव के चतुरी चमार से आत्मीयता का संबंध स्थापित करते हैं। उसका लाया हुआ गोश्त साथ बैठकर खाते हैं। उसके बेटे अर्जुन को पढ़ाते हैं। तथा अपने पुत्र द्वारा उसके उच्चारण दोष का मजाक उड़ाए जाने पर वे अपने पुत्र को डाँटते हैं।[3]

'देवी' कहानी में समाज द्वारा पूर्ण रूप से शोषित, प्रताड़ित और उपेक्षित एक

गूँगी व पगली भिखारिन का चित्रण है। किसी के द्वारा व्यभिचार किए जाने पर उसे एक बालक उत्पन्न होता है। लोगों के नितांत असंवदेनशील व्यवहार के विपरीत निराला भिखारिन और उसके बच्चे के प्रति सहानुभूति से द्रवित हो उठते हैं। अपना सारा बड़प्पन भूलकर पगली के दुःख से तादात्म्य स्थापित कर लेते हैं। निरंतर प्रकृति की मारों से लड़ती मातृत्व की भावना से अनभिज्ञ सड़क पर असहाय अवस्था में बच्चे को लिए उस भिखारिन को देख निराला को महाशक्ति का स्मरण हो आता है :

> "पगली का ध्यान ही मेरा ज्ञान हो गया। उसे देखकर मुझे बार-बार महाशक्ति की याद आने लगी। महाशक्ति का प्रत्यक्ष रूप संसार को इससे बढ़कर ज्ञान देनेवाला और कौन-सा होगा?"

—निराला रचनावली, भाग-4, पृष्ठ-358

उसकी स्थिति उनमें मनुष्यत्व के बोध का एक नया स्तर जागृत कर देती है :

> "राम, श्याम और संसार के बड़े-बड़े लोगों का स्वप्न सब इस प्रभात की किरणों में दूर हो गया। बड़ी-बड़ी सभ्यता, बड़ें-बड़े शिक्षालय चूर्ण हो गए। मस्तिष्क को घेरकर केवल यही महाशक्ति अपनी महत्ता में स्थित हो गई। उसके बच्चे में भारत का सच्चा रूप देखा, और उसमें—क्या कहूँ, क्या देखा।"

—निराला रचनावली, भाग-4, पृष्ठ-358

निराला कुल्लीभाट की सेवा भावना अछूत पाठशाला को निष्ठापूर्वक चलाने तथा अछूतों के उद्धार के लिए निस्वार्थ भाव से समर्पण के समक्ष स्वयं को बहुत छोटा अनुभव करते हैं। कुल्ली के बड़प्पन को स्वीकार करना मानवत्व के प्रति निराला की अटूट निष्ठा का प्रतीक है। अस्वस्थता और भयंकर रोग से पीड़ित कुल्ली के शीर्ण शरीर के बावजूद निराला को उनके मुख में दिव्य आभा के दर्शन होते हैं :

> "देखा चेहरा एक दिव्य आभा से पूर्ण है, लेकिन देह पहले से दुबली, जैसे कुल्ली समझ गए हैं, जीवन की संध्या हो गई है अब घर लौटना है। कविता का दिव्य रूप और भाव सामने जड़ शरीर में देखकर पुलकित हो उठा।"
>
> × × ×
>
> "मनुष्यत्व रह-रहकर विकास पा रहा है। देखकर मैंने सिर झुका दिया।"

—निराला रचनावली भाग-4, पृष्ठ-70

कुल्ली ने एक मुसलमान स्त्री से विवाह किया था जो कि तत्कालीन समाज की दृष्टि से जघन्य अपराध था। ऐसे में उसकी मृत्यु पर उसके दाह संस्कार की समस्या उठ खड़ी हुई। यह कार्य भी निराला ने निःसंकोच पूरा किया। यह था मानव-मूल्यों के प्रति उनकी संवेदनशीलता, समर्पण और विद्रोह का स्तर।

पलायनवृत्ति और संघर्ष-चेतना का द्वन्द्व

निराला की कविताओं में एक ओर जहाँ ब्रह्म-प्राप्ति की आकांक्षा तथा उसके प्रकाशयुक्त चिन्मय स्वरूप के प्रति आकर्षण और समर्पण, जीवन की समस्याओं के चमत्कारपूर्ण हल एवं संघर्षों से पलायन कर काल्पनिक इच्छापूर्ति की वृत्ति दिखाई देती है, तो दूसरी ओर जीवन और जगत को यथार्थ और पूर्ण रूप में स्वीकार कर उसमें प्राप्त होनेवाले दुखों से व्यथित होने की चेतना, राजनीतिक और सामाजिक विषमता का बोध, अन्याय और उत्पीड़न के विरुद्ध आक्रोश का भाव, शोषित जनों की दीन दशा के प्रति करुणा और सहानुभूति की तीव्र संवेदना और उन्हें इस स्थिति से उबारने के लिए सक्रिय संघर्ष की प्रबल आकांक्षा दृष्टिगत होती है। इन दोनों अंतर्विरोधी धाराओं को पलायनवादी और संघर्षमूलक चेतना के द्वन्द्व के रूप में निरूपित किया जा सकता है। निराला का सत्-चित्-आनंद-ब्रह्म उनके अलौकिक रहस्यवाद का आधार है, जो उन्हें पलायन की ओर ले जाता है। यह ब्रह्म चिन्मय, प्रकाशमय, विराट और अनंत है। रामकृष्ण मिशन के चमत्कारवाद से इसका गहरा सम्बन्ध है।

निराला के जीवन और व्यक्तित्व के विषय में यह सर्वविदित है कि उन्हें अपने स्वाभिमानी, विद्रोही, क्रांतिकारी और फक्कड़ व्यक्तित्व के कारण व्यक्तिगत जीवन और साहित्य जगत दोनों में ही कड़ा विरोध और लांछन सहना पड़ा। प्रिय जनों की असमय मृत्यु और घोर आर्थिक संकट ने निराला को भीतर तक आहत किया। इन आघातों को सहते हुए भी वे अदम्य जिजीविषा, दृढ़ जीवन-आस्था और संघर्ष-शक्ति के बल पर स्वयं को स्थापित करने में सफल रहे। परंतु उनके जीवन में ऐसे क्षण भी आए जब वे कठोर एवं प्रतिकूल जीवन स्थितियों के सहसा चमत्कारिक ढंग से अनुकूल हो जाने की तीव्र कामना से भर उठे और कुछ समय के लिए उनकी चेतना पर इच्छापूर्ति का वही स्वप्न हावी रहा। यह दशा उन्हें जीवन यथार्थ से विमुख कर उसी विराट और आलोकमय परब्रह्म की ओर खींच ले जाती है वे जैसे क्षण भर के लिए उसी कल्पना-लोक में विचरण करते हैं, और उनकी सभी समस्याएँ कल्पतरु की प्राप्ति से हल हो जाती हैं :

> पवन-पीड़ित पत्र-सा
> कम्पन प्रथम वह अब न था।
> शांति थी, सब
> हट गए बादल विकल वे व्योम के।
> ×   ×   ×
> श्रांति और प्रतीति की
> चल रही थी तूलिका,

विश्व पर विश्वास छाया था नया।
कल्प-तरु के नए कोंपल थे उगे।

—निराला रचनावली, भाग-1, पृ. 139

'भर देते हो', 'जागरण', 'जाना है जग के पार' 'नारायण मिले हंस अंत में' और 'स्वामी प्रेमानंद जी महाराज' आदि अनेक ऐसी कविताएँ हैं, जिनमें निराला की इस पलायनोन्मुखी व चमत्कार वाद युक्त मनोवृत्ति के उभार को देखा जा सकता है

'हमें जाना है जग के पार' कविता में निराला मानसिक ऊहापोह, चिंताओं, अंतर्विरोधों और संघर्षों से त्राण पाने के लिए एक ऐसे उज्ज्वल लोक का स्वप्न रचते हैं, जहाँ केवल प्रेम ही प्रेम अपनी ज्योतिर्मय आभा बिखेरता है, जहाँ एक विलक्षण प्रकार की मधुरता और सरसता है। स्वाभाविक है कि ऐसा लोक इस संसार की विषम जीवन स्थितियों के बीच रहकर प्राप्त नहीं किया जा सकता। इसीलिए वे 'जग के पार' जाने की कामना कर उठते हैं :

हमें जाना है जग के पार
जहाँ नयनों से नयन मिलें
ज्योति के रूप सहस्र खिलें
सदा ही बहती नव रस धार
वहीं जाना, इस जग के पार।
× × ×
डोल सहसा संशय में प्राण,
रोक लेते अपना मृदु गान
यहाँ रे सदा प्रेम में मान
ज्ञान में बैठा मोह असार
हमें जाना जग के उस पार।

—वही, पृष्ठ-200

निराला उन रहस्यवादियों से भिन्न हैं, जिनकी चिंताओं का मूल आधार अपने परिवेश और उससे जुड़ी समस्याओं में न होकर मनोजगत् के स्व-निर्मित कल्पनाजन्य, एकाकीपन में है, जो संकीर्ण व्यक्तिवादिता के घेरे में बद्ध अतृप्त कामनाओं के वशीभूत हो अंतर्मुखी हो जाते हैं और ब्रह्म की आड़ लेते हैं।

अपने युग में सक्रिय अनेक अंतर्विरोधी विचारधाराओं के दबाव में रहते हुए जीवन और जगत से जुड़ी अनेकविध समस्याओं का हल सहजता से पा लेना निराला के लिए भी सरल कार्य नहीं था। इस प्रक्रिया में उन्हें कई बार निराशा और उद्विग्नता का सामना करना पड़ा, जिसने उन्हें रहस्यवाद के आभामण्डित लोक की ओर धकेला। उनका महत्व इस बात से है कि उनकी वेदना का सम्बन्ध अनिवार्य रूप से अपने युग के विषम और जटिल जीवन-यथार्थ से व्यापक और गहन रूप से जुड़ा

रहा। उनकी चिंता व्यक्तिगत और जन-सामान्य की अतृप्त आकांक्षाओं की एकरूप अभिव्यक्ति है। उसका आधार काल्पनिक न होकर वास्तविक है। वस्तुतः निराला की सजग जीवन-दृष्टि और प्रखर मेधा, निष्क्रियता और पलायन को अधिक देर तक सहन नहीं कर सकती। इस कारण समस्याओं और उनके समाधान को लेकर उनकी चेतना में निरंतर द्वन्द्व सक्रिय रहता है।

द्वन्द्व एक ऐसी प्रक्रिया है जो व्यक्ति को एक ही समस्या पर अनेक दृष्टिकोणों से विचार करने को बाध्य करती है। इस प्रक्रिया में वह समस्या के विविध रूपों और पक्षों को उद्घाटित करने का प्रयास करता है। इस प्रकार द्वन्द्व विश्लेषण-शक्ति को अधिकाधिक तार्किकता प्रदान कर उसकी चेतना को संभावनाओं के प्रति जागरूक और गतिशील बनाता है। निराला ने अपने अंतर्द्वंद्व के माध्यम से यह शक्ति अर्जित की। इसी शक्ति के बल पर उन्होंने परब्रह्म के चिन्मय प्रकाशयुक्त सम्मोहन लोक के आकर्षण से शनैःशनैः अपनी चेतना को मुक्त कर अपने दार्शनिक अद्वैतवाद सम्बन्धी अंतर्विरोध को एक सार्थक दिशा प्रदान की तथा प्रकृति अद्वैत सम्बन्धी अपनी धारणा को अधिकाधिक पुष्ट करते हुए इसी आधार पर जीवन, दर्शन, समाज, संस्कृति, राजनीति, साहित्य आदि सभी क्षेत्रों में बहुआयामी द्वन्द्व मूलक पद्धतियों का स्वरूप स्पष्ट किया। इसी के माध्यम से उन्होंने संघर्ष और क्रांति के उस जीवन-मूल्य को अर्जित किया जिसके आधार पर वर्तमान और भविष्य दोनों दृष्टियों से मानव को इसी यथार्थ-जगत में सुखी देखने का स्वप्न साकार किया जा सके।

आस्था-अनास्था का द्वन्द्व

विकास की प्रक्रिया में द्वन्द्व एक अनिवार्य शर्त है। विरोध और संघर्ष के बिना प्रगति संभव नहीं। रचनाकार की रचनाधर्मिता पर यही नियम लागू होता है, रचना प्रक्रिया के दौरान सर्जक के समक्ष दो प्रकार की चुनौतियाँ रहती हैं। एक ओर उसके भीतर काव्य के रूढ़िबद्ध ढाँचे को तोड़कर समकालीन युग की आवश्यकताओं के अनुरूप भावबोध एवं शिल्प के विभिन्न स्तरों पर नवीन प्रतिमानों के गढ़ने की बेचैनी होती है तो दूसरी ओर उसे सृजन यात्रा में स्वयं द्वारा स्थापित रचना-पद्धतियों का सतत् परीक्षण और परिमार्जन करते हुए अपने रचना सामर्थ्य को निरंतर विकसित करना होता है। इस प्रक्रिया में रचनाकार के समक्ष सदैव वह परिवेश सक्रिय रहता है जो स्वयं जड़ एवं गतिशील मूल्यों और शक्तियों का पुंज है।

प्रगतिशील मूल्य जहाँ रचना-सामर्थ्य को प्रोत्साहित करते हैं, वहीं प्रतिगामी व जड़-मूल्य उसके मार्ग को अवरुद्ध करते हैं। इस प्रकार की विपरीत व विरोधी प्रवृत्तियों और स्थितियों का हर सजग रचनाकार को सामना करना पड़ता है। जिस रचनाकार को विरोधी प्रवृत्तियों से संघर्ष जितना अधिक करना पड़ता है, उसकी प्रतिभा उतनी ही प्रखर व विकसित होती चली जाती, क्योंकि वह किसी एक सृजन बिंदु को अंतिम

लक्ष्य मानकर आश्वस्त नहीं हो जाता वरन् निरंतर नवीन अन्वेषण की प्रक्रिया में प्रवृत्त रहता है। यह प्रक्रिया रचनाकार में ऐसी सजगता और ललक पैदा करती है कि वह भावबोध व अभिव्यक्ति दोनों ही क्षेत्रों में बेहतर की प्यास लिए विकास के नवीन सोपानों पर पाँव रखता, अपनी ही रचनाधर्मिता की अन्यतम ऊँचाइयाँ तय करता है। ऐसे में विरोध की भूमिका और भी मूल्यवान हो जाती है। यदि विरोध के रचनात्मक उपयोग में सफल होकर रचनाकार अपने सृजन के लिए सार्थक तत्व जुटा लेता है तो अवश्य ही वह अदम्य रचनात्मक ऊर्जा का वाहक बनता है। निराला का सम्पूर्ण रचनाकर्म इसका प्रमाण है।

यद्यपि निराला को खड़ी बोली में साहित्य सृजन की दिशा में प्रवृत्त करने तथा हिन्दी को जातीय गौरव का प्रतीक मानकर उसके उन्नयन हेतु सतत् प्रयत्नशील रहने की महत् प्रेरणा का मूल स्रोत भारत के राष्ट्रव्यापी स्वाधीनता-आंदोलन में निहित है। तथापि इस संबंध में विषम परिवेश और उनके प्रबुद्ध अहम् के बीच निरंतर होने वाले–द्वन्द्व की रचनात्मक भूमिका की उपेक्षा नहीं की जा सकती।

प्रारंभिक जीवन बंगाल में बीतने के कारण निराला का बंगला भाषा पर अच्छा अधिकार था। बचपन से ही उनको बंगला भाषा के प्रति गहन रागात्मक लगाव था। साथ ही बचपन से उन्होंने यह भी अनुभव किया था कि अच्छी बंगला जानने पर भी मित्रों और सहपाठियों से उन्हें बराबरी का दर्जा नहीं मिलता। यही नहीं, वे लोग हिन्दी पर बंगला की श्रेष्ठता आरोपित करने का प्रयत्न करते हैं। अपनी व हिन्दी की इस उपेक्षा में निराला को साम्य दिखाई पड़ता और खीझ उत्पन्न होती, जिससे उनका महत्वाकांक्षी मन क्षोभ और उत्तेजना से भर उठता। इसीलिए, अपनी व हिन्दी दोनों की प्रतिष्ठा को एक मानकर वे हिन्दी को अधिकाधिक समर्थ व समृद्ध भाषा बनाने की दिशा में प्रवृत्त हुए।

बंगला भाषा में रवीन्द्रनाथ टैगोर की प्रतिभा उनके लिए चुनौती बनी और उनसे स्पर्धा के भाव ने निराला को साहित्य के क्षेत्र में कुछ अद्वितीय कर दिखाने के लिए प्रेरित किया। अपने साहित्यिक जीवन के आरंभिक वर्षों में उन्होंने 'मतवाला' में रहते हुए रवीन्द्रनाथ की कुछ कविताओं के भावों का खड़ी बोली में रूपांतरण भी किया।

'मतवाला' जहाँ निराला के लिए यश-प्राप्ति का प्रथम सोपान बना, वहीं इस पत्र ने उनके व उनके विरोधियों के बीच द्वन्द्व-समर हेतु रण-भूमि भी तैयार की। निराला के व्यंग्यपूर्ण प्रहारों से जड़ व रूढ़िवादी साहित्यकार तिलमिला उठे और उन्हें नीचा दिखाने का अवसर ढूँढने लगे। पहला प्रहार उन्होंने 'मनोरमा' (इलाहाबाद) और फिर 'प्रभा' (कानपुर) में 'भावों की भिड़ंत' नामक लेख लिखकर अत्यधिक कूटनीति से किया। इन लोगों ने निराला की कविताओं को रवीन्द्रनाथ टैगोर की नकल बताया और उसे सिद्ध करने हेतु प्रमाण भी दिए।

निराला ने इस आक्षेप को झुठलाने और स्वयं को मौलिक सिद्ध करने के अनेक प्रयास किए, परंतु विरोधियों की संख्या अधिक होने तथा अपने पक्ष में समर्थ आलोचक न मिलने के कारण उन पर तत्काल विश्वास नहीं किया गया। यद्यपि उन्होंने स्वयं इस तथ्य को कुछ अंशों तक स्वीकार किया कि उनकी कतिपय कविताओं में रवीन्द्रनाथ के भावों का रूपांतरण है, तथापि उनके समूचे कृतित्व की मौलिकता को नकारा जाना उनकी चेतना पर बहुत बड़ा आघात था।

वस्तुतः भावों के इस रूपांतरण का कारण निराला में भाव, विचार व अभिव्यक्ति की दरिद्रता नहीं थी, वरन् यह उद्देश्य था कि हिन्दी को बंगला की तुलना में हीन समझनेवाले बंगाली हिन्दी साहित्य की ओर आकृष्ट हों। इसके साथ ही निराला हिन्दी साहित्यिकों में अपने बंगला पांडित्य की धाक जमाकर उन्हें अभिभूत भी करना चाहते थे।

'भावों की भिड़ंत' नामक लेख ने निराला को यह समझा दिया कि उनके अतिरिक्त भी हिन्दी में बंगला के पंडित हैं जो उनके इस प्रकार के रूपातंरणों पर उँगली उठा सकते हैं। इस घटना के बाद निराला हिन्दी को और अधिक समृद्ध करने तथा स्वयं को मौलिक प्रमाणित करने की चाह में निरंतर नवीनता के अन्वेषण में जुट गए। उनकी प्रतिभा के विकास के लिए यह झटका अत्यंत आवश्यक था।[4]

निराला की काव्य-यात्रा का संघर्ष उनकी जीवन-यात्रा के संघर्ष से अभिन्न रूप से जुड़ा है। संघर्ष के इन दोनों स्तरों पर सक्रिय रहते हुए तथा स्वयं को अपने रचनाकर्म की विभिन्न कसौटियों पर कसते हुए वे सतत् आत्म साक्षात्कार के कठिन दौर से गुजरते हैं। आत्म-साक्षात्कार के यह क्षण कभी निराला को अपनी रचनाशीलता के प्रति आश्वस्त कर उनमें एक नए आत्मविश्वास, एक नई संघर्ष-चेतना का संचार करते हैं तो कभी लगातार विरोधों से टकराते हुए वे भीतर तक आहत अनुभव करते हैं। चोट और कसक की यह अनुभूति एक गहरे अवसाद को जन्म देती हैं।

गहरे अवसाद व आत्मविश्वास का यह द्वन्द्व निराला के वैयक्तिक जीवन से जुड़े प्रश्नों तक ही सीमित नहीं हैं। यह तो उस प्रत्येक रचनाकार के आत्मगत एवं बहिर्गत संघर्षों का प्रतिफलन है, जिसकी प्रतिभा और जीवन-दृष्टि अपने समय के सीमित घेरों में नहीं बँध पाती और जिसे अपने समकालीनों में स्वीकृति न मिलने के कारण स्वयं को पग-पग पर प्रमाणित करना पड़ता है। निराला के साथ यह स्थिति आजीवन बनी रही।

निराला की ऐसी अनेक कविताएँ हैं, जिनके द्वारा हम उनके भावबोध के उस स्वरूप को समझ सकते हैं जो उनकी चेतना में सतत् सक्रिय आस्था-अनास्था, जय-पराजय, आशा-निराशा तथा हर्ष-विषाद के द्वन्द्व में रूपायित होता है। 1924 में लिखी गई 'ध्वनि' में निराला अपनी रचनाशीलता के उन्मेष और उसकी सार्थक दिशा के प्रति पूर्ण आश्वस्त हो अपूर्व आत्मविश्वास के साथ घोषित करते हैं कि

अभी-अभी ही तो मेरे सृजनात्मक जीवन में बसंत ऋतु का आगमन हुआ है, जिससे सभी ओर नवीन सौन्दर्य, उल्लास और स्फूर्ति-युक्त चेतना का प्रसार हो रहा है। मृत्यु और अवसाद का यहाँ कोई स्थान नहीं है। कवि को विश्वास है कि उसकी रचनात्मक प्रतिभा से विकासशील संभावनाओं के अंकुर फूटेंगे :

अभी न होगा मेरा अंत।
अभी-अभी ही तो आया है,
मेरे वन में मृदुल वसंत–

× × ×

मेरे जीवन का यह है जब प्रथम चरण,
इसमें कहाँ मृत्यु
है जीवन ही जीवन।
अभी पड़ा है आगे सारा यौवन,
स्वर्ग-किरण-कल्लोलों पर बहता रे यह बालक-मन,

मेरे ही अविकसित राग से
विकसित होगा बंधु दिगंत–
अभी न होगा मेरा अंत।

–निराला रचनावली, भाग-1, पृ.126-127

कहाँ यह दृढ़ आत्मविश्वास, उल्लास तथा अदम्य जिजीविषा और कहाँ (कविता 'पतनोन्मुख', सन् 1925) गहन-वेदना और विषाद की वह त्रासद अनुभूति जिसके अंतर्गत उन्हें अपना जीवन और कर्म असफल, जर्जर, निष्क्रिय और मृत्यु की ओर निरंतर अग्रसर प्रतीत होता है :

हमारा डूब रहा दिनमान।

मास-मास दिन-दिन प्रतिपल
उगल रहे हो गरल-अनल
जलता गह जीवन असफल
हिम-हत-पातों-सा असमय ही
झुलसा हुआ शुष्क निश्चल।

विकल डालियों से
झरने ही पर है पल्लव-प्राण–
हमारा डूब रहा दिनमान।

–निराला रचनावली, भाग-1, वही, पृ. 146

एक चित्र पूर्ण विकसित, हरे-भरे पत्तों, डालियों और कलियों से लदे लहलहाते वृक्ष का है तो दूसरा उस झुलसे वृक्ष का है, जिसके पत्ते असमय ही पीले पड़कर शुष्क, निश्चल और विकल होकर झड़ने की प्रतीक्षा में हैं। दोनों ही स्थितियों के विरोध को सहजता से लक्षित किया जा सकता है। एक में प्रभात लाने का स्वप्न है तो दूसरे में डूबते सूर्य को विवश देखते रहना ही नियति है। एक में जीवन का स्पंदन ही स्पंदन है तो दूसरे में चेतना को संज्ञाहीन बनाती मृत्यु की प्रतीक्षा।

एक अन्य कविता 'कवि के प्रति' (सन् 1924) में कवि अपने रचनाकार को सूर्य के समान सम्पूर्ण सृष्टि में जीवन और ज्ञान का नवीन प्रकाश विकीर्ण करने का आह्वान करता है। उसे कवि के रूप में अपना जन्म और जीवन दोनों सार्थक प्रतीत होते हैं। वह अपने यौवन की रचनात्मक ऊर्जा के प्रति आश्वस्त है व अपने कृतित्व की गरिमा और उसके मनमोहक प्रभाव के प्रति आस्थावान

धान्य जन्म, जीवन, यौवन।
कवि, रवि-सा तू भी छवि-छवि पर—
छोड़ सतत्-मधु-मधुर किरन।
निज अनुपम कृति खोल प्रकृति से
कर सुरभित मन, वन-उपवन—
भर दे सब में नवजीवन।।

—निराला रचनावली, भाग-एक, पृ. 137

दूसरी ओर 'हताश' (1927) में जीवन "चिरकालिक क्रंदन" व दुख अमावस्या की "गहन-अन्धतम-निशि" है। कवि जैसे स्वयं भी दुख की इस काली रात्रि का अंत नहीं चाहता। वह इतना निराश और हताश है कि उसे विहान की इच्छा ही नहीं। अपने हृदय-कमल की समस्त भावनाओं और आकांक्षाओं रूपी पंखुड़ियों के मुर्झाने की कामना करता वह मृत्यु चाहने लगता है। फिर पूछ बैठता है कि क्या इस स्थिति में भी उसके जर्जर जीवन के दुखों का अंत नहीं होगा।

मेरा अन्तर वज्र कठोर
देना जी भरसक झकझोर,
मेरे दुख की गहन अन्ध—
तम-निशि न कभी हो भोर,
× × ×
हृदय कमल के जितने दल
मुरझाएँ, जीवन हो म्लान,
शून्य सृष्टि में मेरे प्राण
प्राप्त करें शून्यता सृष्टि की
मेरा जग हो अन्तर्धान

तब भी क्या ऐसे ही तम में,
अटकेगा जर्जर स्पंदन?

—निराला रचनावली, भाग-एक, पृष्ठ 181-182

निराला के जीवन, चिंतन और रचनाधर्मिता का अध्ययन करने पर यह भली-भाँति स्पष्ट हो जाता है कि उनकी काव्य-संवेदना में आस्था-अनास्था, जय-पराजय, आशा-निराशा, हर्ष-विषाद तथा उल्लास और अवसाद की जो विरोधी मनःस्थितियाँ दृष्टिगत होती है, उनका मूल छिछली भावुकता अथवा अतृप्त अहम् की कुंठित अभिव्यक्ति में नहीं है, वरन् इन द्वन्द्वात्मक मनःस्थितियों के पीछे एक ऐसे सचेत और ईमानदार रचनाकार के अनुभवों की आँच है, जिसका हृदय सदैव जनहित की आकांक्षा से स्पंदित होता रहा तथा दुख, अपमान और अभावों भरे जीवन का विष पीता रहा।

ऐसा रचनाकार जब उल्लसित होता है तब उसकी पुलक में सबकी पुलक की आभा होती है और जब वह व्यथित होता है तब उसके क्रंदन में सबके विषाद की छाया होती है। इसी कारण निराला की द्वन्द्वात्मक संवेदना सार्थक और मूल्यवान हो उठती है तथा उनके भीतर दृढ़ आत्मविश्वास व अकुंठ जीवन-आस्था के दर्शन होते हैं। यही कारण है कि अपने मानस को वज्र के समान कठोर घोषित कर वे अपरिमित दुखों और संघर्षों का उन्मुक्त आह्वान कर सके :

निराला की रचना-यात्रा में सन् 1934 से 1938 तक का काल उनके भावबोध के विकास की दृष्टि से गहरी उथल-पुथल का काल है। इस काल में कवि परिवेशगत विषमताओं के साथ अपने रचनात्मक द्वन्द्व को कई स्तरों और कोणों से देखता हुआ अपने संघर्ष के विभिन्न तेवरों को कसौटी पर कसता चलता है। देश, समाज, संस्कृति और साहित्य के उत्थान तथा परिवेश को बदलने की दिशा में प्रगतिशील जीवन-मूल्यों की स्थापना हेतु जो ललक, जो उत्साह, जो कटिबद्धता 'तुलसीदास' के अंत में लक्षित होती है, वह 'सरोज-स्मृति', 'राम की शक्ति-पूजा' तथा 'वन-वेला' आदि रचनाओं में अनेक उतार-चढ़ाव से गुजरती है।

एक तेवर 'तुलसीदास' में हैं, जहाँ कवि परिवेश की जड़ व ह्रासोन्मुखी आसुरी व्यवस्था से टक्कर लेने के लिए उद्धत है और अंत्तोगत्वा रत्नावली की प्रेरणा से उसका यह प्रबोध नवीन संकल्प-शक्ति में परिणत होता है और उसे भविष्य में अपनी विजय का निश्चय हो जाता है। स्वयं कवि को भी अनेक विरोधों के बावजूद अपने कवि-कर्म की सार्थकता सिद्ध करने की दिशा में संघर्ष के लिए नवीन ऊर्जा प्राप्त होती है। निराला ने रचनाधर्मिता सम्बन्धी अपने दायित्व-बोध को अपनी कविता 'तुलसीदास' में तुलसीदास और उनके युग की ऐतिहासिक पृष्ठभूमि के माध्यम से व्यक्त किया है :

करना होगा यह तिमिर पार—
देखना सत्य का मिहिर-द्वार

बहना जीवन के प्रखर ज्वार में निश्चय–
लड़ना विरोध से द्वन्द्व-समर,
रह सत्य मार्ग पर स्थिर निर्भर–
जाना, भिन्न भी देह, निज घर निःसंशय।

× × ×

देश काल के शर से बिंधकर
यह जागा कवि अशेष छविधर
इनका स्वर भर भारती मुखर होयेंगी।

–निराला रचनावली, भाग-1, पृ. 289 व 306

अपनी प्रिय पुत्री सरोज की मृत्यु (1935) पर उन्होंने परिवेश के साथ होनेवाले द्वन्द्व-समर को बिना किसी लाग-लपेट के समस्त कटुता के साथ उभारा है। यह समर उस सामाजिक रूढ़िवाद से है, जिसके मूल में पनपती आर्थिक विपन्नता, निराला को साहित्य रचना के नाम पर हिन्दी-सेवा के स्नेहोपहार के रूप में प्राप्त हुई। सरोज-स्मृति में उन्होंने उन सभी गुटबंदियों व षड्यंत्रपूर्ण प्रयासों का संकेत किया है जो साहित्यिक क्षेत्र से उन्हें अपदस्थ करने हेतु सम्मिलित रूप से किए गए थे। एक ओर रीतिवादियों का दल था, पूँजीवादी विचारधारा से प्रेरित उदारपंथी अतिशय नैतिकतावादियों का खेमा था तो दूसरी ओर निराला का आर्थिक शोषण करने वाले प्रकाशक थे किंतु इस कविता में अनेक ऐसे स्थल हैं, जहाँ निराला इनके सम्मिलित प्रहारों के बावजूद इनके विरुद्ध संघर्ष में स्वयं को दृढ़ बनाए रखते हुए अपने आत्मविश्वास को सँजोए रखने की दिशा में प्रयत्नशील प्रतीत होते हैं :

मैं कवि हूँ, पाया है प्रकाश
मैंने कुछ अहरह रह निर्भर
ज्योतिस्तरणा के चरणों पर।

× × ×

और भी फलित होगी वह छवि
जागे जीवन, जीवन का रवि।

–निराला रचनावली, भाग–एक, पृ. 315 व 316

निराला को अनुभव हो रहा था कि अपने जीवन के बहुमूल्य वर्ष हिन्दी की सेवा में लगा देने के बाद मिला क्या? निरंतर विरोध? लांछन? और अपमान? अपनी पुत्री के प्रति पितृधर्म का समुचित निर्वाह भी न कर सका। सुख सुविधाओं भरा जीवन देने की बात तो दूर, उसकी बीमारी के पर्याप्त इलाज का प्रबंध व देखभाल भी न कर सका। हिन्दी की सेवा और उसके उन्नयन का प्रयास करते-करते, सरोज, जो उनकी जीवित कविता थी, इस संसार से विदा हो गई :

धन्ये, मैं पिता निरर्थक था
कुछ भी तेरे हित कर न सका
× × ×
सोचा है नत हो बार-बार
यह हिन्दी का स्नेहोपहार
यह नहीं हार मेरी, भास्वर।

—वही, पृ. 315 व 317

ऐसे में जीवन की निरर्थकता और कवि-कर्म की सार्थकता के बीच टकराव स्वाभाविक ही है, पर यहाँ भी उनकी आत्मिक ऊर्जा उनके गहन आत्म-विश्वास की झलक देती है।

पुत्री की मृत्यु के बाद जब निराला को व्यर्थता-बोध घेर लेता है तो उन्हें पिता के रूप में तो अपनी पराजय समझ में आती है, परंतु उसके कारणों की छान-बीन करते हुए जब वे गहन आत्म-मंथन में डूब जाते हैं तो उन्हें पाशविक व्यवस्था के विरुद्ध संघर्ष में अपनी पराजय विजय के रूप में दिखाई पड़ती है। उन्हें लगता है—उनकी यह पराजय, पराजय न होकर "हिन्दी का स्नेहोपहार", "रत्नहार", "लोकोत्तर वर" है।

यहाँ भी वे अपनी सृजन-शक्ति उसकी दिशा, रचना-सामर्थ्य और उसके भविष्य के प्रति आश्वस्त हैं। आत्म-विश्लेषण के क्षणों में अपनी जय और पराजय के बीच उन्हें मानवीय और अमानवीय जीवन-मूल्यों की टकराहट के सूत्र प्राप्त होते हैं। वे अमानवीय व्यवस्था का अंग होकर नहीं जी सकते। इसी कारण जीवन और साहित्य दोनों ही क्षेत्रों में संघर्ष करना उनकी नियति है :

लखकर अनर्थ आर्थिक पथ पर
हारता रहा मैं स्वार्थ-समर।

—निराला रचनावली, भाग-1, पृ. 315-316

निराला को एक फाँस सदैव बेचैन किए रहती है। यह जानते हुए भी कि उनकी पराजय, उनकी अक्षमता के कारण नहीं वरन् स्वार्थ-केंद्रित जीवन-व्यवस्था को अस्वीकार कर देने के कारण है। वे पिता के रूप में अपने को तिरस्कृत किए बिना नहीं रह पाते। तमाम दृढ़ता के बावजूद यह अपराध-बोध कृति के अंत तक तथा अन्य परवर्ती रचनाओं में उनकी जीवन-आस्था को तोड़कर बार-बार उभरता है। वे नैतिक दृढ़ता के बावजूद अपने कवि-कर्म को धिक्कारते हैं और जय-पराजय तथा आस्था-अनास्था के तीखे द्वन्द्व से गुजरते हैं। इस कृति का महत्व इसलिए भी अधिक है कि परिवेश के साथ अपने द्वन्द्व को सार्थक मानते हुए भी निराला किसी चमत्कारी समाधान की ओर नहीं बढ़ते।

कोई अतिमानवीय शक्ति निराला के दुःख-भार को नहीं हरती। उनका अवसाद आह्लाद में तथा अंधकार प्रकाश में नहीं बदलता। सरोज की मृत्यु से उपजा गहरा शोक और उसकी पृष्ठभूमि-स्वरूप अमानवीय व्यवस्था और जीवन-स्थितियों को निराला एकबारगी नियति के रूप में स्वीकार कर लेते हैं :

दुःख ही जीवन की कथा रही,
क्या कहूँ आज, जो नहीं कही!
हो इसी कर्म पर वज्रपात
यदि धर्म, रहे नत सदा माथ
इस पथ पर, मेरे कार्य सकल
हों भ्रष्ट शीत के-से शतदल!
कन्ये, गत कर्मों का अर्पण
कर, करता मैं तेरा तर्पण।

—निराला रचनावली-1, पृ. 323, 324

उनकी यह आत्म-स्वीकृति किसी निठल्ले व अकर्मण्य व्यक्ति का अवसादयुक्त उद्‌गार नहीं, वरन् एक ऐसे योद्धा की पीड़ायुक्त कराह हैजो अपनी तमाम निष्ठा के बावजूद विरोधियों द्वारा छलपूर्वक पराजित किया गया और संकट की ऐसी घड़ी में भी संघर्ष की अनैतिक पद्धतियों को अपनाने के लिए तैयार नहीं हुआ।

निराला ने प्रत्येक आघात से एक नए जीवन-सत्य का साक्षात्कार किया। आघात के दंश से अपने आपको जड़ नहीं बनाया वरन् जीवन की गति को एक नया मोड़ दिया। उनकी चेतना के जिन तारों को सरोज की मृत्यु ने झंकृत किया था, प्रेमचंद की महाव्याधि और तदुपरांत मृत्यु ने उन्हें लगभग तोड़ ही दिया। प्रेमचंद जैसा जातीय-जीवन और साहित्य के प्रति समर्पित व्यक्तित्व भी घोर अभावों व प्रतिरोधों से महाव्याधि में भी निरंतर संघर्ष करता हुआ मृत्यु को प्राप्त हो रहा था :

> "वहाँ प्रेमचंद जी, दरिद्र प्रेमचंद जी, अपने अध्यवसाय से शिक्षा प्राप्त करनेवाले प्रेमचंद जी, साहित्य की साधना में यहाँ-वहाँ भटकते फिरनेवाले प्रेमचंद जी, फिर भी एकनिष्ठ होकर दिन-पर-दिन, महीने-पर-महीने वर्ष-पर-वर्ष साधना करते रहनेवाले प्रेमचंद जी, बड़े—बड़े, बहुत बड़े हैं। इतना बड़ा कोई नेता भी इस तरह संकट में पड़ा, जिसके नाबालिग बच्चे उड़ी निगाह से पिता के पास बैठे हुए शून्य में सोचते रहें और महाव्याधि में भी पिता को विश्राम न मिला—उनके अन्न की चिंता रही? इतने बड़े पिता को अन्न की चिंता—धन्य रे देश!"

—निराला रचनावली, भाग-6, पृ. 201

प्रेमचंद के ऐसे कारुणिक व उपेक्षित अंत में निराला को अपनी नियति का

साम्य नज़र आया। उन्हें लगा कि उनका भविष्य भी प्रेमचंद के समान ही अनिश्चित है। उनके मन में घोर ग्लानि, घृणा, क्रोध और विक्षोभ के भाव प्रबल हो उठे। परंतु उनका दूसरा अपराजित मन कवि-कर्म की सार्थकता को पुनः प्रमाणित करने हेतु कटिबद्ध हुआ :

> ''मन ने कहा—तुम्हारे लिए भी यही फैसला है, जिसने जैसा दिया वैसा पाया। मैंने कहा—मैं इसी तरह गुजरूँगा। अगर कुछ काम कर सका तो नाम—यश मुझे नहीं चाहिए।''

—वही, पृ.204

इस निराश मनःस्थिति में उन्हें राम-रावण के द्वन्द्व-समर का स्मरण हो आया। क्या रावण जैसी महाशक्ति से टकराते हुए राम के मन में अपनी पराजय का भय नहीं व्याप्त हुआ होगा? क्या अपने प्रति हुए अन्याय को देखकर उनकी आस्था में दरारें नहीं पड़ी होंगी? पर वे तो सर्वशक्तिमान ईश्वर थे। उनके लिए यह सब लीला-मात्र था। परंतु निराला मानव हैं। इसलिए नैराश्य की इस स्थिति में भी निराला की खण्डित आस्था ने राम के पौराणिक, अतिमानवीय, सर्वशक्तिमान ईश्वरीय रूप को न स्वीकार कर एक मानव के रूप में स्वीकार किया और अपना संशय, पराजय-बोध, ग्लानि, अवसाद, वेदना, नैराश्य और अनास्था उनके चरित्र में प्रक्षेपित कर उन्हें (राम को) एक नया मानवीय संदर्भ प्रदान किया।

'राम की शक्ति-पूजा' का आधार राम-रावण युद्ध की कथा का एक ऐसा बिंदु है, जहाँ पहुँचकर राम को अपनी विजय पर आशंका होने लगती है। आज जो भयंकर युद्ध हुआ, उसमें रावण की सेना के तीक्ष्ण प्रहारों के समक्ष राम की सेना का पराक्रम क्षीण सिद्ध हुआ। राम अपनी सेना के साथ अत्यंत हताश व अवसादपूर्ण मनःस्थिति में अपने शिविर को लौटे। उनका मन आशंका से भरा हुआ है और उन्हें जानकी की प्राप्ति में संदेह हो रहा है :

> स्थिर राघवेन्द्र को हिला रहा फिर-फिर संशय
> रह-रह उठता जग जीवन में रावण जय-भय

—निराला रचनावली, भाग-1, पृ. 329-330

अमावस्या की रात्रि व वातावरण की भयावहता के चित्रण में निराला एक ऐसे संश्लिष्ट बोध को उभारते हैं कि उनकी अपनी मनःस्थिति और बाह्य परिवेश तथा राम की मनःस्थिति और उनका बाह्य परिवेश एक साथ अनेक अर्थ-ध्वनियों को समेटे हुए उजागर हो उठता है। एक अंधकार बाहर है, दूसरा भीतर, एक समुद्र बाहर गरज रहा है, दूसरा मन में, एक मन युद्धोद्धत है, तो दूसरा आज की घटना से खिन्न व "रावण-जय-भय विचलित" पराजय का अनुभव करता है :

> है अमानिशा, उगलता गगन घन अंधकार

खो रहा दिशा का ज्ञान, स्तब्ध है पवन-चार
अप्रतिहत गरज रहा पीछे अम्बुधि विशाल।
× × ×
जो नहीं हुआ आज तक हृदय-रिपु-दम्य-श्रान्त
एक भी, अयुत-लक्ष में रहा जो दुराक्रांत,
कल लड़ने को हो रहा विकल वह बार-बार
असमर्थ मानता मन उद्यत हो हार-हार।

—निराला रचनावली, भाग-1, पृ. 330

राम के मन में संशय की यह कल्पना कविता में गहरा तनाव पैदा करती है। शक्ति की देवी दुर्गा भी राम के साथ न होकर रावण के साथ हैं। युद्ध के समय वे रावण को अपने अंक में लेकर राम के सारे प्रहारों को विफल कर देती हैं। महाशक्ति के इस पक्षपात की सार्थकता राम की समझ में नहीं आती और वे अपनी विजय के प्रति शंकित हो उठते हैं। अंधकारपूर्ण नैराश्य की इस स्थिति में सीता की छवि व स्नेह के प्रथम मिलन का स्मरण जैसे विद्युत का काम करता है और उनके मन में विश्व-विजय की भावना भर आती है। किंतु दूसरे ही क्षण उन्हें लगता है कि उनके सभी ज्योतिर्मय अस्त्र उसी महाशक्ति में लीन हो जाते हैं। राम एक बार फिर नैराश्य में डूब जाते हैं और उनकी आँखों से दो आँसू ढुलक पड़ते हैं। यथार्थ की यह भीषणता उन्हें निरंतर हतोत्साहित करती रहती है। राम सद्चरित्र हैं, सत्यनिष्ठ हैं और न्यायप्रिय हैं, परंतु महाशक्ति फिर भी दुश्चरित्र और अन्यायी रावण के साथ हैं।

निराला अपने युग की बदलती हुई परिस्थितियों एवं जीवन-मूल्यों तथा बदलते संदर्भों और तेवरों को भली-भाँति भाँप रहे थे। उन्हें यह भान हो गया था कि अब शक्ति प्राप्त करने के लिए आदर्श व्यक्तित्व और उच्चतर जीवन-मूल्य अपेक्षित नहीं हैं। इस विकृत अमानवीय व्यवस्था में तो शक्ति वहीं है, जहाँ अन्याय है। लखनऊ के हीवेट रोड पर परिस्थितियों के थपेड़े सहती, गूँगी व पगली भिखारिन मर गई, परंतु उसके साथ अत्याचार करनेवालों का कुछ न बिगड़ा। सरोज की असामयिक मृत्यु को निराला मूक दर्शक की भाँति देखने को विवश हुए, परंतु उनके साथ अन्याय करनेवालों पर आँच तक नहीं आई। वे और अधिक फूले-फले। मुंशी प्रेमचंद भी अभावों से लगातार जूझते हुए साहित्य-सेवा की बलिवेदी पर चढ़ गए, परंतु संसार की व्यवस्था ज्यों की त्यों चलती रही।

इन सभी अनुभवों को समेटे निराला 'राम की शक्ति-पूजा' में अपनी जीवन-आस्था से बार-बार टकराते हैं। राम के संशय और द्वन्द्व में उन्होंने स्वयं अपनी मनःस्थिति को प्रक्षेपित किया है। राम हताश हो जाते हैं। उन्हें लगता है कि उन्हें इस युद्ध में विजय नहीं प्राप्त होगी, क्योंकि यह युद्ध नर-वानर तथा राक्षसों के बीच नहीं वरन् नर-वानर और महाशक्ति के बीच है।

अन्याय और अधर्म के पक्ष में महाशक्ति की पक्षधरता राम को असमंजस में डाल देती है। अत्यंत दुख और क्षोभ से भरे राम के नेत्र अश्रुओं से छलछला उठते हैं :

बोले रघुमणि—"मित्रवर, विजय होगी न समर;
यह नहीं रहा नर-वानर का राक्षस से रण,
उतरी पा महाशक्ति रावण से आमंत्रण
अन्याय जिधर है, उधर शक्ति!" कहते छल-छल
हो गए नयन, कुछ बूँद पुनः ढलके दृगजल।

—निराला रचनावली भाग-1, पृष्ठ-334

जाम्बवान के सुझाव पर आत्मविश्वास से भरे राम जब शक्ति-साधना के अंतिम सोपान तक पहुँचते हैं, देवी दुर्गा अंतिम कमल उठा ले जाती हैं। राम क्षोभ और ग्लानि से भरे हुए अपने जीवन को धिक्कारने लगते हैं :

धिक् जीवन को जो पाता ही आया विरोध,
धिक् साधन, जिसके लिए सदा ही किया शोध।

—निराला रचनावली, भाग-1, पृ. 337

घोर निराशा के इन क्षणों में राम के मन का दूसरा स्तर, जो न तो संघर्ष से थका है और न ही जिसमें दैन्य और अनुनय-विनय के लिए स्थान है, सक्रिय हो उठता है :

वह एक और मन रहा राम का जो न थका,
जो नहीं जानता दैन्य, नहीं जानता विनय।

—निराला रचनावली, भाग-1, पृ. 337

इस आत्मविश्वास से राम की बौद्धिक चेतना सजग हो उठती है। उन्हें सहसा याद आता है कि माँ उन्हें बचपन में राजीव-नयन कहा करती थीं। उन्होंने निश्चय किया कि दोनों नीलकमलों में से एक माता के चरणों में अर्पित कर उनकी आराधना पूर्ण करता हूँ।

जैसे ही वे अपना दायाँ नेत्र निकालने को उद्धत होते हैं, देवी दुर्गा प्रसन्न होकर उनका हाथ थाम लेती हैं और विजय का आशीर्वाद देती हुई उनके वदन में लीन हो जाती हैं :

"होगी जय होगी जय, हे पुरुषोत्तम नवीन!"
कह महाशक्ति राम के वदन में हुई लीन!!

—निराला रचनावली, भाग-1, पृ. 338

इस कविता का अंत निराला ने दुर्गा द्वारा राम को भावी विजय के आश्वासन के साथ किया है। व्यवस्था की अमानवीयता, मूल्य-विघटन तथा यथार्थगत विसंगतियों के रहते अनेक विद्वानों को निराला की जीवन-आस्था का यह स्तर अयथार्थ, काल्पनिक और अविश्वसनीय प्रतीत होता है।

डॉ. रामविलास शर्मा के विचार में अंतर्द्वंद्व, तनाव और नाटकीय प्रभाव की दृष्टि से कविता का अंतिम अंश पूर्वार्द्ध की तुलना में काफी कमजोर है। उनकी दृष्टि में निराला चमत्कारवादी कल्पना का सहारा लेकर कविता के अंत में महाशक्ति द्वारा राम को विजय के वरदान की घोषणा करवाते हैं। यह समस्या का काल्पनिक समाधान है। वास्तविक जीवन की विषम स्थितियों में इस प्रकार का दैवी चमत्कार संभव नहीं होता। वस्तुतः यह निराला की उस विजय-आकांक्षा का प्रतीक है, जो उनके जीते जी अधूरी रही। यह प्रसंग कविता के गहन प्रवाह व प्रभाव को मंद करता है :

> ''कविता के आरंभ में पराजय का दुःस्वप्न है, कविता के अंत में वर-प्राप्ति का सुख-स्वप्न। इन दो स्वप्नों में वैषम्य है किंतु संतुलन नहीं। पहला स्वप्न प्रबल रूप से उद्वेगपूर्ण है, यथार्थ को समर्थ रूप से अभिव्यक्त करता है, दूसरा स्पप्न यथार्थ से विमुख सुखद कल्पना है, जिसमें अंतर्निहित भावशक्ति क्षीण है। यह सुख-स्वप्न चाहे राम ने रात्रि में देखा हो चाहे प्रातः काल, है वह कमजोर। 'राम की शक्ति-पूजा' के तर्कसंगत गठन में यह कमजोरी है।''
>
> *—रामविलास शर्मा, निराला की सा. सा. भाग-2, पृ. 293*

मेरी दृष्टि में डॉ. शर्मा का मत मूल्यवान और विचारणीय है, किंतु इस संदर्भ में एक अन्य तथ्य पर भी ध्यान देना आवश्यक है। निराला राम द्वारा पौराणिक रूप में देवी दुर्गा की उपासना नहीं करवा रहे, वे शक्ति की मौलिक कल्पना की ओर राम को प्रवृत्त कर रहे हैं। दुर्गा इसी मौलिक शक्ति का प्रतीक बनकर आती हैं। यह शक्ति कोई दैवी शक्ति नहीं वरन् आधुनिक मानव की वह आत्मिक ऊर्जा है, जो उसे अपनी सामर्थ्य का सजग बोध और विश्वास प्रदान करती है, उसके संकल्पों को दृढ़ आधार देती है। यही कारण है कि कठिन साधना के पश्चात् जब राम उसे अर्जित करते हैं, वह विजय का वरदान देकर शून्य में अंतर्ध्यान नहीं होती, राम के मुख में लीन हो जाती है। यहाँ शक्ति की परिकल्पना दैवी शक्ति के रूप में नहीं, वरन् संघर्ष के लिए तत्पर मनुष्य की अजेय संकल्प-शक्ति के रूप में हुई है :

> ''कविता के रूप में 'शक्ति पूजा' तो बाद में आई, यों शक्ति की साधना निराला ने जीवन-पर्यन्त की है। कुछ रचनाएँ ऐसी होती हैं जो पूरे जीवन लिखी जाती हैं।''
>
> × × ×
>
> ''तुम कुछ हो। तुम क्या नहीं कर सकते? तुम उठो, ये विचार छायावादी कविताओं में भरे पड़े हैं। यदि उसकी कलाबाजी को थोड़ा परे रखकर उसके समाजिक संदर्भों के नए नजरिए से देखा जाए तो स्पष्ट हो जाएगा कि नवजागरण में छायावाद का बहुत सहयोग रहा है।''
>
> *—सं. डॉ. दीक्षित सूर्यप्रसाद, 'राम की शक्ति-पूजा' की व्यावहारिक समीक्षा, पृ. 96-97*

'राम की शक्ति-पूजा' में निहित अंतर्द्वंद्व और तनाव तथा कवि द्वारा प्रस्तुत किए गए समाधान के सम्बन्ध में डॉ. नामवर सिंह द्वारा प्रस्तुत मत पर भी विचार करना अप्रासंगिक न होगा। उनके विचार में आस्थामूलक समाधान के कारण इस कविता का द्वन्द्व भी अन्य छायावादी कृतियों के समान ही यथार्थगत विषमता के उस चरम बिंदु तक नहीं पहुँच पाता, जहाँ तक नई कविता में अपनी इस धारणा की पुष्टि के लिए वे 'विजय देव नारायण साही' का एक कथन उद्धृत करते हैं :

> ''उस युग भूमि को संघर्ष या द्वन्द्व न कहकर संतुलन का नाटक कहना अधिक उपयुक्त है क्योंकि वस्तुतः वह चरम द्वन्द्व था भी नहीं। वह द्वन्द्व भीतरी हो या बाहरी—एक सीमा तक उसका सामना करने के बाद छायावादी कवि संतुलन अथवा सामंजस्य के लिए चिंतित हो उठते थे। सामंजस्य की यह अधैर्यता इतनी प्रबल थी कि अदबदाकर हर कविता के अंत में जाते-जाते वह संतुलन किसी न किसी तरह प्राप्त कर लिया जाता है। छायावादी कवियों में द्वन्द्व को सबसे अधिक दूर तक ले जानेवाले निराला भी इस आकांक्षा से न बच सके। 'राम की शक्ति-पूजा' का अंत प्रमाण है।''
>
> *—डॉ. नामवर सिंह, कविता के नए प्रतिमान, पृ.-167*

इनकी दृष्टि में स्वाधीनता आंदोलन के प्रभाव के कारण द्वन्द्व अपनी परिपक्व अवस्था को नहीं प्राप्त कर पाया। उसमें विद्यमान आस्था के तत्वों के कारण समस्या के आदर्शवादी समाधान की प्रवृत्ति शेष है। डॉ. नामवर सिंह का मत मान लेने पर तनाव और अन्तर्द्वंद्व के नियतिवादी स्वरूप को स्वीकार कर लेना पड़ेगा। यह स्थिति यथार्थगत विषमताओं के प्रति एक अन्य प्रकार की पलायन-वृत्ति की प्रेरक होगी। जबकि द्वन्द्व का मूल्य इस बात में है कि वह हमें यथार्थगत विषमताओं और अंतर्विरोधों की सजग और सघन पहचान कराते हुए परिवर्तन की सार्थक दिशाओं की खोज की सामर्थ्य भी प्रदान करे। इस दृष्टि से 'राम की शक्ति-पूजा' में चित्रित अंतर्द्वंद्व यथार्थगत विषमताओं के सघन बोध के साथ-साथ परिवर्तन की नवीन दिशाओं और संभावनाओं की ओर भी संकेत करता है। यह द्वन्द्व का सकारात्मक स्वरूप है, जो परिवेशगत जड़ता से संघर्ष के लिए बहुत मूल्यवान है।

निराला के भीतर चलने वाला आस्था-अनास्था का द्वन्द्व उन्हें जिस सचेत मूल्यान्वेषण की दिशा में अग्रसर करता है, वह उनके आंतरिक और बाह्य संघर्ष की सतत्-सम्पृक्ति के अनुभव का प्रतिफलन है, इसीलिए अपने आप में सार्थक है। निराला की अनास्था उन्हें पलायन की ओर न धकेलकर नए संघर्ष के लिए प्रेरित करती है और आस्था उन्हें कल्पनाजन्य आशावाद में न रमाकर आत्म परिष्कार व सामाजिक परिवर्तन दोनों स्तरों पर नवीन संभावनाओं की खोज के लिए उद्धत करती है।

'राम की शक्ति-पूजा' के पश्चात् 'हिन्दी के सुमनों के प्रति', 'ठूँठ', 'वनबेला',

'उक्ति', 'स्नेह निर्झर बह गया है', 'मैं अकेला', 'बाहर मैं कर दिया गया हूँ' 'दुखता रहता है अब जीवन', 'पत्रोत्कंठित जीवन का विष बुझा हुआ है' जैसी अनेक कविताओं में अभिव्यक्त एकाकीपन पराजय-बोध, निराशा, ग्लानि, अवसाद, व्यर्थता-बोध जैसी घनीभूत विषादयुक्त अनुभूतियाँ मन में टीस और कचोट भर हमें ऐसे जाने-बूझे अकेलेपन का अहसास कराती है जो उस प्रत्येक व्यक्ति के अनुभवों का हिस्सा है जो समाज व्यवस्था में मानवीय मूल्यों की प्रतिष्ठा के प्रति जागरूक तो है, परंतु विरोधी शक्तियों के दबाव और उनके निरंतर व्याघातों के कारण स्वयं को वांछित लक्ष्य की प्राप्ति में असमर्थ पाता है।

इन कविताओं में कहीं जीवन-रण में हार जाने की हताशा है (वनबेला) तो कहीं व्यर्थताबोध, जो उन्हें स्वयं को अर्थहीन पंक्ति के रूप में देखने को विवश करता है (स्नेह निर्झर बह गया है), तो कहीं अजनबीपन का गहराता अनुभव है जो उन्हें साहित्य-जगत के ब्राह्मण समाज में अछूत कहलाने (हिन्दी के सुमनों के प्रति) और बाहर कर दिए जाने की अनुभूति से (बाहर मैं कर दिया गया हूँ) 'मैं अकेला' की स्थिति तक पहुँचा देता है। निराला केवल अपने अकेले रह जाने से व्यथित नहीं होते, वरन् वे उस स्वार्थ केंद्रित मूल्यांध समाज-व्यवस्था में पनपनेवाले अजनबीपन से आहत होते हैं, जो आपसी प्रेम और भाईचारे के सम्बन्धों में धीरे-धीरे विष घोल रहा है। 'उक्ति', 'गहन है यह अंधकारा', 'गीत गाने दो मुझे' व 'बाहर मैं कर दिया गया हूँ' जैसी कविताओं में अकेलेपन और अजनबीपन के इन संवेदनों की गूँज सुनी जा सकती है।

निराला बढ़ती उम्र के साथ अपनी रोगग्रस्त, क्षीण और जर्जर होती देह तथा निकट आती मृत्यु को देख रहे थे। अन्य विषाक्त अनुभवों के साथ ढलती उम्र की इस विवशता का अनुभव भी जुड़ गया। पकते हुए बालों, निष्प्रभ हुए गालों तथा समीप आती मृत्यु के साथ आग के फूँकने, रागिनी के रुकने और ढाल की तरह तनी हुई खाल के झूलने का अहसास निराला की 'ठूँठ', 'मैं, अकेला', 'स्नेह निर्झर बह गया है', 'दुखता रहता है अब जीवन', 'भग्न तन रुग्न मन' 'जय तुम्हारी देख भी ली' व 'पत्रोत्कंठित जीवन का विष बुझा हुआ है' आदि कई कविताओं में अभिव्यक्त हुआ है। इस विषादग्रस्त मनःस्थिति के विपरीत कई अन्य कविताओं में निराला के अंतर्मन में सतत् प्रवहमान रचनात्मक ऊर्जा स्रोत, गहन आत्मविश्वास, संघर्ष चेतना, अनथक जिजीविषा व सार्थक जीवन जीने की कटिबद्धता को भी लक्षित किया जा सकता है।

'हिन्दी के सुमनों के प्रति' कविता में जहाँ ब्राह्मण समाज में अछूत समझे जाने की पीड़ा है तो बसंत का अग्रदूत होने का आत्मविश्वास भी। 'स्नेह निर्झर बह गया है' में अर्थहीन पंक्ति के रूप में व्यक्त हुआ व्यर्थताबोध है तो जगत को अपनी प्रतिभा का श्रेष्ठतम अवदान देकर अभिभूत करने के सार्थक क्षणों का उल्लसित अनुभव भी। 'मैं अकेला' कविता में जहाँ चाल के मंद होते जाने और मेले के हटने का दर्द है, वहीं जीवन के नदी-झरनों को पार कर चुकने का आत्मतोष भी। 'जय

तुम्हारी देख भी ली' तथा 'धीरे-धीरे हँसकर आई' जैसी कविताओं में जहाँ मृत्यु की नीली रेखा का निकटतम निर्मम अनुभव है, वहीं 'मरण को जिसने वरा है' कविता में मरण को वरकर जीवन भरने का संकल्प भी। जहाँ जीवन में बीसों विष व्याप्त होने की विषाक्त वेदना है, वहीं दग्ध करनेवाले विष को शिव के समान पानकर जीने का हौसला भी :

दुख के सुख जियो, पियो ज्वाला,
शंकर की स्मर-शर की हाला।
× × ×
भर दो जीकर छाला-छाला।

—निराला रचनावली, भाग-2, पृ. 411

अपनी अंतिम कविता 'पत्रोत्कंठित जीवन का विष बुझा हुआ है' में निराला जैसे मृत्यु की प्रतीक्षा में शर-शैया पर शांत लेटे भीष्म की मनःस्थिति में ध्यानस्थ अपने समस्त रचनात्मक जीवन का तटस्थ मूल्यांकन करते दिखाई देते हैं। जीवन लीला के संवरण-समय में जिस प्रकार फूल के फल बनने अथवा उसके 'अफल' ही झड़ जाने की वैकल्पिक स्थितियों से उसकी परिणति का बोध होता है, उसी प्रकार मनुष्य अपना जीवन सिद्ध योगी अथवा सामान्य मानव के समान जीकर मृत्यु को सार्थक अथवा निरर्थक सिद्ध कर सकता है। निराला अपने समस्त जीवन को कसौटी पर कसते हैं। अपनी प्रतिभा और सृजन-कर्म के विकास तथा समय-समय पर आनेवाले उतार-चढ़ावों को प्रकृति की विभिन्न ऋतुओं—ग्रीष्म, वर्षा, शरद, शिशिर, हेमंत, बसंत के रूपक में बाँधकर समग्र जीवन बोध उत्पन्न करनेवाला बिंब प्रस्तुत करते हैं। इस जीवनबोध में जीवन-मृत्यु, उल्लास-अवसाद, आशा-निराशा व आस्था-अनास्था से युक्त जीवन के द्वन्द्वात्मक स्वरूप की अकुण्ठ स्वीकृति तो है ही, साथ ही मृत्युपरांत एक नया जीवन नई चुनौतियों के साथ फिर से जीने का संकल्प भी है। इस प्रकार जीवन के व्यापक स्तरों और संदर्भों से संपृक्त होने के कारण उनकी कविताओं में आस्था और अनास्था दोनों की सार्थक अभिव्यक्ति संभव हुई है :

लीला का सम्वरण-समय फूलों का जैसे
फलों फले या झरे अफल, पातों के ऊपर
सिद्ध योगियों जैसे या साधारण मानव
ताक रहा है भीष्म शरों की कठिन सेज पर।
× × ×
मारें मूर्च्छित हुईं। निशाने चूक गए हैं।
झूल चुकी है खाल ढाल की तरह तनी थी
पुनः सबेरा एक और फेरा हो जी का।

—निराला रचनावली, भाग-2, पृ. 493-494

संदर्भ :

1. कविता की रचना कवि द्वारा की जाती है। जो अंतर्विरोध इसको जन्म देता है, वह एक विशेष प्रकार का अंतर्विरोध है, जो समाज को परिचालित करता है। यह है मनुष्य की लालसा और प्रकृति की अनिवार्यता के बीच का अंतर्विरोध। कविता का उद्भव कवि की सहज वृत्ति और अनुभव के बीच के अंतर्विरोध से होता है।

   —*क्रिस्टोफर काडवेल, विभ्रम और यथार्थ, पृ.160*
2. डॉ. शर्मा रामविलास, निराला की साहित्य-साधना, भाग-1, पृ.33
3. निराला रचनावली, भाग-4, पृष्ठ-365-368
4. डॉ. शर्मा रामविलास, निराला की साहित्य साधना, भाग-1, पृ.97

पंचम अध्याय

द्वन्द्वमूलक सौंदर्यबोध और संवेदना की व्यापकता

सौंदर्य के स्वरूप के सम्बन्ध में आत्मनिष्ठ व वस्तुनिष्ठ, आनंदवादी व उपयोगितावादी, स्वायत्त व सापेक्ष अनेक प्रकार की अतिवादी एवं विरोधी धारणाएँ प्रचलित रही हैं। वस्तुतः मूल स्रोत, सत्ता और व्याप्ति की दृष्टि से यदि सौंदर्य को उपरोक्त धारणाओं में से किसी एक तक सीमित मान लिया जाए तो यह स्थिति सौंदर्य के समग्र बोध के लिए घातक सिद्ध होगी। उपरोक्त परस्पर विरोधी धारणाओं के मूल में दो भिन्न प्रकार की जीवन-दृष्टियाँ सक्रिय हैं। आत्मनिष्ठ, आनंदवादी और स्वायत्त को यदि एक साथ रखकर देखा जाए तो ज्ञात होता है कि सौंदर्य के इस रूप को मान्यता देनेवाली जीवन-दृष्टि के पीछे पलायन, निष्क्रियता और भोगवादिता की मनोवृत्ति है। दूसरी ओर सौंदर्य को केवल वस्तुनिष्ठ, उपयोगमूलक और सापेक्ष माननेवाली दृष्टि सक्रियता की प्रेरक होते हुए भी सौंदर्य को जड़ अनुशासन द्वारा यांत्रिक बना डालती है। मात्र पहली दृष्टि को आधार मान लेने से सौंदर्य अपनी प्राणवत्ता खोकर मृत प्राय हो जाता है, जबकि दूसरी दृष्टि की अतिशयता से उसकी अर्थवत्ता ही ख़तरे में पड़ जाती है।[1]

इस प्रकार एकांगी दृष्टिकोण को अपनाने से सौंदर्य के अस्तित्व में निहित जीवंतता व ऊर्जा के उन तत्वों की भी अवहेलना होगी, जिनके कारण सौंदर्य मानव की चेतना और उसके कर्मक्षेत्र दोनों के सम्मिलित अन्वेषण की श्रेष्ठतम उपलब्धि सिद्ध होता रहा है।[2] इस विकसित सौंदर्यबोध के कारण ही मनुष्य निरंतर चेतना के उन्मेष और बाह्य जगत के विकास दोनों को गति देता हुआ सभ्यता की इस ऊँचाई पर पहुँच चुका है, जहाँ से अन्य सभी प्राणियों की तुलना में वह श्रेष्ठ कहलाने का अधिकारी है। वस्तुतः सौंदर्य के वास्तविक और समग्र स्वरूप को समझने के लिए हमें उसके द्वन्द्वात्मक आधार को समझना होगा, तभी हम उसकी जीवनधर्मी अवधारणा तक पहुँच सकेंगे। जीवन को केंद्र में रखकर यदि सौंदर्य पर विचार किया जाएं तो सुख और आनंद की व्यक्तिगत आकांक्षा और सामाजिक विधि-निषेध व मर्यादा तथा व्यक्तिगत स्तर पर जीवन के भोग की लालसा और सामाजिक उपयोगिता के परस्पर द्वन्द्वात्मक सम्बन्ध को समझना होगा, क्योंकि कल्पनाश्रित होते हुए भी सौंदर्य की सृष्टि का आधार यथार्थ, जीवन और जगत ही होते हैं।

द्वन्द्वमूलक-यथार्थ परक-समग्र जीवन-दृष्टि को आत्मसात् कर लेने के कारण ही निराला के काव्य में सौंदर्यबोध का द्वन्द्वात्मक स्वरूप विकसित हुआ।

जीवन यथार्थ के विविध रूपी द्वन्द्वात्मक स्वरूप का बोध और उसी के अनुरूप भावबोध के स्तर पर विरोधी संवेदनों और भावों का संघर्ष व संतुलनमूलक सह-अस्तित्व निराला की एक ऐसी विशेषता है जो उन्हें छायावादोत्तर काल में भी प्रासंगिक बनाए रखती है। काव्य के मूल्यांकन हेतु इस काल में रस के आनंदवादी स्वरूप का जो प्रबल विरोध किया गया, कविता को जीवन यथार्थ के अधिकाधिक निकट लाने के लिए उसमें अनुभूति की जटिलता को तनावपूर्ण ढंग से व्यक्त करने की जिस पद्धति का समर्थन किया गया तथा भावों के शमन और सामंजस्य के स्थान पर भावों और विचारों के धरातल पर द्वन्द्व-चित्रण की पद्धति को अपनाकर जिस बौद्धिकता का समावेश किया गया, निराला काव्य में उन सभी प्रवृत्तियों के सूत्र हमें छायावाद युग के आरंभ से ही मिलने लगते हैं।

जीवन को उसकी संपूर्णता में अकुंठ भाव से स्वीकार करने के कारण निराला जिस सौंदर्यानुभूति की प्रतिष्ठा अपने काव्य में करते हैं, वह अत्यंत व्यापक, जटिल व विविध रूपी है।

वे आरंभ से ही काव्य व साहित्य में यथार्थ चित्रण के प्रबल पक्षधर थे। वे साहित्य में आदर्शवाद की दुहाई देनेवालों के प्रबल विरोधी थे। उनके अनुसार जिस प्रकार विरोधी तत्वों और गुणों के बीच द्वन्द्व के अभाव में सृष्टि का अस्तित्व और उसकी प्रगति दोनों ही असंभव है उसी प्रकार जीवन के अस्तित्व और उसकी पूर्णता के लिए विरोधी शक्तियों का द्वन्द्व अनिवार्य है। साहित्य तभी अपने पूर्ण विकास को प्राप्त हो सकता है, जब उसमें सत् के साथ असत् धर्म के साथ अधर्म, पाप के साथ पुण्य और उत्थान के साथ पतन के द्वन्द्वात्मक स्वरूप को समान रूप से चित्रित किया जाए। भारतीय साहित्य परंपरा से राम और सीता जैसे पात्रों का उदाहरण देकर निराला अपने चिंतन के समर्थन में तर्क उपस्थित करते हैं कि इन उदात्त पात्रों में भी कवियों ने चरित्रगत दोष दिखाए हैं :

> "इधर रामायण के रचयिता ने भी इसी सत्य की रक्षा के लिए सीता जैसी 'हरिहर ब्रह्मादिभिवंदिता' नारीकुलशिरोमणि के चरित्र-चित्रण में जरा- सा दाग दिखलाया है, लक्ष्मण के प्रति उनसे कटु प्रयोग कराकर। ऐसा न कराते तो सूक्ष्मदर्शी महापुरुषों के विवेचन में सीता का चरित्र अधूरा समझा जाता। बात यह कि कोई सृष्टि निष्कलुष नहीं हो सकती।"

—निराला रचनावली, भाग-छः, पृष्ठ-109

वे आगे कहते हैं कि साहित्य में केवल सत् आदर्शों का चित्रण करना वैसा ही है, जैसा हम खाते रहें और प्रकोष्ठ साफ न करें।

निराला यह स्वीकार करते हैं कि सामाजिक जीवन तथा भाषा और साहित्य में मनुष्य को ऐश्वर्य चाहिए, जिसकी प्राप्ति के लिए उसको प्रयास भी करना चाहिए। दूसरे, साहित्य और सामाजिक जीवन का मूल उद्देश्य मनुष्य के दुःखों को दूर कर उसे इसी लोक में सुखी बनाना होना चाहिए। उपरोक्त दोनों धारणाएँ सदैव परस्पर विरोधी ही हों, यह आवश्यक नहीं। परंतु अपने युग की व्यवस्थागत विषमताओं को तीव्रता से अनुभव कर पाने के कारण निराला इन दोनों स्थितियों में अंतर्विरोध देख पाने में समर्थ हैं। सुख अथवा आनंद दार्शनिक स्तर पर कल्पना में प्राप्त होनेवाली कोई सूक्ष्म अनुभूति नहीं है। उनके लिए दुख जितना बड़ा सत्य है, आनंद भी उतना ही। वे इसमें निहित लोकमंगल के दार्शनिक आधार मात्र से संतुष्ट नहीं होते वरन् आनंद और लोकमंगल को प्रत्यक्ष रूप से सामाजिक जीवन में पाना चाहते हैं। विषमताओं के कारण यद्यपि उन्हें यह संभव नहीं दिखता, तथापि वे साहित्य में केवल मानवीय करूणा और सहानुभूति की भावोच्छवास मय अभिव्यक्ति व उसके द्वारा हृदय परिवर्तन और समाज सुधार की प्रेरणा मात्र को स्वीकार नहीं करते।

वे स्थितियों में आमूल परिवर्तन के पक्षधर हैं और इस परिवर्तन के लिए क्रांति को अनिवार्य समझते हैं, इसलिए संघर्ष उनके काव्य का चरम मूल्य बन जाता है। निराला भली-भाँति जानते थे कि वर्तमान युग में समाज अनेक प्रकार की विषमताओं में जकड़ा हुआ है और सुख तथा ऐश्वर्य के भोग का अधिकार एक विशिष्ट वर्ग तक सीमित है। यह वर्ग अपनी सुख-सुविधा और भोग की सामग्री जुटाने के लिए शेष जनता का किसी न किसी रूप में शोषण कर रहा है। ऐसी स्थिति में साहित्य द्वारा जनता को आनंद और ऐश्वर्य के काल्पनिक लोक से बहलाना उसे भ्रमित करना है। इस स्थिति में परिवर्तन लाने के लिए साहित्यकार को अपनी भूमिका का निर्वाह दो रूपों में करना होगा। प्रथमतः उसे जनता को यथार्थ का समुचित ज्ञान कराना होगा और दूसरे इस यथार्थ का सामना करते हुए उसमें संघर्ष करने की मानसिक ऊर्जा उत्पन्न करनी होगी।

जिस रचनाकार में दृष्टि की व्यापकता और विवेक जितना अधिक, कल्पना जितनी उर्वर और अभिव्यक्ति-क्षमता जितनी प्रखर होगी, उसका साहित्य द्वन्द्वात्मकता को अपने भीतर समेटकर उतना ही जीवनधर्मी समग्रता से युक्त व अपने यथार्थवादी स्वरूप को पुष्ट करने में समर्थ होगा।

अपनी इसी यथार्थवादी चेतना के कारण निराला सौंदर्यबोध को एक व्यापक परिप्रेक्ष्य प्रदान करने में समर्थ हुए हैं। उनके यहाँ सौंदर्य केवल कोमलता और उज्ज्वलता का पर्याय नहीं है। उसमें संघर्ष की कठोरता तथा दुख और निराशा का अंधकार भी समाहित है। उनके भावबोध में सर्वत्र वीर और शृंगार, ओज और करुणा, व्यंग्य और करुणा, सौंदर्य के प्रति मोह तथा मोहभंग से उत्पन्न विद्रूप और हास्य, संघर्ष और सौंदर्य, उल्लास और गहन वेदना, सुख-दुख, आशा-निराशा और आस्था-अनास्था

आदि विरोधी प्रवृत्तियाँ दिखाई देती हैं। इस कारण उनके भाव-बोध और कल्पना दोनों का ही स्वरूप अत्यंत जटिल और संश्लिष्ट है। अपने सजग दृष्टिकोण के कारण एक ओर वे रीतिकालीन जड़-सौंदर्य अभिरुचि से टकराते हैं, तो दूसरी ओर पूँजीवादी विचारधारा से प्रभावित उदारपंथियों के स्थूल उपयोगितावादी और अतिशय नैतिकता में जकड़े रूढ़ आदर्शवाद का विरोध करते हैं। उनकी यथार्थवादी चेतना के द्वन्द्व का तीसरा स्तर अपने समकालीन, छायावाद में प्रचलित सूक्ष्म कल्पना-प्रधान कोमलकांत पदावलीयुक्त काव्यधारा से है।

एक ओर निराला नारी सौंदर्य, प्रणय अनुभूति और प्रकृति चित्रण सम्बन्धी परंपरागत धारणाओं को तोड़ते, कविता को पुराने चले आते काव्यशास्त्रीय प्रतिमानों के घेरे से मुक्त कर, एक नए प्रगतिशील-सौंदर्यबोध का निर्माण करते है। यह रुझान उन्हें स्वछंद मनोभूमि पर ले आता है। दूसरी ओर उनकी रचनाशीलता का एक स्तर वह है जहाँ वे जीवन के बुनियादी प्रश्नों से जूझते दिखाई पड़ते हैं। यथार्थ में व्याप्त परिवेशगत विषमताएँ और विसंगतियाँ उनकी संघर्ष-चेतना को उद्‌बुद्ध कर उन्हें उस गंभीर और उदात्त मनोभूमि पर ले जाती हैं, जहाँ स्थित होकर वे अपनी सचेत एवं व्यापक दृष्टि पर आधारित परिवर्तन की आकांक्षा को रूप देने के लिए क्रांति का स्वप्न रचते हैं और अपनी स्वछंदता-प्रेरित सौंदर्यानुभूति से अपने संघर्षों के लिए नवीन शक्ति अर्जित करते हैं। उनके यहाँ सौंदर्य और प्रेम का आकर्षण क्रांति की आकांक्षा का प्रेरक और पूरक होकर अपनी सार्थक भूमिका अर्जित करता है। वे यह स्वीकार करते हैं कि शृंगार और वीर भाव दोनों ही जीवन की पूर्णता और सिद्धि के लिए अनिवार्य है। शृंगार को जगाने के लिए वीरतत्व जरूरी है। दोनों ही भाव, भोग के दो भिन्न रूप हैं, जिनका सहअस्तित्व जीवन को पूर्णता प्रदान करता है :

> ''वीर रस का विरोधी शृंगार रस की प्रतिक्रिया के रूप से अपने शत्रु को सजग किए रहता है। जिस तरह दिन को सिद्ध करने के लिए रात्रि की आवश्यकता है और रात्रि को सिद्ध करने लिए दिन की, उसी तरह वीर के लिए शृंगार की और शृंगार के लिए वीर की आवश्यकता है। यदि इसमें से एक न रहा तो दूसरा नहीं रह सकता। यही रहस्य और सत्य है। भोग के लिए चाहे राज्यभोग हो या अन्य भोग, इसी तरह भोग या भुंजन के बिना वीर्य भी नहीं बढ़ सकता।''

—निराला रचनावली, भाग-पाँच, पृ.256

अपनी इसी मान्यता के अनुकूल उनकी कविताओं में शृंगार और ओज तथा सौंदर्यानुभूति और क्रांति-चेतना का रचनात्मक द्वन्द्व मिलता है। प्रेम और संघर्ष, सुप्ति और जागृति, कोमलता और परुषता आदि परस्पर विरोधी प्रतीत होनेवाले संवेदन, संश्लिष्ट रूप में यथार्थ के विभिन्न संदर्भों से जुड़कर निराला के भावबोध को समग्रता और जीवनधर्मिता से युक्त करते हैं।

बाह्य और आंतरिक प्रकृति की द्वन्द्वात्मक एकता : प्रकृति अद्वैत की अवधारणा

निराला के व्यापक व विविधरूपी संवेदन जगत की दृढ़ आधारभूमि उनका द्वन्द्वमूलक चिंतन है और इस चिंतन का प्रमुख प्रेरणास्रोत है, प्रकृति। यह प्रकृति उन्हें जीवन से दूर नहीं ले जाती और न ही वह उनके काल्पनिक क्रीड़ा-विलास की सामग्री मात्र बनती है। इससे भिन्न वह जीवन के सहज व्यापारों के बीच अपनी छटा दिखलाती हुई निराला के जीवन-बोध को अधिकाधिक समृद्ध करती है।

दार्शनिक चिंतन के अंतर्गत निराला प्रकृति और परब्रह्म के पार्थक्य को अस्वीकार कर दोनों में अद्वैत की स्थिति मानते हैं। वे प्रकृति को ही सर्वशक्तिमान सत्य के रूप में स्वीकार करते हैं। यह प्रकृति पंच-भौतिक तत्वों की समष्टि है। विरोधी गुणों के चिरंतन द्वन्द्व और संघर्ष से ही इसका उद्‌भव और विकास संभव है :

> ''सृष्टि में ऐसी कोई वस्तु नहीं, ऐसा कोई शब्द नहीं जिसका विरोधी गुण न हो।...विरोधी गुण उसकी प्रगति का निर्णय कर रहा है। संसार स्वयं अपने शब्दार्थ द्वारा अपनी गतिशीलता दर्शा रहा है। प्रगति भले और बुरे के संघर्ष से होती है। प्रवाह का प्रमाण तभी पुष्ट होगा, जब उसमें उत्थान और पतनशील तरंगें उठती रहेंगी। कवि कहता है–"उन्नति तथा अवनति प्रकृति का एक अखण्ड नियम है।''

–निराला रचनावली, भाग-6, पृ.40

प्रकृति नित्य परिवर्तनशील है, जो कभी नष्ट नहीं होती, मात्र शून्य में विलीन होती है। यह शून्य भी कोई अभावात्मक सत्ता नहीं वरन् प्रकृति के ही जड़ और चेतन के सूक्ष्म स्वरूपों से निर्मित पृष्ठभूमि है। इस शून्य को निराला ने आकाश रूप माना है जो प्रकृति के ही पंच-भौतिक तत्वों में से एक है। इस आकाश में प्रकृति के जड़-चेतन, स्थूल-सूक्ष्म तथा अंधकार और प्रकाश सभी रूप विद्यमान रहते हैं। यही नहीं, प्रकृति ही इस शून्य-आकाश में विलीन नहीं होती वरन् यह आकाश भी सक्रिय होकर प्रकृति के अन्य पंच-भौतिक-तत्वों में रूपांतरित होता है। 'कौन तम के पार रे कह' कविता में रूपांतरण की इस प्रक्रिया को निराला ने बड़ी खूबी से दर्शाया है :

कौन तम के पार? (रे, कह)
अखिल पल के स्रोत, जल-जग
गगन घन-घन-धार–(रे, कह)
गंध-व्याकुल-कूल-उर-सर,
लहर-कच कर कमल-मुख-पर
हर्ष-अलि हर स्पर्श-शर, सर,
गूँज बारम्बार!–(रे, कह)।

–निराला रचनावली, भाग-1, पृ.255

इस कविता में अंधकार मूल तत्व है। उस आदि तत्व से आकाश पैदा होता है। पहले अंधकार से आकाश का जन्म, फिर आकाश से जल का जन्म। जब जल वर्षा की धारा के रूप में नीचे आता है तब पृथ्वी पैदा होती है, फिर पृथ्वी पर सरोवर भरते हैं। फूल खिलते हैं, भँवरे आते हैं, सारा सौंदर्य उद्घाटित होता है। अग्नि तत्व शक्ति है। इसके बाद मनुष्य आता है जो इस सारे सौंदर्य का दृष्टा है। फिर यही मनुष्य प्रेम व श्रृंगार के रूप में नए सौंदर्य का सृजन करता है। यह संयोग नहीं है कि निराला की कविताओं में प्रकृति-चित्रण के अंतर्गत बसंत और वर्षा ऋतुओं का प्राधान्य है। बसंत जहाँ बाह्य प्रकृति का श्रृंगार है, वहीं मानव-मन का भी :

फूटे हैं आमों में बौर,
भौंर वन-वन टूटे हैं।
होली मची ठौर-ठौर,
सभी बंधन छूटे हैं।

फागुन के रंग राग,
बाग-वन फाग मचा है,
भर गए मोती के झाग,
जनों के मन लूटे हैं।

—निराला रचनावली, भाग-2, पृ. 362

प्रकृति अद्वैत की धारणा के अंतर्गत निराला जड़ और चेतन दोनों ही रूपों में प्रकृति की एकमात्र सत्ता स्वीकार करते हैं। उनकी दृष्टि में जड़-चेतन, व्यक्त-अव्यक्त, गोचर-अगोचर एवं स्थूल-सूक्ष्म जो कुछ भी है, सब प्रकृति ही है। इस तर्क से मनुष्य के बहिर्जगत और मनोजगत, बाह्य प्रकृति और अंतः प्रकृति परस्पर सम्बद्ध व गतिशील हैं। इस प्रकार यह सम्पूर्ण जगत जिसमें सभी जड़ व चेतन पदार्थ और उनके परस्पर सम्बन्ध से निःसृत जीवन में ज्ञान, शक्ति, विचार, अभिव्यक्ति, भाव, स्वर, काव्य, रूप, संगीत, साहित्य व अन्य कलाएँ अपने व्यक्त और अव्यक्त दोनों रूपों में एक ही प्रकृति के अंग हैं।

निराला का प्रकृति प्रेम, काव्य में उसका विविध रूपी चित्रण और चित्रण के मूल में प्रकृति-अद्वैत सम्बन्धी उनका दार्शनिक दृष्टिकोण उन्हें अपार्थिव और अमूर्त की साधना के स्थान पर पार्थिव और मूर्त की आराधना में प्रवृत्त करता है। वे पंच भौतिक तत्वों से निर्मित प्रकृति को शक्ति-रूपा मानते हैं और इसके पाँचों तत्वों में एक अंतःसम्बन्ध लक्षित करते हैं। यह दृष्टि उन्हें 'जग का एक देखा तार' और तारतम्य विश्व का सघन[3] देखने की सामर्थ्य प्रदान करती है :

जग का एक देखा तार
कण्ठ अगणित, देह सप्तक

मधुर स्वर झंकार।
बहु सुमन, बहुरंग, निर्मित एक सुंदर हार,
एक ही कर से गुँथा, उर एक शोभा-भार
गंध-शत अरविन्द-नंदन विश्व-वंदन-सार
अखिल-उर-रंजन-निरंजन, एक अनिल उदार
सतत्-सत्य, अनादि निर्मल सकल सुख-विस्तार,

—निराला रचनावली, भाग-1, पृष्ठ-226

इसी सम्बन्ध-बोध के कारण उन्हें बाह्य प्रकृति ही नहीं वरन् आंतरिक और बाह्य दोनों प्रकृतियों में एकत्व का अनुभव होता है, जो एंद्रियबोध के माध्यम से निर्मित होता है।

इसी से निराला की काव्य-संवेदना में आंतरिक प्रवृत्तिगत स्तर पर जिस प्रकार माधुर्य और ओज गुणों का द्वन्द्व दृष्टिगोचर होता है, उसी प्रकार बाह्य प्रकृति के कोमलता और भीषणता-युक्त द्वन्द्वात्मक स्वरूप का चित्रण भी लक्षित होता है। वस्तुतः निराला के काव्य में आंतरिक और बाह्य प्रकृति का सम्बन्ध इतना गहन और व्यापक है कि दोनों का अस्तित्व एक दूसरे का पूरक बन गया है।

एक ओर निराला जहाँ प्रकृति के सरस, सुकुमार, आह्लादकारी व कोमल स्वरूप को चित्रित करते हैं, वहीं दूसरी ओर उसके भीषण, कठोर, रुक्ष और भयावह रूप को भी उद्घाटित करते हैं। उनके लिए प्रकृति में जहाँ शब्द, स्पर्श, रूप, रस, गंध की मादकता तथा रमणीयता है, वहीं सब कुछ छिन्न-भिन्न और तहस-नहस कर देनेवाली क्रोध और उत्तेजना-युक्त उग्रता और प्रचण्डता भी है। जब वे बसंत ऋतु में प्रकृति को चित्रित करते हैं तो उसमें उल्लास, उमंग, सृजन का नवीन स्पंदन, उज्ज्वलता और रंगीनी आदि देखते हैं और पूरे मनोयोग से उसका अंकन करते हैं। 'रंग गई पग-पग धन्य धरा', 'सखि बसंत आया', 'वासंती', 'बसंत-समीर' 'आज प्रथम गाई पिक पञ्चम' आदि कविताएँ इस दृष्टि से उल्लेखनीय हैं :

आज प्रथम गाई पिक पञ्चम।
गूँजा है मरु विपिन मनोरम।

मरुत-प्रवाह, कुसुम-तरु, फूले,
× × ×
छायी सुरभि चतुर्दिक उत्तम।

आँखों से बरसे ज्योतिः कण,
परसे उन्मन-उन्मन उपवन,
× × ×
प्रथम वर्ष की पाँख खुली है

शाख-शाख किसलयों तुली है,
एक और माधुरी घुली है
गीत-गंध-रस-वर्णों अनुपम।

—निराला रचनावली, भाग-2, पृ.361-362

वर्षा भी निराला की प्रिय ऋतु है, परंतु, उसमें वे प्रकृति के ध्वंस और सृजनकारी दोनों रूप देखते हैं :

घन, गर्जन से भर दो वन
गरजो हे मन्द्र, वज्र-स्वर,
थर्राए भूधर - भूधर
झरझर-झरझर धारा झर
पल्लव - पल्लव पर जीवन।

—निराला रचनावली, भाग-1, पृ.245

संघर्ष निराला के लिए जीवन के सबसे बड़े सत्य के रूप में उभरता रहा, इसी कारण वे प्रकृति की भीषणता से आँखें नहीं चुराते वरन् खुली आँखों उसका सामना करते हैं। वे ग्रीष्म के झुलसानेवाले ताप और शिशिर की हाड़-मांस बेधनेवाली ठिठुराती अँधेरी रात ('कुत्ताभौंकने लगा') के चित्रण से भी नहीं कतराते। बादल और धारा का ध्वंसात्मक रूप, ग्रीष्म की झुलसाती दोपहरी में रुई के समान जलती भूमि ('तोड़ती पत्थर') 'ठूँठ की रुक्षता', 'ग्रीष्म की त्रास', 'ऊब और घुटन' से युक्त धूल-धूसरित ऊष्ण संध्या ('वन-बेला') जैसी प्रकृति की अनेक स्थितियों को निराला की कविताएँ अपने विस्तृत चित्र-फलक पर समेटती हैं। 'राम की शक्ति पूजा' में हनुमान के ऊर्ध्व-गमन के प्रसंग में पवन और समुद्र के आक्रामक और भीषण स्वरूप का जो अंकन हुआ है, वह अपने आप में रोमांचक और अद्वितीय है :

शत घूर्णावर्त, तरंग-भंग उठते पहाड़
जल राशि-राशि जल पर चढ़ता खाता पछाड़,
तोड़ता बंध प्रतिसंध धरा, हो स्फीत-वक्ष
दिग्विजय-अर्थ प्रतिपल समर्थ बढ़ता समक्ष।
शत-वायु-वेग-बल, डुबा अतल में देश-भाव
जलराशि विपुल मथ मिला अनिल में महाराव
वज्रांग तेजघन बना पवन को, महाकाश
पहुँचा एकादश रुद्र क्षुब्ध कर अट्टहास।

—निराला रचनावली, भाग-1, पृष्ठ-332

निराला के चिंतन और काव्य में अद्वैत निवृतिमूलक दर्शन के रूप में न आकर प्रवृतिपरक दर्शन के रूप में आता है। उनके दार्शनिक चिंतन में जिस प्रकार धरती और आकाश परस्पर सहअस्तित्वमूलक सम्बन्ध में आबद्ध हैं, उसी प्रकार देश और

काल, देह और मन तथा यथार्थ और कल्पना भी परस्पर अंतर्संबंधित हैं। वे न तो धरती की तुलना में आकाश, देह की तुलना में मन तथा यथार्थ की तुलना में कल्पना को श्रेष्ठ मानने के पक्ष में हैं, और न ही संसार त्यागकर मोक्ष प्राप्ति को उचित ठहराते हैं। सुख अथवा आनंद उनके लिए मात्र अपार्थिव सत्ता से जुड़ी कोई अलौकिक अनुभूति नहीं है। इससे भिन्न धरती का पार्थिव सौंदर्य, उस सौंदर्य का आस्वादन करनेवाले ऐंद्रिय संवेदन, कामचेतना के अंतर्गत मन और देह दोनों की तृप्ति और उस तृप्ति से प्राप्त होनेवाली आनंदजन्य मुक्ति अधिक श्रेयस्कर है।

जीवन यथार्थ के प्रति निराला की गहन आस्था और सम्पृक्ति को समझने की दृष्टि से उनकी 'नर्गिस' कविता अत्यंत महत्वपूर्ण है। इस कविता में निराला चैत्र मास की चाँदनी में गंगा के किनारे के परिवेशगत सौंदर्य, गंगा में स्नान के लिए आकाश से उतरती ज्योत्सना और धरती के भीतर से उठती हुई 'नर्गिस' का चित्रण करते हुए एक महत्वपूर्ण प्रश्न उठाते हैं—क्या सभी तत्वों में सूक्ष्म होने के कारण आकाश श्रेष्ठ है? उसी प्रकार क्या देह से मन और यथार्थ से कल्पना श्रेष्ठ है? 'नर्गिस' कवि से पूछती है, क्या स्वर्ग से उतरकर आई ज्योत्सना, धरती से ऊपर उठकर अपनी सुगंध बिखेरनेवाली 'नर्गिस' से अधिक सुन्दर है? कविता के अंत में'नर्गिस' की गंध से अभिभूत कवि स्वयं ही अपना निष्कर्ष देता है कि स्वर्ग आकाश पर नहीं है, धरा के सौंदर्य में ही स्वर्ग है। इसी से अंधकार को पारकर आकाश की ओर उठनेवाली 'नर्गिस' ज्योत्सना से अधिक श्रेष्ठ है। यह कल्पना स्वतंत्र रूप में नहीं, वरन् देह (यथार्थ) से उत्पन्न होकर व उससे जुड़ी रहकर ही सार्थक है।[4]

इसी यथार्थपरक दृष्टिकोण के कारण निराला के काव्य में अतीन्द्रिय आनंद की लालसा नहीं है और दैहिक सुख को तुच्छ मानकर मानसिक और काल्पनिक सुख के प्रति आकर्षण भी नहीं है। सुख प्रत्यक्ष संसार में रहकर ऐंद्रिय संवेदनों के माध्यम से प्राप्त होता है। वह मन को ही नहीं, देह (इंद्रियों) को भी तृप्ति प्रदान करता है। निराला काव्य में प्रकृति, नारी-सौंदर्य व प्रणयानुभूति के जो भरे-पूरे चित्र मिलते हैं वे सघन ऐन्द्रिय अनुभवों से युक्त हैं :

किसलय-वसना नव-वय-लतिका
मिली मधुर प्रिय-उर तरु-पतिका,
मधुप-वृन्द-बन्दी—
पिक-स्वर नभ सरसाया।

× × ×

आवृत सरसी-उर-सरसिज उठे,
केशर के केश कली के छुटे,
स्वर्ण-शस्य-अंचल
पृथ्वी का लहराया।

—निराला रचनावली, भाग-1, पृ.253-254

इसके साथ ही उन्होंने राष्ट्रीय और सामाजिक जीवन के यथार्थ को अपनी पैनी दृष्टि से इतने मूर्त रूप में उभारा है कि हमारे समक्ष केवल प्रत्यक्ष ही नहीं, उसके पीछे छिपा परोक्ष भी एक मार्मिक अनुभव बनकर संवेदन जगत का अंग हो जाता है। निराला के संवेदन जगत में रूप, रस, शब्द, गंध आदि तरल होकर परिवर्तित होते हुए अत्यंत सूक्ष्म संवेदनों में परिणत हो जाते हैं, किंतु वे शून्य, अमूर्त और वायवीय नहीं हो जाते :

दूत, अलि, ॠतुपति के आए।
फूट हरित पत्रों के उर से
स्वर-सप्तक छाए।
दूत, अलि, ॠतुपति के आए।
काँप उठी विटपी, यौवन के
प्रथम कम्प मिस, मंद पवन से,
सहसा निकल लाज-चितवन के
भाव-सुमन छाए।

बही हृदय-हर प्रणय-समीरण,
छोड़ छोर नभ-ओर उड़ा मन,
रूप-राशि जागी जगती-तन,
खुले नयन, भाए।

—निराला रचनावली, भाग-1, पृ.197

उनकी तरलता, अनुभव की प्रगाढ़ता और सघन भावानुभूति की परिणति है। उनके मन में ऐन्द्रिय बोध के स्तर पर गंध के प्रति गहरा आकर्षण है। गंध धरती का गुण है। गंध काम-चेतना का भी प्रतीक है। धरती से गंध का फूटना और मन में प्रणय-भाव का जाग्रत होना निराला के संवेदन जगत में एक-दूसरे के व्यंजक हैं :

वर्ण-गंध धर, मधु-मरंद भर,
तरु-उर की अरुणिमा तरुणतर
खुली रूप-कलियों में पर भर
स्तर-स्तर सुपरिसरा।

—वही, पृ. 235

उनके भाव-बोध में धरती, देह-गंध, काम-चेतना और सर्जना शक्ति परस्पर संबद्ध है। उनके भाव, विचार और कल्पना संवेदन की धरती से उत्पन्न सृजनशक्ति के विकास व ऊर्ध्वमुखी संचरण का प्रतिफलन हैं।

निराला परिवर्तन को सृष्टि के अनिवार्य धर्म के रूप में स्वीकार करते हैं। उनकी दृष्टि में परिवर्तन सृष्टि की जीवन्तता का प्रमाण है। परिवर्तनशीलता का यह गुण

सृष्टि को सतत् रूप से गतिशील बनाए रखता है, इसलिए गति और परिवर्तन दोनों एक-दूसरे के अस्तित्व को पुष्ट करते हैं। यदि परिवर्तन न हो तो सृष्टि की गति अवरुद्ध हो जाएगी :

> "प्रवाह सदा एक-सा नहीं रहता। परिवर्तन ही प्रवाह को गतिशील करता है।"
>
> × × ×
>
> "परिवर्तन न हो तो प्रवाह निश्चल हो जाए।"
>
> × × ×
>
> "एक रूप से दूसरे में बदलने को परिवर्तन कहते हैं। यह परिवर्तन विश्व संसार में लक्षित हो रहा है।"
>
> *—निराला रचनावली, भाग-6, पृ. 46*

अपनी प्रौढ़ चिंतन-दृष्टि के कारण ही निराला इस तथ्य को लक्षित कर सके कि सृष्टि के प्रत्येक पदार्थ में चाहे वह जड़ हों या चेतन, परिवर्तन की प्रक्रिया निरंतर गतिशील रहती है। वे यहीं तक सीमित नहीं रहते, यह भी प्रमाणित करते हैं कि जड़ पदार्थों में परिवर्तनशीलता का गुण कहीं बाहर से नहीं आता वरन् वह पदार्थ के भीतर ही निहित रहता है। इस चिंतन बिंदु पर निराला उन भौतिकवादियों और आत्मवादियों की तुलना में अधिक वैज्ञानिक दृष्टिकोण अपनाते दिखते हैं जो पदार्थ और चेतना दोनों को एक दूसरे से सर्वथा पृथक मानते हैं। पदार्थ और चेतना दोनों के भीतर वे जड़ और चेतना की सहस्थिति को स्वीकार करते हैं। यंत्र का उदाहरण देकर स्पष्ट करते हैं कि यंत्र और यंत्रकार दोनों के निर्माण में प्रकृति के पंच भौतिक तत्वों का ही योग है। दोनों में कोई तात्विक भेद नहीं। जिस प्रकार यंत्रकार का मन और शरीर चेतन और जड़ का समष्टि रूप है, उसी प्रकार यंत्र के ढाँचे और उसे परिचालित करनेवाली शक्ति में जड़ और चेतन दोनों का सहअस्तित्व प्रमाणित होता है :

> "यंत्रों से और जो कुछ भी निकलता हो, यंत्रकार का हम नहीं निकल सकता। यंत्रकार के जिस हम में तैयार करने की शक्ति है, उसके उसी हम की भौतिक शक्ति यंत्र शक्ति में काम कर रही है, क्योंकि हम के पंच तत्वों से अलग कोई छठा तत्व यंत्र में नहीं लगा।"
>
> *—निराला रचनावली, भाग-छः, पृ.186*

निराला अपने प्रकृति-अद्वैत सिद्धान्त के अनुरूप यह मानते हैं कि परिवर्तन की प्रक्रिया भी प्रकृति के आंतरिक और बाह्य दोनों रूपों में अनिवार्य रूप से घटित होती है। इसी प्रक्रिया के द्वारा वस्तुओं, भावों और विचारों में रूपांतरण होता चलता है। द्वन्द्वमूलक चिंतन के आधार पर जिस 'प्रकृति-अद्वैत' दर्शन का वे निर्माण करते हैं, उसी के तर्क से व्यक्तिगत जीवन, समाज, संस्कृति, राजनीति, साहित्य तथा समग्र जीवन-पद्धति में गति, परिवर्तन और विकास सम्बन्धी सामान्य नियमों को लक्षित

करते हैं। जिस प्रकार प्रकृति जड़-चेतन, उत्थान-पतन, स्थिति-गति, नाश-निर्माण, लघु-विराट, स्थूल-सूक्ष्म, सुन्दर-भीषण, कोमल-कठोर और अंधकार-प्रकाश आदि विभिन्न प्रकार के विरोधी गुणों, रूपों और शक्तियों के द्वन्द्व द्वारा सदैव गतिशील रहती है, उसी प्रकार राष्ट्रीय जीवन में राजनीति, समाज व संस्कृति के विभिन्न क्षेत्रों में व्यक्ति व व्यवस्था, उच्च व निम्नवर्ग, रूढ़िवाद व प्रगतिशीलता और विकास व ह्रास, आदि विविध स्तरीय द्वन्द्व छिड़े रहते हैं। जिससे गतिमान होकर परिवर्तन की विभिन्न दशाओं से गुजरती हुई ये सभी इकाइयाँ अनेक संभावनाओं की दिशा में अग्रसर होती हैं। मानव मन में भी इसी प्रकार सत्-असत्, धर्म-अधर्म, पाप-पुण्य, सुख-दुख, उल्लास-अवसाद आदि विभिन्न मनोभावों व वृत्तियों में निरंतर सक्रिय द्वन्द्व के कारण उसकी चेतना सतत् प्रवहमान बनी रहती है। 'बाहर-भीतर', 'प्रवाह' आदि निबन्धों में निराला ने बहिर्जगत और आंतरिक प्रकृति के इसी द्वन्द्वात्मक और परिवर्तनशील स्वरूप को उद्घाटित किया है :

> "अस्तु, संसार की हर वस्तु का रंग बदलता रहता है। जिसे आज हम हरा-भरा देखते हैं, कल वह सूख जाता है। आज वो नवीन है, कल वही प्राचीन हो जाता है। आज जो बसंत बहार गा रहा है, कल वही मेघ-मलार के दिन मनाता है। इधर मन में भी यही दृश्य उठ रहे हैं।......परिवर्तन का हाल ही यही है कि क्या मन में, और क्या बाहर, संसार में सर्वत्र थियेटर के जैसे सीन उठते और गिरते रहते हैं।"
>
> *—निराला रचनावली, भाग-6, पृ. 47*

द्वन्द्व की प्रक्रिया के अंतर्गत एक शक्ति दूसरे से सदा संघर्ष की स्थिति में ही नहीं रहती, अपनी विरोधी शक्ति में रूपांतरित भी होती है। निराला प्रकृति में रूपांतरण की इस प्रक्रिया को देखते हैं तथा व्यक्तिगत जीवन, बर्हिजगत और मनोजगत में इसका स्वरूप लक्षित करते हैं। रूपांतरण की इस क्रिया के द्वारा, जड़ चेतन में, व चेतन जड़ में रूपांतरित होता है। कभी शून्य शक्ति अर्थात् प्रकृति में, और शक्ति शून्य में, कभी शिव पार्वती में, और पार्वती शिव में, कभी सूक्ष्म स्थूल में, और स्थूल सूक्ष्म में तथा कभी गति स्थिति में, और स्थिति गति में रूपांतरित होते हैं। ('साहित्यिक सन्निपात' या 'वर्तमान धर्म', पृ.-169) सामाजिक विकास के इतिहास में निराला देखते हैं कि पहले द्विजों की शक्ति रूपांतरित हुई शूद्रों की अशक्तता में, और फिर शूद्रों की अशक्तता रूपांतरित हुई उनकी शक्ति में, जिसने द्विजों की शक्ति को शिथिल किया :

> "भारतवर्ष की तमाम सामाजिक शक्तियों का यह एकीकरण-काल शूद्रों और अंत्यजों के उठने का प्रभातकाल है। प्रकृति की यह कैसी विचित्र क्रिया है, जिसने युगों तक शूद्रों से अपर तीन वर्णों की सेवा कराई और इस तरह उनमें एक अदम्य शक्ति का प्रवाह भरा और अब अनेकानेक विवर्तनों के भीतर

से गुजरती हुई, उठने के लिए उन्हें एक विचित्र ढंग से मौका दिया है। भारतवर्ष का यह युग शूद्र शक्ति के उत्थान का युग है, और देश का पुनरुद्धार उन्हीं के जागरण की प्रतीक्षा कर रहा है।"

—निराला रचनावली, भाग-6, पृ. 113

पृथ्वी का आकाश में और आकाश का पृथ्वी में रूपांतरण भावजगत में भी घटित होता हैं। 'सरोज-स्मृति' में जहाँ वे सरोज के यौवनागमन और उसके सौंदर्य का अंकन करते हुए अनुभव करते हुए हैं कि अपनी पत्नी मनोहरा के प्रति उनके हृदय में जो शृंगार भाव अव्यक्त रूप से विद्यमान था, वही रूपांतरित होकर उनकी पुत्री सरोज के प्रति वात्सल्य-रूप में प्रस्फुटित हो गया है, मानों आकाश पृथ्वी में रूपांतरित हो गया हो :

शृंगार रहा जो निराकार,
रस कविता में उच्छ्वसित-धार
गाया स्वर्गीया-प्रिया-संग,
भरता प्राणों में राग-रंग,
रति-रूप प्राप्त कर रहा वही,
आकाश बदलकर बना मही।

—निराला रचनावली, भाग-1, पृ. 323

शृंगार विकारग्रस्त नहीं रहा, वह सात्विक रूप वात्सल्य में परिणत हो गया। इसी प्रकार जीवन में प्राप्त होनेवाला लांछन निराला के मन को झुलसाता है। किंतु वह आग ईंधन बनकर रचनात्मक ऊर्जा में रूपांतरित होती है। इस रूपांतरण से निराला की कटुता और कुंठा उदात्तीकृत होकर आत्म-परिष्कार में बदल जाती है, जिससे उनका रचनात्मक व्यक्तित्व निखरता है :

लांछना ईंधन, हृदय-तल जले अनल,
भक्ति-नत-नयन मैं चलूँ अविरत सबल
पार कर जीवन-प्रलोभन समुपकरण।

—वही, भाग-1, पृ. 243

अपनी अंतिम कविता 'पत्रोत्कंठित जीवन का विष बुझा हुआ है' में निराला रूपांतरण की इसी सार्थकता को उद्घाटित करते हैं। वे अपने जीवन के लिए ऐसे वृक्ष का रूपक बाँधते हैं जो भीतर विष का दंश झेलते हुए भी नए पत्तों (नवीन रचना) की संभावनाओं से उत्कंठित है। वे कहते हैं, फूलों के समान ही जीवन भी अंतिम समय में या तो फल बनकर गिरता है या फिर निष्फल ही झड़ जाता है।मनुष्य भी साधना से चेतना का परिष्कार कर या तो सिद्ध योगी बन जाता है या फिर साधारण मानव ही बना रह जाता है। फूल की सार्थकता फल में रूपांतरित हो जाने में है। और मनुष्य की सार्थकता सिद्ध साधक बनने में, केवल फूल के रूप में रहकर झड़ जाने वाला मनुष्य

रचनात्मक विकास अर्जित नहीं कर सकता। निराला के भीतर जो ऊर्जा है, वही आशा के प्रदीप में रूपांतरित होकर उनके हृदय को प्रकाशित करती है जीवन का विष रचनात्मक शक्ति में बदलकर व्यक्तित्व को नई सार्थकता प्रदान करता है :

पत्रोत्कंठित जीवन का विष बुझा हुआ है
आशा का प्रदीप जलता है हृदय-कुंज में,
अंधकार पथ एक रश्मि से सुझा हुआ है
दिङ्.–निर्णय ध्रुव से जैसे नक्षत्र-पुंज में
लीला का संवरण-समय फूलों का जैसे
फलों फलें या झरें अफल, पातों के ऊपर
सिद्ध योगियों जैसे या साधारण मानव,
ताक रहा है भीष्म शरों की कठिन सेज पर।

–निराला रचनावली, भाग-2, पृ. 493

निराला अपनी स्थिति को जीवन के अंतिम पड़ाव में शर-शैया पर, आत्म-विश्लेषण में व्यस्त, भीष्म पर प्रक्षेपित कर देख रहे हैं। जहाँ रूपांतरण नहीं होता वहाँ वह वस्तु अथवा स्थिति त्रास का कारण बनती है। 'राम की शक्ति-पूजा' में राम के लिए जो अंधकार, भय और त्रास का कारण है, वह गगन द्वारा उगला गया है। अतः उसका ऐसा आतंकपूर्ण प्रभाव उत्पन्न करना स्वाभाविक है :

है अमानिशा उगलता गगन धन अंधकार
× × ×
स्थिर राघवेंद्र को हिला रहा फिर-फिर संशय
रह रह उठता जग जीवन में रावण जय-भय।

–निराला रचनावली भाग-1, पृष्ठ-330

इसी प्रकार निराला अपनी कविता 'पतनोन्मुख' में अपने जीवन की दुख-दग्ध, त्रासद स्थिति को अभिव्यक्त करते हुए सूर्य को गरल-रूपी आग उगलता हुआ अनुभव करते हैं, जो उनके जीवन को क्षण-क्षण झुलसा रहा है :

मास-मास दिन-दिन प्रतिपल
उगल रहे हो गरल-अनल
जलता यह जीवन असफल
× × ×
झुलसा हुआ शुष्क निश्चल।

–निराला रचनावली, भाग-1, पृ. 146

सूर्य द्वारा आग उगलने का बिम्ब उसके विषैले प्रभाव का बोध उत्पन्न करता है। उपरोक्त दोनों कविताओं में उगलने की क्रिया जड़ता को ही सूचित करती है।

निराला प्रकृति में कली का खिलना संघर्ष की परिणति के रूप में देखते हैं।

चाहे वह 'रंग गई पग-पग धन्य धरा' में तरु के भीतर संचित लालिमा का कली के रूप में बदलना हो।

तरु-उर की अरुणिमा तरुणतर
खुली रूप कलियों में पर भर।

—निराला रचनावली, भाग-1, पृष्ठ-235

अथवा धरती के अंधकार से संघर्ष कर ऊपर उठती हुई 'नर्गिस'। चाहे 'वनबेला'[5] हो या 'टूटें सकल बंध' के अंतर्गत गंध का मुक्त होकर बहना हो निराला संघर्ष व रूपांतरण का अंतर्संबंध देखते हैं और उससे मानव जीवन के लिए निष्कर्ष निकाल लेते हैं।

टूटें सकल बंध
कलि के, दिशा-ज्ञान-गत हो बहे गंध
रूद्ध जो धार रे
शिखर-निर्झर झरे।

—निराला रचनावली, भाग-1, पृष्ठ-268

निराला अपने चितंन के मूल आधार प्रकृति-अद्वैत-सिद्धांत के कारण द्वन्द्व, परिवर्तन और गति की शृंखला के भीतर कार्य कारण सम्बन्ध खोज पाने में सफल हुए। उनकी प्रतिभा और तर्क शक्ति का महत्व इस बात से उद्घाटित हो जाता है कि उन्होंने द्वन्द्व, परिवर्तन और गति को न केवल दार्शनिक स्तर पर आत्मसात् किया, वरन् व्यापक जीवनबोध के रूप में विकसित किया। दर्शन ही नहीं राजनीति, समाज, संस्कृति, साहित्य सभी क्षेत्रों में विविध स्तरों पर परिवर्तन और गति के मूल में द्वन्द्व की अनिवार्यता को प्रमाणित किया। उनकी दृष्टि में यदि समस्त प्रकृति और जीवन का स्वरूप द्वन्द्वात्मक रूप में गतिशील है तो उसे अभिव्यक्त करनेवाले साहित्य के अंतर्गत घटित होनेवाले परिवर्तन और विकास के मूल में, द्वन्द्व की स्थिति स्वयं ही पुष्ट हो जाती है। यदि साहित्य युग-जीवन के अनुरूप परिवर्तनशीलता के गुण को नहीं अपनाता तो वह जीवंत नहीं, मृत है :

"यही शक्ति के विकास का एक रूप है, युग-धर्म। यह सदा युग के साथ सम्बद्ध रहा है। अनेक पुरानी बातें, पुरानी आदतें, पुरानी राहें, पुराने विचार युग-धर्म के तकाजे पर अपना रूप परिवर्तित करना चाहते हैं। साहित्य यही काम करता हुआ अपनी शक्ति के परिचय से जीवित कहा जाता है, अन्यथा मृत या पश्चात्पद।"

—निराला रचनावली, भाग-6, पृ. 187

निराला के लिए जीवन का अर्थ है गति और इस गति के मूल में है द्वन्द्व। अतः साहित्य जिसका सम्बन्ध समग्र जीवन से है, में द्वन्द्व के विविध रूपों का होना अनिवार्य है।

स्वच्छंदता और मर्यादा का द्वन्द्व : प्रणयानुभूति का उदात्त स्वरूप

भारत में 19-20वीं शताब्दी के सांस्कृतिक नवजागरण की प्रेरणा और स्वाधीनता आंदोलन में सक्रिय भागीदारी के फलस्वरूप राष्ट्रीय और सामाजिक जीवन के उत्थान और विकास में पुरुष के साथ नारी की अनिवार्य भूमिका की पहचान ऐतिहासिक आवश्यकता बन गया था। अब यह जरूरी हो गया था कि पुरुष और नारी में सदियों से चले आ रहे स्वामी और दासी तथा शोषक और शोषित वाले रूढ़िग्रस्त सम्बन्ध को तोड़कर मनुष्यता के सामान्य स्तर पर सहज रागात्मक सम्बन्ध निर्मित हो। एक ऐसा सम्बन्ध जिसमें मन, बुद्धि और शरीर का तादात्म्य दोनों के जीवन को पूर्णता और उन्मुक्त विकास के समान अवसर प्रदान करे। द्विवेदी युगीन काव्य में नारी के व्यक्तित्व की प्रतिष्ठा और उसकी प्रगतिशील भूमिका को पहचानने व उद्घाटित करने के प्रयास तो किए गए किंतु उस युग में सक्रिय रीतिवाद विरोधी चेतना के फलस्वरूप कवियों की प्रणय सम्बन्धी अवधारणा भी अतिशय नैतिकता और सामाजिक विधि-निषेधों के घेरे में जकड़ी रही। प्रेम अपनी सहज रागात्मकता खोकर सामाजिक आदर्श मात्र बनकर रह गया। छायावादी कवियों ने अपने चिंतन और काव्य में जिस प्रकार व्यक्ति-स्वातंत्र्य और उदात्त मानवीय सरोकारों के सह- अस्तित्व की आधारभूमि पर व्यष्टि-समष्टि में द्वन्द्वात्मक एकता की अवधारणा प्रस्तुत की, उसी प्रकार प्रणय-सम्बन्ध को सामंतवादी अभिरुचि से प्रेरित, रुग्ण, वासनात्मक वृत्ति तथा स्थूल आदर्शवाद के अतिवादी घेरे से मुक्त कर स्वछंदता और मर्यादा की द्वन्द्वात्मक भूमि पर विकसित प्रणयानुभूति की नवीन संकल्पना भी दी।

यही प्रणयानुभूति निराला की काव्य-संवेदना का अत्यंत मर्मस्पर्शी पक्ष है जो उन्हें मानव सम्बन्धों की प्रगाढ़तम पहचान तक ले जाता है। इसके वास्तविक स्वरूप को समझने के लिए हमें निराला के व्यक्तित्व में स्वछंदता और मर्यादा इन दो मनोवृत्तियों के द्वन्द्व की थाह लेनी होगी जो एक सतत् प्रक्रिया के रूप में उनकी प्रणयानुभूति के निर्माण में नियामक तत्व की भूमिका अदा करता रहा।

अपनी कविता 'पंचवटी प्रसंग' में निराला राम और सीता के स्वच्छंद प्रेम के आदर्श का निरूपण करते हुए, प्रेम के असीम प्रवाह को अभिव्यक्त करने हेतु सागर का रूपक बाँधते हैं। जब प्रेम-सागर में विशाल तरंगें उठती हैं तो उनका आवेगयुक्त प्रवाह मन की सारी क्षुद्र सीमाओं को तोड़ डालता है :

> छोटे-से घर की लघु सीमा में
> बँधे हैं क्षुद्र भाव
> यह सच है प्रिय,
> प्रेम का पयोधि तो उमड़ता है
> राम—सदा ही निःसीम भू पर।

प्रेम की महोर्मि-माला तोड़ देती क्षुद्र ठाट,
जिसमें संसारियों के सारे क्षुद्र मनोवेग
तृण-सम बह जाते हैं।

—निराला रचनावली, भाग-1, पृ.51

प्रेम को लेकर यह निःसीम भाव उस युग में चिंतन का व्यापक विषय बन चुका था। वह समय मानवीय सम्बन्धों के अपूर्व विस्तार का समय था, जिसमें स्त्री-पुरुष दोनों नव-प्रसारित पूँजीवादी व्यक्तिवाद की सीमाओं से संघर्ष करते हुए देश की स्वाधीनता के यज्ञ में आहुति दे रहे थे।[6]

निराला की चेतना में पुरुष और नारी के मध्य स्वस्थ रागात्मक सम्बन्ध के अन्वेषण की गहरी ललक रही, जो उनकी प्रणय सम्बन्धी कविताओं में बराबर अभिव्यक्त हुई है। उनके प्रेम में स्वच्छंदता है किंतु वासना व उत्तेजक सामग्री नहीं, आवेग है पर छिछली भावुकता नहीं, शालीनता और उदात्तता है परंतु अतिरिक्त वर्जनशीलता नहीं, शरीर और मन दोनों स्तरों पर भोग की संपूर्ण तृप्ति है पर विकार-ग्रस्त मानसिकता का प्रदर्शन कहीं नहीं है।

उनकी प्रणयानुभूति अपार्थिव, अलौकिक और अशरीरी नहीं वरन यथार्थ जीवन का अनिवार्य संदर्भ तथा मानवीय सम्बन्धों की दृढ़ आधारभूमि है। 'जूही की कली', 'शेफालिका', 'मौन', 'जागो फिर एक बार', 'प्रिय यामिनी जागी', 'स्पर्श से लाज लगी', 'नयनों के डोरे लाल-गुलाल भरे', 'प्रेयसी', 'उक्ति', 'जैसे हम थे वैसे ही रहें' जैसी अनेक कविताओं में उन्होंने स्त्री-पुरुष के रागात्मक अनुभूति के क्षणों को इतनी तन्मयता से चित्रित किया है कि उन्हें पढ़कर मन में अपूर्व तृप्ति का अनुभव होता है। यह प्रेम मन-बहलाव के साधन के रूप में नहीं वरन् मानवीय सम्बन्धों की सबसे मजबूत कड़ी के रूप में अपनी अर्थवत्ता सिद्ध करता है।

'जूही की कली' में उन्होंने जुही की कली और मलयानिल के प्रतीकों के माध्यम से एक आवेगयुक्त प्रणय चित्र खींचा है। 'जूही की कली' पल्लव पर्यंक पर अपने विशाल नेत्र मूँदे सोई है। बसंत ऋतु की पूर्णिमा की रात है। उसका प्रिय पवन दूर देश में उसकी स्मृति से विकल हो उठता है और उपवन, सर, सरित, गहन, गिरि, कानन, कुंज व लता पुंजों को पार करता आवेग से भरा अपनी प्रिया के पास पहुँचता है। उसके आवेग की तीव्रता इसी से सूचित होती है कि कली को सोई देख वह उसके जागने की प्रतीक्षा नहीं करता, बल्कि उसके गोरे कपोल चूम लेता है। फिर भी नहीं जागती तो झोकों की झड़ियों से निष्ठुरतापूर्वक उसकी सुकुमार देह झकझोर डालता है और गोरे कपोल मसल देता है। कली चौंक कर जाग उठती है। फिर दोनों प्रेम-क्रीड़ा में निमग्न हो जाते हैं।[7]

इस प्रणय-प्रसंग में आवेग है। मांसलता है। परंतु रीतिकालीन शृंगार चित्रण के समान वह मन को विकारग्रस्त नहीं करता। प्रेम प्रकृति के स्वच्छंद वातावरण में

विकास पाता है। वह स्वच्छंद होते हुए भी मर्यादित है, उनका (कली और पवन का) प्रेम एकनिष्ठ है। पवन जिस कली से प्रेम करता है, दूर होते हुए भी याद आने पर वह उसी के पास लौटता है। रीतिकालीन नायक की भाँति प्रिया की अनुपस्थिति में वह किसी दूती से काम नहीं चलाता। दूसरी ओर उसका प्रेम अतिशय नैतिकता से आक्रांत भी नहीं जो प्रिया को सोती हुई देख उसके जागने की प्रतीक्षा करे, फिर संयमपूर्वक प्रेम-निवेदन करे। वह तो प्रेम के सहज आवेग से परिचालित है। यहाँ अतिरिक्त वर्जनशीलता न होकर स्वस्थ नैसर्गिक वृत्ति के रूप में प्रेम का अंकन है। निराला के काव्य में प्रणय चेतना का जो उदात्त स्वरूप विकसित हुआ है, उसके मूल में स्वछंदता और मर्यादा का द्वन्द्व सक्रिय है।

निराला, जिस प्रकार रीतिवादियों, व नैतिकतावादियों से भिन्न हैं, उसी प्रकार उन रोमांटिक कवियों से भी, जो अतृप्त कामवासना की काल्पनिक संतुष्टि हेतु प्रेम के स्वप्न देखते हैं, जिनके लिए प्रेम एक कुंठित ग्रंथि का रूप ले लेता है। इसके विपरीत निराला का प्रणय-चित्रण उनकी अकुंठ काम-चेतना का प्रतिफलन है, जो वासनात्मक उत्तेजना नहीं जगाता।[8] इस प्रेम की सार्थकता इसकी सर्जनात्मक परिणति में है। 'स्पर्श से लाज लगी' कविता में निराला ने प्रेम के प्रगाढ़तम क्षणों का ऐसा भरपूर चित्रण किया है जो एक साथ मन और शरीर दोनों स्तरों पर उत्तेजना, आवेग, त्रास, आनंद, तृप्ति और मुक्ति के अनुभव को चेतना में सजीव कर देता है। कविता के अंत में इस प्रेम से सृजन का अंकुर फूटने तथा सांसारिक भय दूर होने का भी संकेत है। इस प्रेम का ज्ञान और तृप्ति आध्यात्मिक ज्ञान और मुक्ति के समकक्ष है :

चुम्बन-चकित-चतुर्दिक चंचल
हेर, फेर मुख, कर बहु सुख छल
कभी हास, फिर त्रास, साँस-बल
उर-सरिता उमगी।

× × ×

मधुर स्नेह के मेह प्रखरतर,
बरस गए रस-निर्झर झरझर
उगा अमर अंकुर उर-भीतर
संसृति-भीति भगी।

—निराला रचनावली, भाग-1, पृ. 220

इसी प्रकार 'नैनों के डोरे लाल गुलाल भरे' लोक संस्कृति के रंग में रँगा होली की पृष्ठभूमि पर लिखा गीत है। इस गीत में कक्ष के भीतर का समस्त रति-व्यापार होली के वातावरण द्वारा व्यंजित किया गया है। होली की मस्ती और प्रेम की मस्ती परस्पर घुल-मिल गए हैं। अन्य शारीरिक चेष्टाओं के साथ निराला जब श्रम-सुख की हद होने की बात लिखते हैं तो मानों इस प्रेम-सम्बन्ध से मिलनेवाली अपूर्व तृप्ति की ओर संकेत करते हैं

नयनों के डार लाल गुलाल-भरे, खेली होली।
जागी रात सेज प्रिय पति सँग रति स्नेह-रँग घोली,
दीपित दीप-प्रकाश, कंज छवि मंजु-मंजु हंस खोली–
मली मुख-चुम्बन-रोली।

× × ×

मधु-ॠतु-रात, मधुर अधरों की पी मधु सुध-बुध खो ली
खुले अलक, मुँद गए पलक-दल, श्रम-सुख की हद हो ली–
बनी रति की छबि भोली।

–निराला रचनावली, भाग-एक, पृ.226

उपरोक्त दोनों गीत उनकी अंकुठ उदात्त काम-चेतना के निदर्शक हैं।

प्रेम-चित्रण में प्रेमी युगल जिस तन्मयता, आनंद और तृप्ति का अनुभव करते हैं, वह केवल शारीरिक संभोग तक ही सीमित नहीं रहता, वरन् इस मिलन में प्रेम की मृदु सुरभि तन और मन दोनों को आविष्ट कर लेती है, तथा बुद्धि, मन और जी तीनों में एकत्व स्थापित हो जाता है। प्रेम एक सूक्ष्म अनुभव होकर दोनों आत्माओं में प्रवाहित होने लगता है :

तन-मन थक जाएँ
मृदु सुरभि-सी समीर में
बुद्धि-बुद्धि में हो लीन।
मन में मन, जी जी में
एक अनुभव बहता रहे
उभय आत्माओं में,

–निराला रचनावली, भाग एक, पृष्ठ-148

यह स्थिति प्रेम को ऐसी उदात्त भूमि पर ला देती है जिसमें ऐन्द्रिय संवेदन सूक्ष्म होकर एक-रस हो गए हैं। यह अनुभव अलौकिक तथा रहस्यात्मक नहीं और न ही छिछली भावुकता का परिणाम है। वह तो सघन भावानुभूति की उपज है। 'पंचवटी प्रसंग' में राम मन, बुद्धि और अहंकार के लय को प्रलय बताते हैं। एक प्रलय प्रणय में भी होती है, जब शरीर और मन की सारी सीमाएँ खो जाती हैं :

प्रणय के प्रलय में सीमा सब खो गईं!

–निराला रचनावली, भाग-1, पृ.326

निराला जिस स्वच्छंद प्रेम के पक्षधर हैं, उसकी प्राप्ति में रंग, वर्ण और वर्ग के आधार पर भेदभाव की किसी दीवार को स्वीकार नहीं करते। उनकी दृष्टि में मानव-मानव में कोई भिन्नता नहीं। जिस प्रकार किसी भी तालाब के कीचड़ में उत्पन्न होकर भी कमल पवित्र है, उसी प्रकार जन्म लेने पर मनुष्य अपने आप में निष्कलंक है, उसकी पृष्ठभूमि कैसी भी हो :

मानव मानव से नहीं भिन्न
निश्चय, हो श्वेत, कृष्ण अथवा,
वह नहीं क्लिन्न
भेद कर पंक
निकलता कमल जो मानव का
वह निष्कलंक
हो कोई सर।

—वही, पृष्ठ-339

उनकी दृष्टि में प्रेम करने और पाने के लिए मनुष्य होना ही पर्याप्त है।

सामन्तवादी व्यवस्था के अंतर्गत अन्य सम्बन्धों के समान नारी और पुरुष का प्रेम-सम्बन्ध भी रूढ़िवाद के यांत्रिक घेरे में बंधकर रह जाता है। विशेषकर नारी को यह अधिकार प्राप्त नहीं होता कि वह अपनी इच्छानुसार जीवन-साथी का वरण कर सके। निराला प्रेम के अंतर्गत चयन की स्वतंत्रता को आवश्यक मानते हैं।

निराला न केवल नारी के लिए स्वतंत्रता के प्रावधानों को उचित ठहराते हैं वरन् इससे आगे बढ़कर जाति, धर्म एवं वर्णगत रूढ़िवाद के समस्त बंधनों को तोड़कर उसे सच्चा प्रेम अपनाने का आत्म-विश्वासपूर्ण अधिकार प्रदान करते हैं :

दोनों हम भिन्न-वर्ण
भिन्न-जाति, भिन्न-रूप,
भिन्न-धर्मभाव, पर
केवल अपनाव से, प्राणों से एक थे।
× × ×
पहचाना मैंने, हाथ बढ़ाकर तुमने गहा
चल दी मैं मुक्त, साथ।

—निराला रचनावली, भाग-एक, पृ. 328

निराला के काव्य में प्रणय व्यापार केवल पुरुष की कामनाओं से परिचालित नहीं, उसमें स्त्री की प्रेमानुभूतियाँ, आकांक्षाएँ व सहभागिता बराबर सक्रिय हैं। नारी और पुरुष के प्रणय-सम्बन्धों का यह जनतांत्रिक स्वरूप है। उनके प्रणय-चित्रण में नारी पुरुष को अपने प्रेम और सौंदर्य से अपूर्व तृप्ति प्रदान करती है और साथ ही उसे प्रबोध भी देती है, और वासना से मुक्त भी करती है।

'प्रिय यामिनी जागी' में प्रिय के साथ रात भर जागकर रति-सुख से तृप्त हुई नायिका की छवि अंकित की गई है। प्रेमोन्माद से भरे नायिका के पंकज दृग अलसाए हैं, चेहरा रक्तिम है, केश बिखरे हैं व पृष्ठ-ग्रीवा बाहु-उर पर तिरते हुए अक्षय सौंदर्य से युक्त हैं। उनमें घिरा हुआ नायिका का मुख जैसे बादलों में दमकता हुआ सूर्य है। उसकी इस उज्ज्वल छवि के समक्ष बिजली की चमक भी क्षमा माँगती

है। वह अपने आँचल पर एक दृष्टि डाल, मुख से बालों को हटाती, सँभलती, चारों ओर देखती, हंस की गति से धीरे-धीरे चलती है। वह अपने प्रणय-व्यापार से शंकित अथवा लज्जित नहीं है, क्योंकि उसने प्रिय के स्नेह को जीत लिया है। अपने प्रिय को सर्वस्व समर्पण और तृप्ति प्रदान कर उसे वासना से मुक्त किया है। अतः उसके हृदय में प्रिय के स्नेह की जय-माल है जो 'वासना की मुक्ति' रूपी मुक्ताओं को त्याग के धागे में पिरोकर बनाई गई है :

हेर उर-पट फेर मुख के बाल,
लख चतुर्दिक चली मंद मराल,
गेह में प्रिय-स्नेह की जय-माल,
वासना की मुक्ति, मुक्ता
त्याग में तागी।

—निराला रचनावली, भाग-एक, पृ. 253

निराला का आधुनिक बोध स्त्री और पुरुष के सम्बन्धों में जनतांत्रिकीकरण का पक्षधर है, जहाँ स्त्री पुरुष की सखा, बंधु, सहवर्तिनी व सहधर्मिणी है। 'मौन' कविता में वे जिस प्रिया को संबोधित करते हैं, वह उनकी अनुगामिनी नहीं, सहचरी है। इस कविता में उन्होंने प्रेम के उस प्रगाढ़ क्षण की कामना की है जब स्त्री पुरुष के साहचर्य में दोनों के बीच का मौन प्रेम का मधु बन जाता है और प्राणों के सहज रागात्मक आवेग की बाढ़ में मन जलबिंदु-सा बह जाता है। प्रेम यहाँ जीवन-संघर्ष के लिए विश्राम-भूमि बनता है, जहाँ कुछ देर के लिए ही सही, निर्द्वंद्व होकर जिया जा सकता है :

बैठ लें कुछ देर,
आओ, एक पथ के पथिक-से
प्रिय, अंत और अनंत के
तम-गहन-जीवन घेर।
मौन मधु हो जाय
भाषा मूकता की आड़ में,
मन सरलता की बाढ़ में,
जल-बिंदु-सा बह जाय।
सरल अति स्वच्छंद
जीवन, प्रात के लघुपात से,
उत्थान-पतनाघात से,
रह जाय चुप, निर्द्वंद्व।

—निराला रचनावली, भाग-1, पृ. 170

निराला प्रेम के ऐसे मादक क्षणों की कामना व्यक्त करते हैं जिसमें स्त्री और पुरुष दोनों का सान्निध्य एक-दूसरे के प्रति अगाध विश्वास और अतिशय आनंद का अनुभव बन जाता है। यह अनुभव जिसमें आँखें बंद रहने पर भी दोनों एक-दूसरे के हृदय की थाह लेते हैं। कोई कुछ नहीं कहता। सघन प्रेमानुभूति परिमल सुर में परिणत होकर परस्पर का संवाद बन जाती है। यह प्रेम अशेष है, निर्भय है। इसकी दृढ़ लहरों को सहते हुए प्रेमी युगल आक्षेपों की परवाह नहीं करते हैं :

जैसे हम हैं वैसे ही रहें,
लिये हाथ एक दूसरे का
अतिशय सुख के सागर में बहें।
मुँदें पलक, केवल देखें उर में,–
सुनें सब कथा परिमल-सुर में,
जो चाहे, कहें वे, कहें।

–निराला रचनावली, भाग-1, गीत, पृ. 369

यहाँ प्रेम स्वच्छंद है, किन्तु उथला और उच्छृखंल नहीं। खुले मन का सहज बोध है जो मन को अशक्त और निष्क्रिय नहीं बनाता वरन् रचनात्मक ऊर्जा देता है। निराला के लिए प्रेम संसार की हर वस्तु से अमूल्य है। यदि प्रेम का सम्बल है, तब विकट से विकट परिस्थिति व बड़ी से बड़ी बाधा भी हँसकर झेली जा सकती है। प्रेम भरे सान्निध्य के समक्ष सारे ऐश्वर्य, पद, मान, तुच्छ हैं :

कुछ न हुआ, न हो।
मुझे विश्व का सुख, श्री, यदि केवल
पास तुम रहो!
मेरे नभ के बादल यदि न कटे
चन्द्र रह गया ढका,
तिमिर-रात को तिरकर यदि न अटे
लेश गगन-भास का,
रहेंगे अधर हँसते, पथ पर, तुम
हाथ यदि गहो।

–निराला रचनावली, भाग-1, पृष्ठ-351-352

ऐसे निश्छल आत्मोदगार न तो नारी को केवल भोग्या अथवा देवी मानने वाली दृष्टि के लिए और न ही अतिशय अहमूवादी, आत्मकेंद्रित और अन्तर्मुखी प्रवृत्ति के व्यक्ति के लिए संभव है। प्रेम के इस उदात्त मानवीय स्वरूप के प्रति अगाध निष्ठा और संवेदनशीलता ने ही निराला को एडवर्ड अष्टम, जिन्होंने अपनी प्रिया के लिए सिंहासन तक त्याग दिया था, की प्रशंसा में कविता रचने के लिए प्रेरित किया :

सिंहासन तज उतरे भू पर,

सम्राट! दिखाया
सत्य कौन-सा वह सुंदर?
जो प्रिया, प्रिया वह
रही सदा ही अनामिका,
× × ×
सौरभ प्रमुक्त!
प्रेयसी के हृदय से हो तुम
प्रतिदेश युक्त
प्रतिजन, प्रतिमन
आलिंगित तुमसे हुई
सभ्यता यह नूतन!

—निराला रचनावली, भाग-1, पृष्ठ-340

निराला प्रेम को नितांत एकांतिक व अंतर्मुखी वृत्ति के रूप में काव्य का विषय नहीं बनाते वरन् उसे विभिन्न जीवन-संदर्भों के परिप्रेक्ष्य में रखकर चित्रित करते हैं। उनके काव्य में अभिव्यक्त प्रेम अपनी नैसर्गिकता को बनाए रखकर कुंठा-मुक्त स्वस्थ मानवीय समाज की संरचना में सहायक है। वह जीवन के विभिन्न कर्म क्षेत्रों के लिए रचनात्मक ऊर्जा का स्रोत बनता है। उनकी यथार्थपरक समग्र जीवन-दृष्टि प्रणय को मानव जीवन में पूर्णता लाने वाली अनिवार्य नैसर्गिक वृत्ति के रूप में अकुंठ भाव से स्वीकार करने का बोध प्रदान करती है।

प्रणयानुभूति और संघर्ष-चेतना का द्वन्द्व

निराला न तो ऐसे नैतिकतावादी हैं जो मर्यादा के नाम पर काव्य में प्रेमानुभूति के चित्रण का बहिष्कार करें और न ही ऐसे भावुक रसिक हैं जो कविता को जीवन के थपेड़ों से बचाकर उसे केवल प्रेमलोक की निवासिनी बना दें। इन दोनों से भिन्न वे प्रेमानुभूति और संघर्ष-चेतना दोनों विरोधी वृत्तियों के संतुलनमूलक सह-अस्तित्व के साथ जीवन को पूर्णता से जीने के पक्षधर हैं। उनके लिए प्रेम (शृंगार) और संघर्ष (वीर) अन्योन्याश्रित व एक दूसरे की प्रेरक शक्तियाँ हैं। एक का अभाव दूसरे का अभाव है, अतः दोनों के लिए एक-दूसरे की अनिवार्यता सिद्ध है। निराला पुराणों और इतिहास दोनों से उदाहरण देकर अपनी बात पुष्ट करते हैं। राम, पाण्डुपुत्र और अमर सिंह जैसे योद्धाओं में शौर्यपूर्ण पराक्रम जाग्रत करने का श्रेय निराला सीता, द्रौपदी और पद्मिनी को देते हैं। उनके अपने व्यक्तित्व में ओज और माधुर्य का एक-सा प्राबल्य दृष्टिगत होता है। एक ओर उनकी कविताओं में नारी के सुकुमार सौंदर्य और प्रगाढ़ प्रेमानुभूति के अछूते चित्र मिलते हैं तो दूसरी ओर जीवन की समस्याओं से अनवरत संघर्ष करने का ओजपूर्ण आह्वान भी सुनाई पड़ता है।

प्रेमानुभूति किस प्रकार एक सर्जक को तनावमुक्त कर नवीन संघर्ष के लिए रचनात्मक ऊर्जा प्रदान करती है, इसका प्रमाण हमें निराला के व्यक्तित्व और उनकी कविताओं में मिलता है। उनकी कविताओं को पढ़ने पर जहाँ एक ओर जीवन से गहरी सम्पृक्ति का अनुभव होता है वहीं दूसरी ओर ऐसी आत्मिक ऊर्जा का संचार भी होता है जो चेतना को नवीन स्फूर्ति व गति से भर देती है। उनकी कविताओं में प्रगाढ़ प्रेम के मधुर स्रोत भी हैं और संघर्ष के रेगिस्तान की तपती भूमि भी।

उनके काव्य में प्रणय चित्रण का यह स्वरूप उनकी नारी विषयक अवधारणा को एक नया परिप्रेक्ष्य प्रदान करता है। नारी छायावादी कवियों के चिंतन और सृजन का प्रमुख विषय रही है। छायावादी कवि जहाँ नारी को सामन्ती व्यवस्था की अमानवीय रूढ़ियों से मुक्त कराकर उसे सहज मानवीय गौरव प्रदान करना चाहते हैं, स्वाधीनता-आंदोलन की प्रमुख प्रेरणा शक्ति के रूप में समाज एवं राष्ट्र के विकास में उसकी प्रगतिशील भूमिका को उद्घाटित करना चाहते हैं, वहीं वे उसके प्रति जिज्ञासा का भाव रखते हुए उसके साथ वैयक्तिक स्तर पर रागात्मक सम्बन्ध भी स्थापित करना चाहते हैं। इन्हीं कारणों से छायावादी काव्य में नारी का व्यक्तित्व यथार्थ और स्वप्न के मिले-जुले धूप-छाँही रंगों से निर्मित हुआ है। निराला के चिंतन और कृतित्व में नारी अपने सर्वाधिक यथार्थ मानवीय स्वरूप के साथ उभरकर आई है। अन्य छायावादी कवि नारी के भोग्या, निरीह और अबला स्वरूप के स्थान पर उसके ऊर्जस्वी, प्रेरणादायी और आकर्षक गुणों से युक्त उदात्त स्वरूप को तो उद्घाटित करने में समर्थ हुए, परंतु कई स्थलों पर अतिशय भावुकता और अतिरंजनापूर्ण कल्पनाओं के कारण वे उसे अतिमानवीय और दैवी ऊँचाई पर ले गए, जिससे उसका यथार्थ स्वरूप धुँधला हो गया; जबकि निराला ने नारी के भोग्या और देवी दोनों रूपों को तोड़कर उसके व्यक्तित्व का मानव सम्बन्धों के बीच विस्तार किया।

निराला नारी को सौंदर्य और तेजस्विता के समपुंज के रूप में देखना चाहते हैं। वह पुरुष को अपने प्रेम और लावण्य से मोहित करने के साथ-साथ उसका आत्मबोध जगाकर उसे कर्त्तव्य-पथ पर अग्रसर करनेवाली भी हो। अपनी इसी कल्पना के अनुरूप उन्होंने तुलसीदास में ज्ञान-स्वरूपा रत्नावली की सौंदर्य-छवि गढ़ी है। रत्नावली अपने पत्नी-धर्म को निष्ठापूर्वक निभाती हुई, उसे वासना के अंधकार से निकालकर प्रकाश की ओर ले जाती है। जब तुलसीदास अपनी पत्नी के रूप-लावण्य में बँधे प्रेम का फाग खेलते हैं, तब वह अग्निशिखा के समान सचेत और ज्ञानवती होकर जाग्रत रहती है। पति को प्रेम से तृप्त करती हुई वह स्वयं अलिप्त होकर त्यागमयी बनी रहती है। रत्नावली का यह रूप रीतिकालीन सामंती अभिरुचि से कितना भिन्न है, पति को अपने सौंदर्य और प्रेम से सराबोर करते हुए भी वह अपनी तेजस्विता बनाए रखती है। अपने विवेक के बल पर वह वासना के उद्दीप्त क्षणों में भी निस्संग बनी रहती है। वह तुलसीदास को नाशवान, विलासी व जड़

संसार से मानवीय करुणा के अमर आलोक का साक्षात्कार कराने वाली नारी है :

लखती ऊषारुण, मौन, राग,
सोते पति से वह रही जाग;
प्रेम के फाग में आग त्याग की तरुणा;
प्रिय के जड़ युग कूलों को भर
बहती ज्यों स्वर्गंगा सस्वर;
नश्वरता पर आलोक-सुघर दृक्-करुणा।

—निराला रचनावली, भाग-1, पृ. 296

निराला ने रत्नावली को तुलसीदास के बंधन और मुक्ति दोनों की मूल प्रेरणा के रूप में चित्रित किया है। बंधन के लिए तुलसीदास ही उत्तरदायी हैं, क्योंकि अपने जड़ संस्कारों के वशीभूत वे पत्नी के तेजस्वी रूप को नहीं पहचान सके। काव्य के अंत में यही रत्नावली तुलसीदास की सुप्तज्ञान-चेतना को जाग्रत कर, उनमें कर्त्तव्य बोध भर, उनके द्वन्द्वग्रस्त मन को सचेत कर्म की दिशा प्रदान करती है। इसी प्रकार 'प्रेयसी' की प्रिया भी अपनी रूप-माधुरी में बँधे प्रिय को प्रेम की मदहोशी से उबारती है :

रूप के द्वार पर
मोह की माधुरी
कितने ही बार पी मूर्च्छित हुए हो, प्रिय,
जागती मैं रही,
गह बाँह, बाँह में भरकर सँभाला तुम्हें।

—निराला रचनावली, भाग-1, पृ.328-329

निराला, नारी को पुरुष में कर्त्तव्य-बोध की प्रेरक शक्ति के साथ-साथ जीवन में आने वाले विकट संघर्षों के क्षणों में नवीन स्फूर्ति-दायिनी शक्ति के रूप में अंकित करते हैं। वह किस प्रकार अपने सौंदर्य-प्रेम और विश्वास से भरे तेजस्वी रूप द्वारा पुरुष में नवीन आत्मविश्वास और पौरुष का संचार करने में समर्थ है। इसकी एक झलक 'राम की शक्ति-पूजा' में चित्रित सीता की छवि में लक्षित होती है। जब राम रावण के साथ संघर्ष में आत्मबल खोने लगते हैं और अपनी विजय के प्रति आशंकित हो उठते हैं तब संशय, निराशा और वेदना के इन अंधकार पूर्ण क्षणों में सहसा विद्युत के समान सीता की छवि उनकी स्मृति में कौंध जाती है। प्रथम मिलन के मधुर और रोमांचक क्षण उनकी आँखों में तैरने लगते हैं। उनका मन उत्साहित होकर विश्व विजय की भावना से भर जाता है :

ऐसे क्षण अंधकार घन में जैसे विद्युत
जागी पृथ्वी-तनया-कुमारिका छवि, अच्युत
× × ×

फूटी स्मिति सीता-ध्यान-लीन राम के अधर
फिर विश्व-विजय-भावना हृदय में आई भर,

—निराला रचनावली, भाग-1, पृ.330-331

महाशक्ति दुर्गा को रावण के पक्ष में सम्पूर्ण आकाश को आच्छादित किए हुए तथा अपने ज्योतिःशरों को उनके भीतर जाकर, बुझ-बुझकर असफल होते देख, अतुल बल के स्वामी राम अपनी शक्ति और सामर्थ्य के प्रति शंकाकुल हो उठते हैं। ऐसे में पुनः उनके नेत्रों में सीता के प्रेमपूर्ण नयन जिनमें स्वयं उनकी छवि समाहित है, अंकित हो जाते हैं। राम जैसे फिर एक नई प्रेरणा से भर उठते हैं :

फिर देखी भीमा मूर्ति आज रण देखी जो
आच्छादित किए हुए सम्मुख समग्र नभ को,
ज्योतिर्मय अस्त्र सकल बुझ-बुझकर हुए क्षीण
पा महानिलय उस तन में, क्षण में हुए लीन;
लख शंकाकुल हो गए अतुल-बल-शेष-शयंन
खिंच गए दृगों में सीता के राममय नयन,

—निराला रचनावली, भाग-1, पृ.331

कविता में पहले उभरने वाली सीता की विद्युत-छवि जहाँ राम के मन में संघर्ष चेतना को उद्‌बुद्ध करने और विजय का आत्मविश्वास अर्जित करने में प्रेरक बनती है, वहीं सीता के राममय नयन राम के प्रति अपने अगाध प्रेम और विश्वास को पुष्ट करते हुए उनके दायित्वबोध की अनुभूति को अधिक सघन और तीव्र बना देते हैं।

निराला का रूढ़िवाद-विरोधी दृष्टिकोण, नारी के सम्बन्ध में सामंती सौंदर्य-बोध को त्यागकर श्रम मूलक नवीन सौंदर्यबोध के अन्वेषण में प्रवृत्त करता है। सामंतवादी सौंदर्य बोध से प्रेरित नारी चित्रण के अंतर्गत नारी-रूप विलासी जीवन-पद्धति की उपज है। वहाँ स्त्री स्वयं अकर्मण्य और निष्क्रिय रहकर जिस कोमलता और लावण्य को अर्जित करती है, वह एक ओर पुरुष की कर्मचेतना को शिथिल करता है, तो दूसरी ओर स्वयं उसके व्यक्तित्व को सार्थकता देने की बजाय उसकी कांति को निस्तेज कर देता है। निराला अपनी कविता 'विरहिणी पर व्यंग' में ऐसी अवकाश भोगी नायिकाओं पर व्यंग्य करते हैं :

हार मन मार, मार की बहू ललाट ठोंक
काजल बहा कपोल कुत्सित किया करें।
अंचल? लजी मशालची की लालटेन काली,
नेत्र जल से प्रबल नासिका सदा झरे।

कल्पना ललाम की लगाम थाम कविदल,
मुख तुलना न कभी चंद्र के बिना करे।
चाँद आईने में चारु चित्र देख चुप वह
तकिया सहारे पड़ी तारे ही गिना करे।

—निराला रचनावली, भाग-एक, पृ.43-44

इस निष्क्रिय सौंदर्य के विरूद्ध निराला इलाहाबाद के पथ पर तपती लू में पत्थर तोड़ने वाली मजूदर स्त्री में सौंदर्य देखते हैं। यह सौंदर्य श्रम करने से उत्पन्न हुआ है। उसमें जीवंतता है, सक्रियता है। वह संघर्ष में तपा है। उसमें ऊर्जा के साथ-साथ संयम भी है :

श्याम तन, भर बँधा यौवन,
नत नयन, प्रिय-कर्म-रत,मन
× × ×
एक क्षण के बाद वह काँपी सुघर
ढुलक माथे से गिरे सीकर,
लीन होते कर्म में फिर ज्यों कहा—
"मैं तोड़ती पत्थर।"

—निराला रचनावली, भाग-एक, पृ. 343

सामंतवादी जड़ अभिरुचि से भिन्न निराला का जीवन-धर्मी श्रम-मूलक सौंदर्य-बोध जहाँ नारी के व्यक्तित्व को एक नई अर्थवत्ता प्रदान करता है, वहीं इसकी प्रेरणा से वे विलासिता वातावरण में मात्र कामवासना की सामग्री बनी नारी के शोख और चटकीले स्वरूप के स्थान पर नितांत सहज व जीवन-परिवेश में अपनी सादगी से मुग्ध करनेवाली छवि को उभारते हैं। बिहारी को जहाँ नायिका के नेत्र 'अमिय-हलाहल-मदभरे, श्वेत-श्याम-रतनार' व ऐसी ही अन्य विशेषताओं से युक्त, पुरूष को अपने कटाक्ष से जीने-मरने पर विवश करनेवाले दिखाई पड़ते हैं, वहीं निराला किसान की नई बहू की आँखों में दुनिया भर की कुटिलता, आसक्ति, गर्व, कृत्रिमता व वाचालता से रहित सादगी भरा निष्कलुष सौंदर्य पाते हैं :

नहीं जानतीं जो अपने को खिली हुई—
विश्व - विभव से मिली हुई,—
नहीं जानती सम्राज्ञी अपने को
नहीं कर सकीं सत्य कभी सपने को,
वे किसान की नई बहू की आँखें
ज्यों हरीतिमा में बैठे दो विहग बंद कर पाँखें;
वे केवल निर्जन के दिशाकाश की,

प्रियतम के प्राणों के पास-हास की,
भीरु पकड़ जाने को है दुनिया के कर से
बढ़े क्यों न वह पुलकित हो कैसे भी वर से।

—निराला रचनावली, भाग-1, पृ. 363

निराला अपनी द्वन्द्वात्मक अवधारणा के अनुरूप नारी के व्यक्तित्व में कोमलता और कठोरता के गुणों का जो सह-अस्तित्वमूलक संतुलन देखना चाहते हैं, वह नारी के सम्बन्ध में किए गए निष्क्रिय और अवकाशभोगी सौंदर्य की तुलना में कहीं अधिक ऊर्जस्वी और प्रगतिशील है।

अपनी द्वन्द्वात्मक दृष्टि के आधार पर निराला नारी और पुरुष के कर्म क्षेत्र की एकता का समर्थन करते हैं। नारी में मात्र कोमलता और पुरुष में मात्र कठोरता के परंपरागत आरोप का वे विरोध करते हैं और यह प्रतिपादित करते हैं कि बदलते समय के अनुरूप हमें स्त्रियों के संदर्भ में उस पुरानी धारणा से मुक्त होना होगा, जिसके अंतर्गत अतिशय कोमलता, भीरुता, निरीहता आदि को श्रेष्ठगुणों का मापदंड और प्रशंसा का विषय माना जाता था। हमें पुरुष और स्त्री के कर्मक्षेत्रों को भिन्न माननेवाली उस धारणा का विरोध करना होगा जो दोनों के लिए अलग-अलग धर्म स्थापित करती है। अब वह समय आ गया है जब प्रत्येक स्त्री पुरुष को अपने भीतर कोमलता और कठोरता दोनों विरोधी गुणों का सह-अस्तित्वमूलक संतुलन लाना होगा, तभी दोनों के व्यक्तित्व का पूर्ण विकास संभव होगा। वे मिलकर राष्ट्र एवं सामाजिक जीवन को अधिकाधिक उन्नत बनाने में अपना योग दे सकेंगे :

> "अब वह समय नहीं रहा कि हम स्त्रियों के सामने वह रूप रखें जिसके लिए गोस्वामी तुलसीदासजी ने "चित्र-लिखे कपि देखि डराती" लिखा है।...परंतु अब आवश्यकता है, हर एक मनुष्य के पुतले में, चाहे वह पुरूष हो या स्त्री, कोमल और कठोर, दोनों भावों का विकास हो। अब दोनों के लिए एक ही धर्म होना चाहिए।"

—निराला रचनावली, भाग-छः, पृ. 128-129

निराला सामान्य मनुष्यता की भूमि पर पुरुष और नारी की समानता स्थापित करते हैं। वे चिंतन और सर्जन दोनों स्तरों पर नारी का जो रूप गढ़ते हैं, उसमें हमें कोमलता और कठोरता दोनों विरोधी गुणों की संतुलनमूलक एकता दृष्टिगोचर होती है।

पुरुष के जीवन में नारी की सक्रिय भूमिका को इस प्रकार उद्घाटित करना निराला की प्रणयानुभूति का वह सबल पक्ष है जो अपनी स्वछंदता में भी उच्छृंखल नहीं है। प्रेम का यह रूढ़ि-विरोधी स्वरूप जिस नई मर्यादा व नैतिकता को जन्म देता है, वह थोपी हुई न होकर रूढ़िग्रस्त मानस के साथ नवीन परिस्थितियों की माँग से उत्पन्न नए उभरते विचारों के संघात का परिणाम है।

व्यष्टि और समष्टि की द्वन्द्वात्मक एकता

कोई भी रचना अपने आप में नितांत व्यक्तिवादी अथवा नितांत सामाजिक नहीं हो सकती। वे रचनाएँ जिनमें वैयक्तिक अनुभूतियों का प्रकटीकरण होता है, भी सामाजिक संदर्भों से अछूती नहीं हो सकतीं और जिनमें परिवेशगत यथार्थ के चित्रण का प्राधान्य होता है, उनकी पृष्ठभूमि में भी कवि का वैयक्तिक दृष्टिकोण निहित रहता है। वस्तुतः रचना का मूल आधार व्यष्टि और समष्टि की द्वन्द्वात्मक एकता में निहित है। क्रिस्टोफर कोडवेल के अनुसार व्यष्टि या प्रकृत मानव और समूह बद्ध या सभ्य मनुष्य के बीच का अंतर्विरोधही कविता को अनिवार्य बनाता है और इसी से उसे अपनी अर्थवत्ता और अपना सत्य मिलता है। (—क्रिस्टोफर कोडवेल, विभ्रम और यथार्थ, पृष्ठ-44)

व्यक्ति और समाज की द्वन्द्वात्मक एकता का तात्पर्य निषेधपूर्ण विरोध नहीं, वरन् दोनों का संतुलनमूलक सहअस्तित्व है। इसके अंतर्गत दो विरोधी गुणोंवाली वस्तुएँ अनिवार्य रूप से सह-अस्तित्व के सूत्र में बँधकर, एक-दूसरे की पूरक बन नवीन विकास को जन्म देती हैं। जिस प्रकार पुरुष और नारी भिन्न प्रकृति के होकर भी परिवार और सृष्टि का मिलकर निर्माण करते हैं, उसी प्रकार व्यक्ति तथा समाज परस्पर भिन्न और स्वतंत्र होते हुए भी ऐसी सामूहिक व्यवस्था का निर्माण करते हैं, जिसमें दोनों का सहअस्तित्व अनिवार्य रूप से संग्रथित रहता है।

अस्तित्व की प्रकृति अनिवार्यतः द्वन्द्वात्मक है। जिस प्रकार विशुद्ध जड़ या विशुद्ध चेतन संभव नहीं, जड़ प्रतीत होनेवाले संगठन में भी ऊर्जा के परमाणु सक्रिय रहते हैं और चेतन लगनेवाले पदार्थ भी जड़ का विशेष क्रियात्मक रूप ही व्यक्त करते हैं, उसी प्रकार व्यष्टि की अभिव्यंजना भी द्वन्द्वात्मक है। कविता में बाह्य जगत की अभिव्यक्ति व्यक्ति की निरपेक्ष सत्ता का संकेत करती है। किंतु वह अपने आप व्यक्त नहीं होती, व्यक्ति के सजीव-सचेतन अंतर्जगत से संदर्भित होकर व्यक्त होती है। यह स्थिति जहाँ जितनी अधिक आग्रहपूर्ण होती है, वहाँ उतना ही बाह्य को गौण बनाने का प्रयत्न दिखता है। कलावाद, व्यक्तिवाद और ऐसी ही अन्य वाद-व्याधियों का सम्बन्ध इसी से है। लेकिन जहाँ व्यक्ति को माध्यम और निमित्त समझा जाता है, वहाँ भी यथार्थ का निषेध ही होता है। व्यक्ति कभी वृहत्तर पारलौकिक सत्ता के हाथ का निमित्त बनता है, तो कभी राजनीति और धर्म के संस्थान उसे निमित्त बना देते हैं। परंतु व्यक्ति के संवेदन-जगत की विशेषताओं को इस प्रकार ठुकराकर जो बाह्य समष्टि प्रकट होती है, उसकी सृजनात्मकता भी संदिग्ध होती है।

वस्तुतः रचनाकार का परिवेश विभिन्न व्यक्तियों, स्थितियों और घटनाओं के रूप में उसके अनुभव-जगत में संचित होता रहता है। कुछ अनुभव उसकी चेतना को झकझोरते हैं और वह उनके कड़वे-मीठे रूपों से उद्वेलित रहता है। रचना करते

समय एक ओर उसकी चेतना पर इन अनुभवों की छाप होती है तो दूसरी ओर वह इस जकड़ से मुक्त होने के लिए सतत् प्रयत्नशील रहता है। ऐसे में एक ओर अनुभव से आत्मीयता तो दूसरी ओर तटस्थता, एक ओर निकटता तो दूसरी ओर दूरी, एक ओर बँधने का मोह और पीड़ा तो दूसरी ओर मुक्ति का आनंद, ये अनेक स्तरीय द्वन्द्व और तनाव उसे रचनाकर्म में निरंतर प्रवृत्त किए रहते हैं।[9]

इस संदर्भ में एक बात ध्यातव्य है कि जो रचनाकार अपने परिवेश के प्रति सजग रहते हुए उसके यथार्थ रूप को समझने का प्रयास करते हैं। पाठकों को अपनी प्रतिभा द्वारा चौंकाना मात्र जिनका उद्देश्य नहीं होता तथा जो अपने साहित्य द्वारा मनुष्य में जड़ स्थितियों में बदलाव की चेतना जगाना चाहते हैं। उनकी रचनाओं में संवेदनात्मक धरातल पर सामाजिक सरोकारों का बोध उन साहित्यकारों की तुलना में गुणात्मक दृष्टि से अधिक होता है, जो कविता को स्वायत्त मानकर, बाह्य यथार्थ को केवल अपनी निजी अनुभूति को अभिव्यक्त करने का माध्यम मात्र समझते हैं। दूसरे शब्दों में, जिनके लिए परिवेश द्वारा प्राप्त अनुभव गौण परंतु अनुभवों के आधार पर निकाले गए निष्कर्ष अधिक महत्वूपर्ण होते हैं अथवा निजी अनुभूति का वैशिष्ट्य और अभिव्यक्ति की अद्वितीयता का प्रश्न जिन्हें अधिक उपादेय प्रतीत होता है।

जिस रचनाकार के बोध में अपने समय की, अपने देश की और जीवन की जितनी अधिक विशेषताओं का समावेश व संगठन होता है, उसकी रचना पर व्यक्तित्व की ही नहीं, युग की भी उतनी ही गहरी छाप होती है। इसी कड़ी में निराला एक ऐसे कवि हैं, जिनकी रचनाधर्मिता पर उनके व्यक्तित्व की निजता का जितना दबाव है, युगीन-अंतर्विरोधों का संघात उतना ही तीव्र।

निराला की रचनाओं में व्यष्टि और समष्टि का सम्बन्ध अपेक्षाकृत अधिक जटिल और द्वन्द्वात्मक है। उनकी दृष्टि में विरोधी गुणों के द्वन्द्व के बिना गति संभव नहीं। द्वन्द्व प्रत्येक जीव में विरोधी शक्तियों के विद्यमान होने पर भी उनके बीच आकर्षण और विकर्षण के विरोधमूलक सहअस्तित्व को जन्म देता है, परंतु विरोधी गुणों के कारण जिस आकर्षण की सृष्टि होती है, वह अधिक मूल्यवान है। संसार का समस्त रचनाकर्म इसी से आगे बढ़ता है और परिवार ही नहीं जाति, धर्म और भाषा के सामूहिक हित की कामना को यही जाग्रत और बलवती करता है :

> मिथ्या नहीं,
> रहती है जीवों में विरोधी शक्ति,
> पिता से पुत्र का,
> पति का सहधर्मिणी से,
> जारी सदा ही है कर्षण-विकर्षण-भाव
> और यही जीवन है—सत्ता है,
> किंतु तो भी कर्षण बलवान है।

जब तक मिले हैं वे आपस में—
जब तक सम्बन्ध का ज्ञान है—
जब तक वे हँसते हैं,
रोते हैं एक-दूसरे के लिए।
एक-एक कर्षण में
बंधा हुआ चलता है
एक-एक छोटा परिवार
और उतनी ही सीमा में
बँधा है अगाध प्रेम—
धर्म-भाषा-वेश का।

—निराला रचनावली, भाग-1, पृ. 168

इसी कारण निराला का काव्य न तो नितांत व्यक्तिवादी कहा जा सकता है और न ही पलायनवादी। उनके काव्य में व्यष्टि और समष्टि एक-दूसरे से विच्छिन्न नहीं हैं। उन्होंने अनेक काव्य-प्रसंगों में व्यष्टि-समष्टि के अभेद और व्यक्ति चेतना के, समूहभाव में परिणत होने की चर्चा की है। वे व्यावहारिक वेदांत दर्शन की दृढ़ आधारभूमि पर व्यष्टि और समष्टि सम्बन्धी अपनी धारणा को और भी दृढ़ता से सिद्ध करते हैं। 'पंचवटी प्रसंग' में व्यष्टि और समष्टि में एक ही ब्रह्म की व्याप्ति बताकर दोनों की भिन्नता में एकता दर्शायी गई है :

व्यष्टि औ' समष्टि में नहीं है भेद,
भेद उपजाता भ्रम—
माया जिसे कहते हैं।
जिस प्रकाश के बल से
सौर ब्रह्माण्ड को उद्भासमान देखते हो
उससे नहीं वंचित है एक भी मनुष्य भाई!
व्यष्टि औ' समष्टि में समाया वही एक रूप,
चिद्घन आनंद-कंद।

—निराला रचनावली, भाग-1, पृ. 58

व्यक्तिगत स्वतंत्रता के प्रबल पक्षधर होते हुए भी निराला उसे सामूहिक कल्याण से असंबद्ध और निरपेक्ष स्वीकार नहीं करते। उनकी दृष्टि में समूह के हित में ही व्यक्ति का हित समाहित है।

'महाराज शिवाजी का पत्र' शीर्षक कविता में निराला ने अपनी इस धारणा को स्पष्ट करते हुए लिखा है कि व्यक्ति का जाति में पर्यवसान ही संपूर्ण मानवता के कल्याण की आधारभूमि है। औरंगजेब से मिलकर हिंदू राजपूतों का दमन करने वाले राजा जयसिंह की महाराज शिवाजी द्वारा भर्त्सना और उद्बोधन केवल मुगलों की सत्ता

को चुनौती देने के ऐतिहासिक प्रसंग का इतिवृत्त मात्र नहीं है, वरन् इसके माध्यम से निराला जातीय हित के समक्ष व्यक्तिगत स्वार्थ की हेयता भी सिद्ध करते हैं :

व्यक्ति का खिंचाव यदि जातिगत हो जाए,
देखो परिणाम फिर,
स्थिर न रहेंगे पैर यवनों के
पस्त हौसला होगा—
ध्वस्त होगा साम्राज्य।
जितने विचार आज
मारते तरंगें हैं
साम्राज्यवादियों की भोग-वासनाओं में,
नष्ट होंगे चिरकाल के लिए।
आएगी भाल पर,
भारत की गई ज्योति,
हिंदुस्तान मुक्त होगा घोर अपमान से,
दासता के पाश कट जाएँगे।

—निराला रचनावली, भाग-एक, पृ. 169

यहाँ यह व्यंजना छिपी है कि भारत को यदि अंग्रेजों के साम्राज्यवादी शिकंजे से मुक्त कराना है तो व्यक्तिगत हितों का जातीय हित में विलय कर देना आवश्यक है।

राष्ट्रीय स्वतंत्रता, राष्ट्र का कल्याण और उसकी उन्नति निराला के चिंतन और जीवन-दर्शन के नियामक तत्व रहे हैं। इसी कारण रवीन्द्रनाथ टैगौर द्वारा गाँधीजी के 'चरखा' अभियान का विरोध किए जाने पर निराला ने आधुनिक युग की माँग समझते हुए चरखा नामक निबंध में व्यक्तिगत स्वतंत्रता और सामूहिक हित को पृथक मानने वाली धारणा का स्पष्ट खण्डन किया है :

"संघ को ही जो लोग शक्ति मानते हैं—संघ-कार्य द्वारा ही संसार के बड़े-से-बड़े कार्य होते हैं, यह जिनका कहना है, उन्हें व्यक्तिगत स्वतंत्रता का पक्ष लेकर रवि बाबू नीचा दिखा रहे हैं—यह बेवक्त की रागिनी है। समाज-विधाताओं ने जहाँ कोई बात—कोई कानून समाज की उन्नति के लिए बनाया है और समष्टि को उसी के अनुसार चलने के लिए बाध्य किया है, वहाँ उन्होंने व्यक्तिगत शक्ति का नाश नहीं किया; समष्टिगत फायदे से हर एक व्यक्ति को फायदा पहुँचाया है।"

—निराला रचनावली, भाग-6, पृ. 71

निराला व्यक्तिगत जीवन से लेकर समाज, राजनीति, संस्कृति और साहित्य आदि जीवन के विभिन्न क्षेत्रों में निर्भय हो मुक्ति का आवाहन करते हैं, परंतु यह आवाहन संकीर्ण, व्यक्तिवादी, आत्मकेंद्रित, अराजकतावादी व समाज विरोधी मंतव्यों

से प्रेरित नहीं वरन् उसके मूल में सामूहिक मुक्ति की आकांक्षा निहित है। 'परिमल' की भूमिका में निराला ने व्यक्तिगत जीवन और साहित्य के संदर्भ में मुक्ति अथवा स्वातंत्र्य-चेतना की अवधारणा प्रस्तुत करते हुए सामाजिक हित में उसकी कल्याणकारी भूमिका को स्पष्ट किया है :

> "जिस तरह मुक्त मनुष्य कभी किसी तरह भी दूसरे के प्रतिकूल आचरण नहीं करता, उसके तमाम कार्य औरों को प्रसन्न करने के लिए होते हैं—फिर भी स्वतंत्र, इसी तरह कविता का भी हाल है। मुक्त काव्य कभी साहित्य के लिए अनर्थकारी नहीं होता, प्रत्युत उससे साहित्य में एक प्रकार की स्वाधीन चेतना फैलती है, जो साहित्य के कल्याण की ही मूल होती है।"
>
> *—निराला रचनावली, भाग-एक, पृ. 425*

भारतेंदु एवं द्विवेदी युग के मध्यवर्गीय साहित्यकारों में जहाँ एक ओर देश की विषम परिस्थितियों का बोध और उनके प्रति चिंता और व्यथा का भाव दृष्टिगोचर होता है, वहीं दूसरी ओर इनमें नवजागरण की चेतना के फलस्वरूप आदर्शवादी आस्था का दृढ़ संबल, जातीय गौरव, आत्मविश्वास और उज्ज्वल भविष्य के प्रति एक आशावादी दृष्टिकोण भी लक्षित होता है। किंतु 1920 के आस-पास व्यापक बेरोजगारी और आर्थिक संकट के कारण इस वर्ग की जीवन-आस्था कुंठित होने लगी थी। यह स्थिति देश के सांस्कृतिक विकास के लिए एक बड़ा धक्का थी।[10]

सामाजिक विषमता से पीड़ित इस वर्ग की परंपरागत आध्यात्मिक, नैतिक और आदर्शवादी जीवन-मूल्यों से आस्था उठने लगी और मूल्य-संक्रमण की स्थिति उत्पन्न हो गई, जिससे आदर्श और यथार्थ का तीक्ष्ण द्वन्द्व सक्रिय हुआ।

शहरों में आकर बसनेवाले ग्रामीण मध्यवर्ग के साथ-साथ भारत में औद्योगिक मध्यवर्ग का उदय हो चुका था। इस वर्ग में गहरा असंतोष था, क्योंकि प्रथम विश्वयुद्ध के समय अंग्रेजों ने इस वर्ग को अपने विकास के नवीन अवसर प्रदान करने का आश्वासन देकर उनकी सहायता ली, किंतु युद्ध समाप्त हो जाने पर अपनी साम्राज्यवादी नीति के अनुरूप उन पर अंकुश रखना आरंभ कर दिया। परंतु पर्याप्त सजग और शिक्षित होने के कारण यह वर्ग, नवीन ज्ञान-विज्ञान और प्रगति की नवीन दिशाओं से परिचित था। वह यह भी जान चुका था कि व्यक्ति अपनी क्षमताओं का विकास करके जीवन में उन्नति कर सकता है। इस धारणा ने सभी वर्गों, विशेषकर मध्यवर्गीय बुद्धिजीवियों को यथेष्ट प्रेरणा दी, जिससे इस वर्ग में व्यक्ति एवं समाज दोनों स्तरों पर स्वतंत्रता की माँग की और हेतु राष्ट्रीय आंदोलन का नेतृत्व लगभग किया? सभी छायावादी कवि इसी वर्ग की देन थे।

इन कवियों में निराला की स्थिति विशिष्ट है। निराला के पिता मूलतः बैसवाड़ा के किसान थे, जिन्हें किसानी छोड़कर आजीविका हेतु बंगाल के मेदिनीपुर जिले के महिषादल नामक स्थान पर राजा के यहाँ जमादार की नौकरी करनी पड़ी। उनकी

मृत्यु के बाद राजा ने निराला को अपने यहाँ नौकर रख लिया। परंतु, स्वाभिमानी, रूढ़िवाद-विरोधी, स्वछंदताप्रेमी और स्वभाव से विद्रोही प्रवृत्ति के होने के कारण वे अधिक दिनों तक यह नौकरी न कर सके। अपनी प्रवृत्ति और लक्ष्य के अनुकूल उन्होंने हिन्दी की सेवा का क्षेत्र चुना। इस सिलसिले में वे आरंभ में कलकत्ता, फिर लखनऊ और अंत में इलाहाबाद जैसे महानगरों में रहे। साथ ही अपने गाँव गढ़ाकोला तथा ससुराल डलमऊ से भी उन्होंने निरंतर संपर्क बनाए रखा। इसी कारण उनके भावबोध के निर्माण में ग्रामीण और नगरीय तथा किसानी और बुद्धिजीवी संस्कारों के मध्य द्वन्द्व सक्रिय रहा, जिसने उनकी काव्यचेतना के विकास को निरंतर नई प्रेरणा और स्फूर्ति प्रदान की। इस द्वन्द्व ने व्यक्ति-स्वातंत्र्य और स्वछंदता का आकांक्षी होने पर भी उन्हें जन-संपृक्ति से विमुख नहीं होने दिया वरन उसे और अधिक सघन बनाया। उन्हें वह जीवन-दृष्टि प्राप्त हुई, जिससे वे व्यापक जनहित के साथ अपनी आशाओं-आकांक्षाओं का रागात्मक सम्बन्ध स्थापित कर सके। यही नहीं, इस द्वन्द्व ने उनके सौंदर्यप्रेमी कल्पनाजीवी मन को नियंत्रित कर यथार्थ की ठोस भूमि का मजबूत आधार प्रदान किया।

निराला-काव्य में व्यक्ति और समाज की द्वन्द्वात्मक एकता का सम्बन्ध उनके भावबोध में अंतर्मुखता एवं बहिर्मुखता की संश्लिष्ट अभिव्यक्ति के रूप में प्रतिफलित हुआ है। यह अवश्य है कि उनके यहाँ इसका रूप अपेक्षाकृत अधिक मुखर एवं संतुलित है, इसीलिए उनके काव्य में व्यक्तिगत संघर्ष पर युगीन संघर्ष की छाप है और उनकी सामूहिक-संघर्ष-चेतना-मूलक कविताओं में, व्यक्तिगत जीवनानुभवों से उद्भूत हर्ष-विषाद, आशा-निराशा, जय-पराजय और आस्था-अनास्था आदि द्वन्द्वात्मक संवेदन और आवेग, प्रेरक सूत्र के रूप में जुड़े हुए हैं।

निराला की तीन सर्वाधिक चर्चित लंबी कविताएँ—'तुलसीदास', 'सरोज स्मृति' और 'राम की शक्ति-पूजा' व्यष्टि और समष्टि के इसी द्वन्द्वात्मक बोध से उत्पन्न बहुआयामी संघर्ष-चेतना की अभिव्यक्ति हैं। 'सरोज-स्मृति' का कथानक पिता और रचनाकार के रूप में निराला की वैयक्तिक त्रासदी को तो उद्घाटित करता ही है, साथ ही उस अमानवीय सामाजिक व्यवस्था की झाँकी भी प्रस्तुत करता है जो व्यक्तिगत और सामाजिक जीवन के बीच गहरा तनाव उत्पन्न करती है। इस कृति में अभिव्यक्त निराला की पीड़ा, ग्लानि और विवशता का अनुभव स्वयं तक सीमित न रहकर व्यापक सामाजिक अनुभवों से संदर्भित हो समष्टिगत मूल्यवत्ता अर्जित करता है।

एकमात्र पुत्री सरोज का तरुण अवस्था में असामयिक निधन हो जाने से निराला की चेतना को जो गहरा और तीव्र मानसिक आघात लगा, जिस वेदनानुभूति और अवसादपूर्ण मनःस्थिति ने उन्हें एकबारगी भीतर तक झकझोर दिया, 'सरोज-स्मृति' उसी का प्रतिफल है। इस शोक गीत में निराला सरोज के बाल्यकाल से युवावस्था तक की स्मृतियों का मार्मिक अंकन करते हुए उसके सौंदर्य और गरिमामंडित छवि

को तो उकेरते ही हैं, साथ ही घोर आर्थिक विपन्नता और पिता के रूप में अपनी असमर्थता का उल्लेख कर अपनी ग्लानि और अपराध-बोधयुक्त मनःस्थिति को भी उद्घाटित करते हैं। इस नितांत निजी अनुभूतिपरक रचना में कई स्थलों पर में वे पार्श्व भूमि के रूप में तत्कालीन सामाजिक और साहित्यिक रूढ़िवाद का संकेत करते चलते हैं। उस समय एक ही जाति के लोगों में आर्थिक स्थिति के आधार पर अनेक प्रकार के भेदभाव प्रचलित थे। इस खोखले जातिवाद को चुनौती देते हुए निराला ने अपनी पुत्री सरोज का विवाह बिना दहेज दिए एक सुशील व विद्वान व्यक्ति से किया। उन्होंने किसी बाह्य लोकाचार का प्रदर्शन नहीं किया और स्वयं पंडित की भूमिका निभाते हुए कुछ साहित्यिक मित्रों की उपस्थिति में बड़ी सादगी के साथ अपने गाँव में यह विवाह सम्पन्न किया। निराला ने रूढ़िवादी साहित्यकारों द्वारा अपने विरुद्ध चलाए गए अभियान, जिससे वे आजीवन संघर्षरत रहे, का संकेत भी इस कविता में किया है :

एक साथ जब शत घात घूर्ण,
आते थे मुझ पर तुले तूर्ण,
देखता रहा मैं खड़ा अपल,
वह शरक्षेप वह रण-कौशल।

—निराला रचनावली, भाग-1, पृष्ठ-316

'तुलसीदास' और 'राम की शक्ति-पूजा' के कथानक क्रमशः ऐतिहासिक और मिथकीय आधार लेकर विकसित हुए। परंतु, ये दोनों ही कृतियाँ निराला के जीवन, व्यक्तित्व, भाव-जगत, चिंतन और उनमें उठनेवाले अंतर्द्वंद्व की प्रतिच्छवि अत्यंत सशक्त रूप में प्रस्तुत करती हैं।

'तुलसीदास' में चित्रित तुलसीदास का आत्मगत एवं परिवेशगत संघर्ष, निराला के आंतरिक एवं बाह्य द्वन्द्व की ही संश्लिष्ट अभिव्यक्ति है। इस कृति में स्वाधीनता-पराधीनता, जड़वादी शृंगार मूल्य-साधनात्मक-वैराग्य भावना, ज्ञान-अज्ञान, सत्य-असत्य, प्रकाश-अंधकार आदि का जो द्वन्द्वात्मक स्वरूप उद्घाटित हुआ है, वह किसी न किसी रूप में निराला के परिवेश व व्यक्तित्व से जुड़ा है।

परिवेश रो जूझने उरो बदलने और दिशा देने के लिए जिस प्रतिभा और कवि-संस्कारों की जरूरत होती है, वह निराला के पास थे। जिस प्रकार तुलसीदास के सुप्त संस्कारों को जाग्रत करने तथा उन्हें प्रबोध देने में उनकी पत्नी रत्नावली की प्रेरक भूमिका रही, उसी प्रकार निराला के सर्जक मन को उत्प्रेरित करने का श्रेय भी एक सीमा तक उनकी पत्नी मनोहरा देवी को है। निराला का अधिकांश आरंभिक जीवन बंगाल में व्यतीत हुआ जिससे खड़ी बोली हिन्दी के प्रति उनका लगाव न हो सका। इसकी प्रेरणा उन्हें अपनी पत्नी से प्राप्त हुई। उसके तेजस्वी रूप और हिन्दी ज्ञान दोनों ने निराला के सुप्त संस्कारों को झकझोर दिया और वे खड़ी बोली हिन्दी के

महत्व को समझकर उसके अध्यवसाय की ओर प्रवृत्त हुए।[11] फिर हिन्दी को ही उन्होंने अपने रचनाकर्म का माध्यम बनाया।

'राम की शक्ति-पूजा' के राम एक ओर नए संदर्भों और जीवन स्थितियों में साम्राज्यवाद विरोधी चेतना, परंपरागत आस्था से आधुनिक मानव के मोह-भंग, अन्यायपूर्ण व्यवस्था से व्यक्ति के संघर्ष, सत्य-असत्य, न्याय-अन्याय, पाप-पुण्य और जय-पराजय जैसे बुनियादी जीवन-मूल्यों में द्वन्द्व के पुनर्परीक्षण का माध्यम बनते हैं, तो दूसरी ओर निराला के व्यक्तिगत ज़ीवन और संघर्ष को भी उद्भाषित करते हैं। दुर्गा द्वारा साधना का अंतिम कमल उठा लिए जाने पर जब राम अपने जीवन की विरोधी स्थितियों से क्षुब्ध हो, अपने जीवन को धिक्कारते हैं, तब उन क्षोभ और विषादयुक्त उद्गारों में निराला की निजी वेदना मुखर हो उठती है :

"धिक् जीवन को जो पाता ही आया विरोध,
धिक् साधन, जिसके लिए सदा ही किया शोध!

—निराला रचनावली, भाग-1, पृष्ठ 337

इस लंबी कविता में 'राम' निराला की उस अजेय जीवन शक्ति को भी दर्शाते हैं, जो विरोधों और जीवन-संघर्षों के बीच उन्हें निरंतर दृढ़ बनाए रखती है और अवसादपूर्ण क्षणों व गहन वेदना में भी उनकी जीवन-आस्था और विश्वास को डिगने नहीं देती :

वह एक और मन रहा राम का जो न थका;
जो नहीं जानता दैन्य, नहीं जानता विनय।

—निराला रचनावली, भाग-1, पृ. 337

निराला की सर्वाधिक प्रौढ़ कही जानेवाली इन तीनों रचनाओं में ही नहीं, वरन अनेक छोटी कविताओं में भी व्यष्टि-समष्टि में द्वन्द्वात्मक एकता संबंधी अवधारणा की स्पष्ट झलक मिलती है। 'अधिवास' कविता को ही लें, इसमें निराला 'स्व' के प्रति सजग रहते हुए भी व्यक्तिगत मोक्ष प्राप्ति की अपेक्षा उन सामाजिक सरोकारों को अधिक प्राथमिकता देते हैं जो उनके मानस में व्यापक मानवीय करुणा का संस्कार जगाते हैं, और उन्हें एक दुखी भाई की पीड़ा से जोड़ते हैं :

मैंने मैं शैली अपनाई
देखा दुखी एक निज भाई।
दुःख की छाया पड़ी हृदय में मेरे
झट उमड़ वेदना आई।

उसके निकट गया मैं धाय
लगाया उसे गले से हाय।
फँसा माया में हूँ निरूपाय

कहो, कैसे फिर गति रुक जाय

× × ×

छूटता है यद्यपि अधिवास

किंतु फिर भी न मुझे कुछ त्रास।

—निराला रचनावली, भाग-1, पृ-47-48

"निराला का 'मैं' कविता में अपनी पहचान भी बनाता है और दूसरी ओर 'मैं' का अतिक्रमण ही निराला का खास प्रयोजन जान पड़ता है।".

× × ×

"1923 में लिखी गई 'अधिवास' कविता की ये पंक्तियाँ निराला के अनुभव जगत की विशिष्टता या विशिष्ट द्वन्द्वात्मकता का आभास कराती हैं। 'मैं' और शेष संसार का घनिष्ट संबंध कभी सहज और कभी जटिल रूप में निराला में देखा जा सकता है। यह संबंध बहुरूपात्मक है।"

—श्रीवास्तव परमानंद, सूर्यकांत त्रिपाठी निराला, पृ-22

निराला की चेतना में घटित होनेवाला अंतर्मुखता एवं बहिर्मुखता का द्वन्द्व उनकी कविता को स्वप्न और यथार्थ की धूप-छाँही आभा से मण्डित करता है। स्वप्न में चलते हुए वे आत्मविस्मृत न हो जाएँ, इसके लिए यथार्थ उनकी बौद्धिक चेतना को सक्रिय किए रहता है। और, कोरा यथार्थ उनकी रागात्मकता के स्रोत को सुखा न दे, इसलिए स्वप्न उनकी सौंदर्यानुभूति में ढलकर उनकी चेतना को नित नवीन स्फूर्ति प्रदान करता है। इसी कारण जीवन को पूर्णता देनेवाले विभिन्न अनुभवों को समग्रता में स्वीकार करते हुए निराला पूरी तन्मयता से जी पाने में समर्थ हो सके। उनका व्यक्तित्व जब अंतर्मुखी होता है। वे नारी-प्रेम और सौंदर्य की सघन और अछूती भावभूमि में उतरते दिखाई देते हैं तो कभी प्रकृति की रम्य छवि में तन्मय हो डूबे हुए। अंतर्मुखता के ही क्षणों में जीवन की विषम स्थितियों के दंश जब उनकी चेतना को आविष्ट कर लेते हैं, वे गहन वेदना और निराशा से उद्वेलित प्रतीत होते हैं। कभी उन्हें पलायन का भाव परिस्थितियों की उपेक्षा की ओर मोड़ता है तो कई बार वेदना और अवसाद उनके मनोजगत पर हावी हो उनकी चेतना को संज्ञाहीनता की सीमा तक ले जाते हैं और वे अजेय शक्ति के रूप में मृत्यु के वरण की कामना करते हैं। मृत्यु का निर्भीक आह्वान कर वे एक प्रकार से अपनी पलायनवादिता से ही लड़ते हैं। यह आह्वान उनकी कमजोरी नहीं वरन् शक्ति को प्रकट करता है :

दे, मैं करूँ वरण

जननि, दुख हरण पद-राग-रञ्जित-मरण।

भीरुता के बँधे पाश सब छिन्न हों,

मार्ग के रोध विश्वास से भिन्न हों,

आज्ञा, जननि, दिवस-निशि करूँ अनुसरण।

—निराला रचनावली, भाग-1, पृष्ठ-243

उनकी चेतना का बहिर्मुखी छोर उन्हें निष्क्रिय और रुग्ण सौंदर्यानुभूति के स्थान पर कर्मशील सौंदर्य की अवधारणा तक ले जाता है, जो लखनऊ के हीवेट रोड पर नवजात शिशु के साथ प्रकृति की मार सहती हुई भीख माँगनेवाली पगली भिखारिन तथा भरी गर्मियों की दोपहरी में इलाहाबाद के पथ पर धूप और लू के झुलसानेवाले थपेड़ों को झेलती व अन्यायपूर्ण व्यवस्था को चुनौती देती एक पत्थर तोड़नेवाली स्त्री से तादात्म्य करने और अपने काव्य का विषय बनाने में समर्थ हो सके। इसी प्रकार प्रकृति में एक ओर पल्लव-पर्यंक पर शिथिल पत्रांक में निद्रालस-विशाल-नेत्र बंद किए 'जूही की कली' का कोमल सौंदर्य मन को बाँधता है, तो दूसरी ओर बादल जैसे कर्मठ वीर की गगनभेदी हुंकार शोषकों का दिल दहलाती व उत्पीड़ितों में संघर्ष करने की नई चेतना भरती हुई सुनाई देती है। वैयक्तिक स्तर पर एक ओर 'भर देते हो' जैसी कविताओं में वे प्रभु को करुणा के आगार-रूप में चित्रित कर अपने सारे दुख और वेदना को हर लेने की प्रार्थना करते हैं तो दूसरी ओर सहानुभूति एवं करुणा से आर्द्र होकर स्वयं एक दुखी भाई की समस्त पीड़ा को दूर करने और गले लगाने की आकांक्षा से भरे दिखाई देते हैं।

'अध्यात्म फल' और 'तुम हमारे हो' जैसी कविताओं में जहाँ वेदना की सघन अनुभूति है, वहीं यथार्थगत विषमता का काल्पनिक समाधान और उससे प्रेरित पलायन भाव भी प्रकट हुआ है। दूसरी ओर 'बाबा और नाती', 'गए रूप पहचान' तथा 'धारा' जैसी कविताओं में विषम स्थितियों से समझौता न करने, यथास्थितिवाद को तोड़कर परिवर्तन लाने तथा सदियों से कुचले जाने वाले दलितों को उनकी करुण स्थिति से उबारने के लिए सक्रिय संघर्ष के रूप में क्रान्ति की संकल्पना भी सन्निहित है। 'बाबा और नाती' कविता में एक वृद्ध सज्जन द्वारा पुनर्विवाह के लिए लालायित और उद्यत होने पर कवि उसे धिक्कारता व चेतावनी देता है :

आस वृथा करते ब्याह की, ब्याह नहीं होने दूँगा।
एक बहिन को जीवन-भर सिर पीट नहीं रोने दूँगा।
विधवाओं के ब्रह्मचर्य की ज्योति नहीं खोने दूँगा।
राह चलो, बाबा, तुमको सुख सेज नहीं सोने दूँगा।

—निराला रचनावली, भाग-1, पृ. 46

'गए रूप पहचान' कविता में वे अपनी इसी बर्हिमुखी प्रवृत्ति से प्रेरित हो भारत वासियों को जागरण का संदेश देते हुए ब्रिटिश साम्राज्यवाद से समझौता न कर उससे टकराने का उद्बोधन देते हैं :

सुनी राष्ट्रभाषा की जब से भव्य मनोहर तान।
मिटी मोहमाया की निद्रा गए रूप पहचान ॥

छिपी छुरी नीचों के छल में,
देख दम्भ दुष्टों के दल में,
बढ़ आगे, हो सजग मेट तू क्षण में नाम-निशान।
मिटी मोह-माया की निद्रा गए रूप पहचान ॥1॥
चूम चरण मत चोरों के तू,
गले लिपट मत गोरों के तू;
झटक पटक झंझट को झटपट झोंक भाड़ में मान।
मिटी मोह-माया की निद्रा गए रूप पहचान ॥2॥

—निराला रचनावली, भाग-1, पृ. 67

'धारा' कविता के अंतर्गत निराला ने धारा को क्रांति के प्रतीक के रूप में प्रस्तुत किया है। यह धारा अबाध गति से बहती हुई प्रलयकारिणी शक्तिरूपा है, जो अपने प्रखर वेग से चारों ओर उथल-पुथल मचा देती है। पर्वतों के लिए ध्वंसात्मक होकर भी वह प्रकृति के लिए सृजन की प्रेरक है। निराला के मन में जो क्रांति का स्वप्न है, वह विषम सामाजिक व्यवस्था की अवांछनीय स्थितियों में आमूल-चूल परिवर्तन की आकांक्षा से प्रेरित, शोषकों का नाश कर दलित जनों को शोषण-मुक्त करानेवाला तथा जीवन में नवीन संभावनाओं का प्रेरक है :

आज हो गए ढीले सारे बंधन,
मुक्त हो गए प्राण,
रुका है सारा करुणा-क्रंदन।

बहती कैसी पागल उसकी धारा!
हाथ जोड़कर खड़ा देखता दीन
विश्व ये सारा।

बड़े दंभ से खड़े हुए ये भूधर
समझे थे जिसे बालिका
आज ढहाते शिला-खण्ड-चय देख
काँपते थर-थर—
उपल-खण्ड, नर-मुण्ड-मालिनी कहते उसे कालिका।

छुटी लट इधर-उधर लटकी है,
श्याम वक्ष पर खेल रही हैं
स्वर्ण-किरण-रेखाएं
एक पर दृष्टि जरा अटकी है,
देखा, एक कली चटकी है।

—निराला रचनावली, भाग-एक, पृ. 84-85

इस प्रकार निराला की चेतना का एक सूत्र सघन प्रणयानुभूति में गुँथा है तो दूसरा देश-प्रेम की व्यापक भूमि पर प्रसरित है। एक ओर वे नारी में कोमल सौंदर्य के मुग्ध द्रष्टा हैं तो दूसरी ओर उसके कर्मठ और जुझारू रूप में सक्रिय जीवंत सौंदर्य के सृजक भी। वे एक ओर प्रकृति के कोमल रूप में रमनेवाले हैं तो दूसरी ओर उसके भीषण रूप से क्रांति और जनहित के स्वप्न-स्रष्टा भी। एक ओर वैयक्तिक वेदना से आहत हो समस्याओं के काल्पनिक समाधान और पलायनवादिता की ओर उन्मुख हैं तो दूसरी ओर दलित जनों के प्रति करुणा से आर्द्र हो आत्मविश्वास पूर्ण सामूहिक संघर्ष की चेतना को उद्‌बुद्ध करनेवाले सजग गायक भी। निराला की चेतना के अंतर्गत सभी अंतर्मुखी एवं बहिर्मुखी प्रवृत्तियाँ समंजित होकर उनके भावबोध को समग्रता प्रदान करती हैं। भाव बोध की यही समग्रता, उनमें व्यष्टि और समष्टि की द्वन्द्वात्मक एकता के स्वरूप को पुष्ट करती हैं।

करुणा और ओज की द्वन्द्वात्मकता : मनुष्यता का नया स्वरूप

आचार्य रामचंद्र शुक्ल ने करुणा और क्रोध की जिस सामंजस्यपूर्ण अभिव्यक्ति में कर्म-सौंदर्य की पूर्णता लक्षित की है, निराला की काव्य संवेदना, उसी उदात्त कर्म-सौंदर्य की चेतना से प्रेरित है। आचार्य शुक्ल ने जिसे सामंजस्य की संज्ञा दी है उसे हम विरोध-युक्त-संतुलनमूलक-सहअस्तित्व अथवा द्वन्द्वात्मक एकता भी कह सकते हैं। संघर्ष की अवधारणा में दो विरोधी वस्तुओं का बहिष्कारात्मक सम्बन्ध होता है, जबकि द्वन्द्वात्मक एकता में दो वस्तुओं में विरोध वास्तविक न होकर प्रतीयमान होता है। दोनों वस्तुएँ भिन्न होकर भी अनिवार्यतः एक-दूसरे की पूरक होती हैं।[12] करुणा, और ओज जैसे दो विरोधी प्रतीत होने वाले भावों का सह-अस्तित्वपूर्ण संतुलन, द्वन्द्वात्मक एकता के इसी स्वरूप को पुष्ट करता है। निराला के चिंतन और काव्य में अभिव्यक्त मानवतावाद की अवधारणा के मूल में करुणा और ओज की द्वन्द्वात्मक एकता का यही स्वरूप लक्षित होता है। शुक्ल जी के शब्दों में :

> "विचारने की बात है कि दूसरों की निरंतर बढ़ती हुई पीड़ा को देख-देख अत्याचारियों की सुश्रूषा और उसके साथ प्रेम का व्यवहार करते चले जाने में अधिक सौंदर्य का विकास है कि करुणा से आर्द्र और रोष से प्रज्वलित होकर पीड़ितों और अत्याचारियों के बीच उत्साहपूर्ण खड़े होने तथा अपने ऊपर अत्याचार, पीड़ा सहने और प्राण देने में तत्पर होने में। हम तो करुणा और क्रोध के इसी सामंजस्य में मनुष्य के कर्म-सौंदर्य की पूर्ण अभिव्यक्ति और काव्य की चरम सफलता मानते हैं।"

—आचार्य रामचंद्र शुक्ल, चिंतामणि, दूसरा भाग, पृष्ठ-49

यह द्वन्द्वमूलक जीवन-दृष्टि निराला को क्रांति के लिए प्रेरित करती है। क्रांति जिसका मूल स्रोत मानवीय करुणा की व्यापक भूमि से फूटता है, अराजकता का पर्याय नहीं है। उसका स्वरूप नाश और निर्माण के रचनात्मक द्वन्द्व से निर्मित है।

निराला की क्रांति चेतना में दलित जनों की पीड़ा के प्रति गहरी सहानुभूति व वेदना तथा उत्पीड़कों के प्रति तीव्र आक्रोश दृष्टिगत होता है। यही आक्रोश और सहानुभूति निराला की काव्य-संवेदना में एक साथ सक्रिय होकर करुणा और ओज जैसे विरोधी भावों के संतुलनमूलक सह-अस्तित्व को संभव बनाते हैं।

निराला ने अपने चिंतन और काव्य में जिस नवीन मानवतावाद की प्रतिष्ठा की, उसके निर्माण और विकास में स्वामी विवेकानंद के व्यावहारिक वेदांत, जिसके अंतर्गत 'ब्रह्म और जीव में अद्वैत भाव तो है पर संसार मिथ्या नहीं' की अवधारणा का पर्याप्त योग है। ब्रह्म और जीव में अद्वैत प्रतिपादित करने पर भी शंकराचार्य का जो सिद्धांत संसार को मिथ्या घोषित करने के कारण पलायनवादी और शोषण-समर्थक व्यवस्था का पोषक था, वही संसार को यथार्थ मानने के कारण विवेकानंद के यहाँ मानव मात्र को समानता और एकता के सूत्र में बाँधने की प्रेरणा का वाहक बना। यह अद्वैत एक ओर मानवीय करुणा और सेवाभाव को जगानेवाला तो दूसरी ओर अमानवीय व्यवस्था के विरुद्ध संघर्ष हेतु, मानव-मात्र में आत्मिक-शक्ति, गौरवबोध और, पौरुष का संचार करने वाला सिद्ध हुआ।

निराला ने विवेकानंद के इसी मूर्त एवं ठोस मानवतावाद को अपने काव्य सृजन की मूल प्रेरक शक्ति के रूप में अपनाया। उनके काव्य में ओज और करुणा तथा वेदना और संघर्ष की जो संश्लिष्ट अभिव्यक्ति, विविध रूपों और स्तरों पर मिलती है, उसका आधार यही द्वन्द्वमूलक मानवतावादी दृष्टि है। निराला इसी कारण अधिक देर तक कल्पना के अंतर्मुखी संसार में नहीं रम पाते और बार-बार छायावादी संस्कारों का अतिक्रमण कर अपने परिवेशगत यथार्थ के प्रति गहरे सरोकारों से युक्त हो उठते हैं। यह दृष्टि उनके भीतर उस यथार्थपरक समग्र जीवन-बोध को उद्‌बुद्ध करती है जो उनकी चेतना में अमूर्त करुणा के स्थान पर सहानुभूतिमूलक मानवीय करुणा का रूप ग्रहण करता है। उनकी कविताओं में आरंभ से ही शोषित जनों के प्रति आत्मीयता तथा अमानवीय व्यवस्था से टकराने का जो भाव दृष्टिगोचर होता है, उसका मूल स्रोत यही मानवतावादी दृष्टि है। इस मानवतावादी दृष्टिकोण के कारण जीवन को समग्र रूप में भोगनेके पक्षधर रहे, निराला के लिये भोग व्यक्ति की वासनात्मक तृप्ति और लालसा की संतुष्टि का साधन मात्र नहीं, वरन् जीवन यथार्थ की अकुंठ स्वीकृति है।

डॉ. नित्यानंद तिवारी ने अपने एक लेख में साहित्य में जीवन की समग्रता के चित्रण के संदर्भ में एक अत्यंत सार्थक प्रश्न उठाया है—क्या जीवन में प्राप्त होनेवाले हर अनुभव और उनसे उत्पन्न हर प्रकार के सुख-दुखात्मक संवेदन को समग्रता के नाम पर साहित्य में सम्मिलित करने योग्य माना जा सकता है? या हर तरह के लोगों और हर तरह के अनुभवों का संकलन? या सबके प्रति सहानुभूति? तो साहित्य क्या अनुभवों का अजायबघर है।[13]

इस संदर्भ में कहा जा सकता है कि समग्रता की धारणा निर्मित करते समय साहित्यकार की दृष्टि इस विषय में स्पष्ट होनी चाहिये कि वह किन लोगों के जीवन को आधार बनाकर साहित्य-रचना करे। क्या उन लोगों के जीवन पर ध्यान केंद्रित करे जो सुविधाभोगी वर्ग से आते हैं? जिनके लिए जीवन-यापन कोई समस्या नहीं? जिनकी समस्याएँ और दुख अधिकतर स्व-निर्मित कल्पनालोक की उपज हैं; अथवा उन लोगों के जीवन को उद्घाटित करे जो अधिकाधिक श्रम करके भी जीवन की बुनियादी आवश्यकताओं की पूर्ति से वंचित रह जाते हैं और जिनके अभाव, समस्याएँ और दुःख जीवन की वास्तविकताओं और व्यवस्थागत विषमताओं से उत्पन्न होते हैं? स्पष्ट है कि जिन लोगों के सुख-दुख जीवन की बुनियादी जरूरतों से जुड़े अनुभव के घात-संघात से उत्पन्न होते हैं, उनके सुख-दुख को अपने साहित्य में चित्रित करने पर साहित्यकार के भीतर सुख-दुख के संभावनाशील स्वरूप का बोध अधिक गहन व तीव्र हो जाता है और उसकी सहानुभूति को एक विवेकशील आधार व दिशा प्राप्त होती है। उसकी दृष्टि यह तय करने में समर्थ हो पाती है कि वास्तव में सहानुभूति का पात्र कौन है और किसके प्रति निर्ममता का रुख अपनाने की आवश्यकता है? यह विवेक उसके साहित्य की सबसे बड़ी शक्ति होती है। साहित्यकार यह शक्ति अपने समय के ऐतिहासिक और सामाजिक संदर्भों में व्याप्त अंतर्विरोधों और विषमताओं के सचेत अध्ययन तथा उनको उद्घाटित करने हेतु द्वन्द्वात्मक विचार-पद्धति को अपनाकर प्राप्त कर सकता है। उसे अपने भीतर और बाहर दोनों स्तरोंपर इस द्वन्द्व का सामना करना पड़ता है। इस प्रकार, आत्म-संघर्ष और अंतर्द्वंद्व की कठिन प्रक्रिया से गुजरकर वह अमानवीय व्यवस्था के विरुद्ध मानवीय संघर्ष के रचनात्मक मूल्य को अर्जित करता है।[14]

अपने आप से लड़ना ही अंतर्द्वंद्व है। यह अंतर्द्वंद्व साहित्यकार की चेतना में समकालीन, ऐतिहासिक और सामाजिक अंतर्विरोधों की सम्यक् पहचान और स्वीकृति से जन्म लेता है, किंतु इसकी सार्थकता दृष्टि के ढुलमुलेपन और अनिश्चितता को नियति रूप में स्वीकार करने में नहीं है।

निराला के काव्य में करुणा के स्रोत और स्वरूप पर विचार करते समय यह बराबर लक्षित किया जा सकता है कि उन्होंने अपनी चेतना के भीतर परिवेशगत अंतर्विरोधों की सचेत पहचान से उत्पन्न जिस अंतर्द्वंद्व का निरंतर सामना किया, उसके प्रति उनका दृष्टिकोण नियतिवादी न होकर संघर्षमूलक रहा। व्यवस्थागत विषमताओं और अंतर्विरोधों के बोध व विश्लेषण से उनके भीतर यह समझ विकसित हो चुकी थी कि कौन-सा वर्ग उनकी सहानुभूति और करुणा का वास्तविक अधिकारी है और किस वर्ग के साथ उन्हें संघर्ष का रुख अपनाना है। उनके क्रांतिदर्शन का उद्देश्य क्या है? इसका स्पष्ट आभास उनकी काव्य यात्रा के आरंभिक चरण की कविता 'बादल-राग' में ही मिल जाता है। निराला उस शोषित-पीड़ित मानव के

जीवन में क्रांति द्वारा आमूल-चूल परिवर्तन लाना चाहते हैं, जो विपन्न है और विरोधी स्थितियों में भी हँसना जानता है। उनके सामने यह एकदम स्पष्ट है कि संघर्ष और क्रांति ऐसे ही लोगों के जीवन में नवीन-स्पंदन की वाहक होती है :

अट्टालिका नहीं है रे!
आतंक भवन,
सदा पंक पर ही होता।
जल-विप्लव-प्लावन,
क्षुद्र प्रफुल्ल जलज से
सदा छलकता नीर।
रोग-शोक में भी हँसता है।
शैशव का सुकुमार शरीर।

—निराला रचनावली, भाग-1, पृ. 135-136

इसलिए क्रांतिवीर के रूप में भीषण गर्जना करते बादल को देखकर भी जीर्ण-शीर्ण कृषक भय नहीं खाता वरन् आत्मीय समझकर प्रफुल्ल और उत्सुक हो अधीरता पूर्वक समीप बुलाता है। जबकि साधन सम्पन्न वर्ग उसी विप्लव वीर की भीषण ध्वनि से आतंकित हो बेचैन और त्रस्त होकर मुँह छिपाने लगता है :

हँसते हैं छोटे पौधे लघुभार—
शस्य अपार,
हिल-हिल,
खिल-खिल,
हाथ हिलात,
तुझे बुलाते,
विप्लव-रव से छोटे ही हैं शोभा पाते।

—निराला रचनावली, भाग-1, पृ. 135

यहाँ निराला की करुणा का एक अन्य पहलू भी उभरकर सामने आता है। वे दलितों की दशा देखकर द्रवित ही नहीं होते वरन् उन्हें मुक्ति-संघर्ष की प्रेरणा भी देते हैं, जिससे उनमें यह समझ पैदा हो सके कि इन दुःखद स्थितियों से उबरने के लिए संघर्ष और क्रांति अनिवार्य है। "विप्लव-रव से छोटे ही हैं शोभा पाते" से उनका क्रांति का उद्देश्य स्वयं ही स्पष्ट हो जाता है।

निराला की चेतना में क्रांति दलित जन के लिए मुक्ति, उल्लास और शांति की वाहक बनकर आती है। 'धारा' कविता में धारा को वे क्रांति की प्रतीक- रूप में अंकित करते हैं। धारा जो यौवन-मन की उमंग-सी अनियंत्रित वेग से बहती है के प्रतिरोध का साहस किसी में नहीं है। उसके समक्ष भूधर भी पराजित हैं। इसका वेग सृष्टि के सारे बंधनों को शिथिल करता, वेदना का शमन करता, अनवरुद्ध बहता

चलता है। क्रांति का भी यही स्वरूप है जो शोषितों को उत्पीड़न से मुक्त कर सदियों से उनके हृदय में व्याप्त पीड़ा और रुदन को शांत करनेवाली है।

निराला 'धारा' में नरमुण्ड-मालिका-युक्त कालिका, स्वर्ण रेखाओं की झिलमिलाहट व कली का चटखना एक साथ देखते हैं। इस प्रकार क्रांति के भीतर वे समाज की आतताई शक्तियों के ध्वंस के साथ-साथ जीवन में नवीन चेतना का उन्मेष, निर्माण और विकास की असीम संभावनाएँ भी लक्षित करते हैं।[15] उनकी कविता 'लू के झोंकों झुलसे हुए' भी इस दृष्टि से उल्लेखनीय है। इसमें निराला ने ग्रीष्म और वर्षा के प्रतीकों के माध्यम से क्रांति द्वारा पीड़ित जनता के जीवन में परिवर्तन तथा उनके हृदय में नवीन चेतना और स्फूर्ति के स्पंदन व संचार का अत्यंत मर्मस्पर्शी चित्र खींचा है। भीषण ग्रीष्म के पश्चात् वर्षा के आगमन पर, कवि जहाँ सृष्टि में नवजीवन का स्पंदन अनुभव करता है, वहीं उसकी दृष्टि में अत्यधिक ताप ही वर्षा के आगमन का कारण है। उसकी दृष्टि में निदाघ व वर्षा में जो अंतर्संबंध है, वही दुःखी प्राणियों की वेदना, जर-जर अवस्था और क्रांति में है। जिस प्रकार वर्षा का भरा दौंगरा "लू के झोंकों झुलसे हुए" पर ही पहले-पहल गिरकर राहत और शीतलता पहुँचाता है, उसी प्रकार क्रांति का आगमन भी शोषित जनों के लिए नवीन जीवन का वरदान लेकर आता है। जिस प्रकार वर्षा के आते ही नए बीज अंकुरित होते हैं और शुष्क होते पेड़-पौधे नवीन प्राणवत्ता से भर उठते हैं, उसी प्रकार क्रांति के आने पर सुप्त चेतना नवीन जीवन-संभावनाओं के रूप में प्रस्फुटित होती है। जीवन सरसता और खुशहाली से भर उठता है। धरती की सारी अपावनता धोकर, जिस प्रकार वर्षा उसे स्वच्छ, निर्मल व नवीन रूप प्रदान करती है, उसी प्रकार क्रांति समाज की सारी विषमता मिटाकर उसे समान मनुष्यत्व के आदर्श की ओर अग्रसर करती है :

लू के झोंकों झुलसे हुए थे जो,
भरा दौंगरा उन्हीं पर गिरा।
उन्हीं बीजों के नए पर लगे,
उन्हीं पौधों से नया रस झिरा।

× × ×

जग के अपावन धुल गए,
ढेले गड़ने वाले थे घुल गए,
समता के दृग दोनों तुल गए,
तपता गगन घन से घिरा।

—निराला रचनावली, भाग-2, पृ. 134-135

यह तथ्य ध्यान देने योग्य है कि 'बादल-राग' जैसी, आरंभिक दौर की रचनाओं में निराला की विद्रोही चेतना, संघर्ष का जो रूप गढ़ती है, उसमें पीड़ित मानव की स्वयं की सक्रिय भूमिका और शक्ति उजागर नहीं होती। 'बादल-राग' के कृषक में

अपनी शक्ति का बोध इतने तीव्र रूप में अभी जाग्रत नहीं हुआ कि वह संगठित होकर संघर्ष में स्वयं हिस्सा ले सके। यही कारण है कि वह क्रांति के लिए एक अतिमानवीय शक्ति के रूप में विप्लवी वीर को सहायता के लिए बुलाता है। धीरे-धीरे किसानों और दलितों की संगठित संघर्ष-क्षमता में निराला की आस्था उत्तरोत्तर दृढ़ होती चली जाती है। 'जल्द-जल्द पैर बढ़ाओ' व 'डिप्टी साहब आए' जैसी कविताएँ इसका सटीक उदाहरण हैं। 'जल्द-जल्द पैर बढ़ाओ' कविता में निराला नीच समझी जानेवाली जातियों का आह्वान करते हुए कल्पना में भावी समाज का चित्र खड़ा करते हैं। उनकी दृष्टि में वह समय आ गया है कि जब सदियों से चली आती यह दूषित वर्ण-व्यवस्था छिन्न-भिन्न होने को है। अब सामाजिक समानता का वह मार्ग खुलने को है, जिसमें सामाजिक विकास की बागडोर दलित जनों के हाथों में केंद्रित होगी :

जल्द-जल्द पैर बढ़ाओ, आओ, आओ।

आज अमीरों की हवेली
किसानों की होगी पाठशाला,
धोबी, पासी, चमार, तेली
खोलेंगे, अंधेरे का ताला
एक पाठ पढ़ेंगे, टाट बिछाओ।

—निराला रचनावली, भाग-2, पृ.167,168

इन दोनों कविताओं में निर्धन और पीड़ित वर्ग की विजय का जो स्वप्न निराला ने बुना है, वह भले ही उनके समय से आगे का है, किंतु यह उनके उस यथार्थमूलक दृष्टिकोण के विकास का सूचक है जो मनुष्य को अपनी हीनता से उबरने और अपने भीतर मानवोचित गरिमा और विश्वास उत्पन्न करने की प्रेरणा देता है। वे जानते थे कि जिस व्यवस्था में जी रहे हैं, उसका आधार विषमता है और जिस सामूहिक सुख और ऐश्वर्य की वे कामना करते हैं, उसे अर्जित कर पाना ऐसी जीवन स्थितियों में बदलाव के बिना संभव नहीं है। इसी कारण उनके हृदय में जहाँ शोषितों और दलितों के प्रति करुणा का अपार सागर लहराता है, वहीं अमानवीय व्यवस्था को जन्म देनेवाले तथा उसे पोषित करनेवाले अत्याचारियों के प्रति संघर्ष-चेतना की अग्नि भी भभकती है। निरीह मानवता और अहिंसा पूर्ण समर्पण में आस्था न होने के कारण उनकी काव्य-संवेदना का एक स्तर करुणा से आर्द्र है तो दूसरा अन्याय के ओजपूर्ण विरोध से दीप्त।

'जागो फिर एक बार' कविता में निराला सिंहिनी और मेष माता में आचरण-भेद दिखाकर अन्याय के प्रति निरीह समर्पण के विरुद्ध शक्तियुक्त संघर्ष की धारणा प्रतिष्ठित करते हैं। जहाँ एक ओर सिंहिनी की गोद से उसका शिशु छीनने का साहस

कोई नहीं कर सकता, वहीं दूसरी ओर मेष माता अपने बच्चे के छीने जाने पर दुखी होती हुई आँसू बहाने के अतिरिक्त कुछ और नहीं कर सकती :

सिंही की गोद से
छीनता रे शिशु कौन?
मौन भी क्या रहती वह
रहते प्राण?
रे अजान!
एक मेषमाता ही
रहती है निर्निमेष-
दुर्बल वह
छिनती संतान जब
जन्म पर अपने अभिशप्त
तप्त आँसू बहाती है–
किंतु क्या,
योग्य जन जीता है,
पश्चिम की उक्ति नहीं–
गीता है, गीता है–
स्मरण करो बार-बार–
जागो फिर एक बार!

–निराला रचनावली, भाग-1, पृ. 153

निराला सिंहिनी की प्रकृति के समर्थक हैं। गीता के संदेश का स्मरण दिलाकर वे मूक समर्पण के स्थान पर सक्रिय प्रतिरोध का पक्ष लेते हैं, जो संघर्षशील मानवता के प्रति उनकी दृढ़ आस्था का द्योतक है।

निराला की साम्राज्यवाद विरोधी चेतना में भी मानवीय संघर्ष की भूमिका को लक्षित किया जा सकता है। 'गए रूप पहचान' तथा 'महाराज शिवाजी का पत्र' कविताओं में निराला साम्राज्यवादी शक्तियों के विरुद्ध सक्रिय प्रतिरोध का आह्वान करते हुए मानवीय संघर्ष की इसी रचनात्मक भूमिका को रेखांकित करते हैं। 'गए रूप पहचान' कविता में वे भारतवासियों द्वारा अंग्रेजों से याचना और उनसे दया-दृष्टि की आशा करने के स्थान पर डटकर मुकाबला करने का आह्वान करते हैं। 'महाराज शिवाजी का पत्र' कविता में शिवाजी के माध्यम से राजा जयसिंह को वे जो उद्‌बोधन देते हैं, उसके अंतर्गत भी औरंगजेब से मैत्री करने की अपेक्षा डटकर उत्तर देने का सुझाव देते हैं :

ईंट का जवाब हमें
पत्थर से देना है,
तुर्कों को तुर्की में,

घूँसे से थप्पड़ का।

—निराला रचनावली, भाग-एक, पृ. 166

मानवीय संघर्ष-शक्ति के प्रति यह अदम्य आस्था निराला को सामान्य जन के अधिकाधिक निकट ले आती है। उनका मानव साधनहीन होते हुए भी असीम संभावनाओं से युक्त है, विवश होते हुए भी कर्मठ है, और अभावग्रस्त होकर भी जीवन से भागता नहीं है। निराला इसी सामान्य मनुष्य की संघर्ष-क्षमता को जाग्रत कर उसे क्रांति के लक्ष्य तक पहुँचाने का स्वप्न रचते हैं।

सौंदर्य और विद्रूप

निराला की कविताओं में जहाँ एक ओर जीवन के सौंदर्यपूर्ण पक्षों के प्रति तीव्र आकर्षण, आवेग, तन्मयता व सघन भावानुभूति से युक्त आत्म-विभोर कर देनेवाला चित्रण मिलता है, वहीं यथार्थ जीवन की उन विद्रूप स्थितियों का भी अंकन दृष्टिगोचर होता है जो अनचाही होकर भी अनिवार्य विवशता के रूप में जीवन से जुड़ी है। जीवन चाहे वैयक्तिक हो या सामूहिक, निराला-काव्य में विद्रूप का चित्रण मानसिक कुंठा की विकृत परिणति मात्र नहीं है, उसके मूल में मानवीय करुणा, विडम्बना और त्रासदी के तत्वों से आपूरित संवेदना स्रोत भी प्रवाहित है, जो विद्रूप चित्रण को एक सुनिश्चित यथार्थपरक आधार और मानवीय दिशा प्रदान करता है।

रोमांटिक कवि होने के नाते निराला की चेतना में प्रकृति और नारी-सौंदर्य के प्रति उत्कट आकर्षण व प्रेम के प्रति तीव्र ललक तथा जीवन के ऐश्वर्य व उल्लासपूर्ण पक्षों के लिए गहरी चाह रही। परंतु एक ओर प्रारंभिक जीवन से ही एक-एक कर माता, पिता, पत्नी, चाचा और फिर प्रिय पुत्री सरोज एवं कुछ निकटतम मित्रों की असमय मृत्यु से मिले आघातों, आर्थिक संकट और सतत साहित्यिक विरोध के कारण उन्हें मोह और आकर्षण की दुनियां में रहने का अधिक अवसर नहीं मिला। दूसरी ओर उनकी चेतना में शोषक-व्यवस्था के प्रति आक्रोश, शोषितों व दलितों के प्रति अपार सहानुभूति और करुणा का स्रोत निरंतर प्रवाहित रहा। इसीलिए उनकी कविताओं में प्रारंभ से ही सौंदर्य और प्रेम के स्वप्न देखने और गढ़ने के साथ-साथ उन्हें तोड़ने और उनसे मुक्त होने का प्रयास भी दृष्टिगत होता है। एक ओर वे 'जूही की कली', 'संध्या सुंदरी' व 'बहू' जैसी कविताएँ लिखते हैं तो दूसरी ओर 'विधवा', 'भिक्षुक' व 'दीन' के करुणामय चित्र उकेरते हैं। एक ओर 'कौन तुम शुभ्र किरण वसना' और 'प्रिय यामिनी जागी' के अंतर्गत प्रिय के साथ रात बिताकर उसे तृप्त कर ज्योति की तन्वी के रूप में अवतरित होने वाली सौंदर्य और प्रेम की आगार प्रेयसी का स्पप्न बुनते हैं, तो दूसरी ओर इलाहाबाद के पथ पर भरी दोपहरी में लू के थेपेड़े सहती, पत्थर तोड़ती मजदूर स्त्री के कठिन संघर्ष व वेदना भरे जीवन-यथार्थ को अंकित करते हैं। कथा साहित्य में जहाँ एक ओर 'कनक', 'निरूपमा' और 'अलका' जैसी अम्लान सौंदर्य की स्वामिनी

नायिकाएँ हैं, वहीं दूसरी ओर 'देवी' (कहानी) की 'पगली भिखारिन'। एक ओर स्वप्न, दूसरी ओर (उसके विपरीत) यथार्थ, एक ओर मोह दूसरी ओर मोहभंग और दोनों के बीच निराला का अंतर्द्वंद्व जिसका स्पष्ट आभास 'देवी' और 'कुल्लीभाट' नामक कृतियों से मिलता है। परंतु निराला की विशेषता यह है कि वे अपनी बेहोशी को पहचानते हैं और उससे मुक्त होने का निरंतर प्रयास करते हैं :

> "बारह साल तक मकड़े की तरह शब्दों का जाल बुनता हुआ मैं मक्खियाँ मारता रहा। मुझे यह ख्याल था कि मैं साहित्य की रक्षा के लिए चक्रव्यूह तैयार कर रहा हूँ। इससे उसका निवेश भी सुंदर होगा और उसकी शक्ति का संचालन भी ठीक-ठीक। मुझे बराबर पेट के लाले रहे। पर फाके-मस्ती में भी मैं परियों के ख्वाब देखता रहा।"
>
> × × ×
>
> "इसलिए मेरी दुनिया भी मुझसे दूर होती गई। अब मौत से जैसे दूसरी दुनिया में जाकर मैं उसे लाश की तरह देखता होऊँ।"
>
> *–निराला रचनावली, भाग-चार, पृ.356*

'कुल्ली-भाट' में एक स्थल पर निराला द्वारा किया गया आत्मविश्लेषण द्रष्टव्य है। डलमऊ में कुल्ली द्वारा स्थापित अछूतों की पाठशाला देखते समय वे उन अछूत बालकों के निष्कपट स्नेह व आदर से भरे किंतु हीनताग्रस्त व्यवहार को देखकर द्रवित हो उठते हैं। ऐसी हीनता, जिसके मूल में सामाजिक अन्याय है–निराला अपने भीतर झाँकते हैं। उनका दायित्वबोध उन्हें आत्मग्लानि की स्थिति तक पहुँचा देता है। उनके भीतर अपने सौंदर्य-प्रेम व विलास-कामी मन के प्रति तिरस्कार की भावना जाग्रत होती है और अपनी साहित्य-साधना व्यर्थ लगने लगती है :

> "अधिक न सोच सका। मालूम दिया, जो कुछ पढ़ा है, कुछ नहीं; जो कुछ किया है, व्यर्थ है; जो कुछ सोचा है, स्वप्न। कुल्ली धन्य है।"
>
> × × ×
>
> "बिना वाणी की वह वाणी, बिना शिक्षा की वह संस्कृति, प्राण का पर्दा-पर्दा पार कर गई। लज्जा से मैं वहीं गड़ गया। वह दृष्टि इतनी साफ है कि सब कुछ देखती-समझती है। वहाँ चालाकी नहीं चलती। ओफ! कितना मोह है! मैं ईश्वर, सौंदर्य, वैभव और विलास का कवि हूँ!–फिर क्रांतिकारी!"
>
> *–निराला रचनावली, भाग-चार, पृ. 63-64*

मोह और मोह-भंग का यह द्वन्द्व समय-समय पर उनकी रचनात्मकता को नए तेवर प्रदान करता है। व्यंग्य की प्रवृत्ति उनमें आरंभ से ही थी, जिसका उपयोग वे प्रायः व्यवस्थागत अंतर्विरोध को उजागर करने में करते थे। यह व्यंग्य कई कविताओं में प्रकारांतर से विद्रूप चित्रण में परिणत हो गया। यद्यपि एक आरंभिक कविता 'विरहिणी पर व्यंग्य' में इसका कुछ आभास हमें मिलता है।

परंतु 1935 में सरोज़ की मृत्यु के पश्चात् द्वितीय विश्वयुद्ध और उसके आस-पास गहरी सामाजिक, राजनीतिक व वैचारिक उथल-पुथल की परिस्थितियों में निराला के मोहभंग की प्रक्रिया में तीव्रता आई। उन्हें गहरे मानसिक संकट से गुजरना पड़ा। ऐसे में विद्रूप-चित्रण स्वाभाविक रूप से उभरकर सामने आया। इस प्रवृत्ति को 'कुकुरमुत्ता' संग्रह की अनेक रचनाओं में देखा जा सकता है। इस दौर के पश्चात् भी यथार्थगत विकृतियों को उभारने की दिशा में वे निरंतर सक्रिय रहे।

द्वितीय विश्वयुद्ध के दौरान लिखी गई उनकी कुछ कविताओं में हमें तीक्ष्ण मोहभंग और उसकी प्रतिक्रिया-स्वरूप उत्पन्न अराजक मनोवृत्ति की झलक मिलती है। सरोज की मृत्यु के पश्चात् तो वे जीवन-मूल्यों पर से जैसे अपनी आस्था ही खो बैठते हैं। जीवन-आस्था में पड़ी यह दरारें 'राम की शक्ति-पूजा' में और गहरी होती दिखाई देती हैं। यहाँ वे सत्य, धर्म, न्याय जैसे जीवन-आदर्शों के सम्बन्ध में परंपरागत रूप से जुड़ी विजय की अवधारणा पर प्रश्नचिह्न लगा देते हैं। जीवन में व्याप्त आदर्श और यथार्थ की यह विसंगति, जहाँ शक्ति न्याय के नहीं अन्याय के पक्ष में है, निराला के मन को वेदना और क्षोभ से भर देती है। इस कविता में राम का अंतर्मन ही नहीं विघटित होता, प्राकृतिक शक्तियाँ भी विभाजित हैं। यहाँ निराला के मनोजगत में उत्पन्न भावात्मक एवं विचारात्मक संकट का आभास मिल जाता है।

'कुकुरमुत्ता' में निराला के मोहभंग और अनास्था ने एक प्रकार से उच्छृंखल रूप धारण कर लिया है। उनके मोहभंग की परिणति अराजकतावादी मनोवृत्ति में हुई है। 'कुकुरमुत्ता' व 'गुलाब' के प्रतीकों को यद्यपि विद्वानों ने कई प्रकार से व्याख्यायित करने का प्रयास किया है। कुछ गुलाब को पूँजीपति वर्ग और कुकुरमुत्ता को सर्वहारा वर्ग तो कुछ गुलाब को सामंतवादी और कुकुरमुत्ता को जन संस्कृति का प्रतीक मानते हैं। कुकुरमुत्ता की उच्छृंखलता, उसकी उत्तेजतनापूर्ण गर्वोक्तियों तथा ऊल-जलूल तर्कों द्वारा स्वयं को गुलाब की तुलना में श्रेष्ठ सिद्ध करने के प्रयास की मूल प्रेरणा को यदि खोजा जाए तो स्पष्ट ही निराला की तत्कालीन चेतना पर हावी अराजक मनोवृत्ति को लक्षित किया जा सकता है। निराला-साहित्य के मर्मज्ञ डॉ. रामविलास शर्मा का मत इस तथ्य की पुष्टि करता है :

> "कुकुरमुत्ता की तर्क योजना जिस वर्ग-दृष्टि का परिचय देती है, वह प्रोलीटेरियट की नहीं, लुम्पेन प्रोलीटेरियट की वर्ग-दृष्टि है, शहर के आवारा टटपूँजियों का दृष्टिकोण, जो क्रांतिकारी संगठन और संघर्ष का रास्ता छोड़कर अराजकतावादी नीतिअपनाता है।"
>
> × × ×
>
> "अपनी इस अराजकतावादी भूमिका के अनुरूप कुकुरमुत्ता देश की सांस्कृतिक विरासत की ओर गलत रुख अपनाता है। प्रकृति में एक ही शक्ति व्याप्त

है, वह इस दर्शन का मखौल करता है। कुकुरमुत्ता सुबह का सूरज है, शाम का चाँद है। ब्रह्म के समान उसकी व्याप्ति का चित्रण वेदांत का उपहास है, उसका सही मूल्यांकन नहीं।''

—रामविलास शर्मा, निराला की सा. सा., भाग-दो, पृ. 223

जो व्यक्ति श्रेष्ठ जीवन-मूल्यों की स्थापना और विकास के लिए आजीवन पूरी निष्ठा और ईमानदारी से संघर्ष करता रहा हो, जिसने प्रेम और सौंदर्य के आत्मविभोर कर देनेवाले रस भीने अनुभवों के स्वप्न बुने हों, उसे जीवन की विसंगतियों का दंश निश्चय ही अधिक पैना व तीखा महसूस होगा। उसका जीवन-आदर्श तथा प्रेम और सौंदर्य जैसी कोमल अनुभूतियाँ तहस-नहस हो जाएँगी। 'कुकुरमुत्ता', 'प्रेम संगीत', 'रानी और कानी' तथा 'खजोहरा' आदि कविताएँ निराला की इसी मनःस्थिति को स्पष्ट करती है।

कुकुरमुत्ता का अनियंत्रित और कई स्थलों पर अनर्गल स्वगत भाषण :

तू है नकली, मैं हूँ मौलिक
तू है बकरा, मैं हूँ कौलिक
तू रँगा और मैं धुला
× × ×
शेर भी मुझसे गधा है
× × ×
मुझसे मूँछें, मुझसे कल्ला
मेरे लल्लू, मेरे लल्ला
× × ×
मैं पुरुष और मैं ही अबला।
मैं मृदंग और मैं ही तबला।
× × ×
मुझी में गोते लगाए वाल्मीकि-व्यास ने
मुझी से पोथे निकाले भास-कालिदास ने।

—निराला रचनावली भाग-2, पृ.-51, 52, 53, 54.

'प्रेम-संगीत' में प्रणयानुभूति का मजाक व उसका छिछला प्रदर्शन :

कोयल-सी काली, अरे,
चाल नहीं उसकी मतवाली,
ब्याह नहीं हुआ, तभी भड़का,
    दिल मेरा, मैं आहें भरता हूँ।

—निराला रचनावली भाग-2, पृ. 35

'रानी और कानी' :

चेचक के दाग, काली, नक-चिण्टी,
गंजा सर, एक आँख कानी।
रानी अब हो गई सयानी।

—निराला रचनावली, भाग-2, पृ. 37

व 'खजोहरा' :

बुआ ताल में पैठी जैसे हथनी,
डर के मारे काँपने लगा पानी;
लहरे भगीं चढ़ने को किनारे पर,
बाँधा पानी बुआ ने बाहों से भरकर।

—निराला रचनावली, भाग-2, पृ. 65

ये उदाहरण निराला की सहज प्रकृति के विपरीत विकृत मनोवृत्ति को ही दर्शाते हैं।

जिस कवि ने कभी गौर वर्णा, सुकोमल, घने केशोंवाली, अम्लान सौंदर्य से युक्त, बड़ी-बड़ी आँखोंवाली सुडौल नायिकाओं के चित्र बड़ी तन्मयता से खींचे हैं, उसी की लेखनी द्वारा रूखे हाथोंवाली तथा गंजा सिर और एक आँखवाली कानी रानी का चित्रण मन की विकारग्रस्त प्रतिक्रिया ही है, जो निराला के मन की कमजोरी को प्रकट करती है। परंतु यह उनकी चेतना की प्रमुख प्रवृत्ति नहीं है। इसका प्रभाव तात्कालिक है। वे फिर से अपनी मानसिक ऊर्जा का परिचय देते हुए भावात्मक संकट के इस कठिन दौर से उबरते हैं। परंतु यथार्थगत विद्रूपता के अंकन का क्रम रुकता नहीं, उसमें अधिक गहराई और पैनापन आता चला जाता है। 'बेला' और 'नए पत्ते' की कविताएँ यहाँ तक कि उनकी भक्ति परक रचनाएँ भी उनके इस रुझान को प्रमाणित करती हैं। 'स्फटिक-शिला', 'सड़क के किनारे दुकान है', 'वेश रूखे अधर सूखे', 'दगा की', 'तारे गिनते रहे', 'छलाँग मारता चला गया', 'ऊँट-बैल का साथ हुआ', 'मानव जहाँ बैल-घोड़ा है', आदि ऐसी ही कविताएँ हैं।

जीवन में व्याप्त विसंगतियों से निराला बहुत क्षुब्ध थे। सिद्धांत और व्यवहार का विरोध, कथनी-करनी का अंतर तथा बाहरी चकाचौंध व भीतर का खोखलापन, परिवेशगत जीवन-पद्धति में विभिन्न स्तरों पर व्याप्त, यह वैषम्य उन्हें अक्सर कचोटने लगता। 'स्फटिक-शिला' कविता में उन्होंने अपने इसी भाव को व्यक्त किया है :

...पूछा,
रामलाल से, "जो कुछ भी दिखता है, छूँछा,
ऐसा ही भरा है?"

"जीता है कौन, कौन मरा है,
मुझको मालूम नहीं,
लेकिन यह है सही"

—निराला रचनावली, भाग-दो, पृ. 72-73

'सड़क के किनारे दुकान है' कविता में वे सहज क्रिया-कलाप और दृश्य-चित्रण के बीच मानव जीवन में आकस्मिक ढंग से आई विकृति की ओर प्रतीकात्मक ढंग से संकेत करते हैं :

सड़क के किनारे दुकान है
पान की, दूर एक्कावान है
घोड़े की पीठ ठोकता हुआ
पीरबख़्श एक बच्चे को दुआ
दे रहा है, पीपल की डाल पर
कूक रही है कोयल माल पर
बैलगाड़ी चली ही जा रही है।
नीम फूली है खुशबू आ रही है
डालों से छन-छनकर राह पर
किरने पड़ रही हैं, बाह पर
बाह किए जा रहा है खेत में
दाहिनी तरफ किसान, रेत में
बाईं तरफ चिड़ियाँ कुछ बैठी हैं,
खुली जड़ें सिरसे की ऐंठी हैं।

—निराला रचनावली, भाग-2, पृष्ठ-112

जिस देश को कभी सोने की चिड़िया कहा जाता था, सदियों तक पराधीन रहने के कारण उसके निवासियों की कितनी दुर्गति हो गई है, निराला बराबर देख रहे थे। भूख और अभाव से पीड़ित जनता के जीवन में खुशहाली, सरसता और सौंदर्य कहाँ है :

वेश रूखे, अधर सूखे
पेट भूखे, आज आए।
हीन जीवन, दीन चितवन,
क्षीण आलम्बन बनाए।
तिमिर ने जब घेरकर
तुमको, प्रकाश हरा तुम्हारा।

—निराला रचनावली, भाग-दो, पृ. 133-134

भारतीय सभ्यता का गौरव-गान और उसकी विकास यात्रा की महिमा-मण्डित गाथा कहते हुए जो लोग थकते नहीं, 'दगा की' कविता में निराला ने उनका भ्रम पूरी तरह तोड़ा है। इस कविता में संकेतों के माध्यम से वे कहते हैं कि जो सभ्यता ऊपर से इतनी भव्य, ऐश्वर्य-मण्डित और विकसित प्रतीत होती है, वह वास्तव में भीतर से खोखली हो चुकी है। जैसे वेश्या अपने शरीर के निरंतर क्रय-विक्रय से कांतिहीन, रोगी, शिथिल और जर्जर हुई काया को रात में शृंगार कर पुनः आकर्षक बनाने का निष्फल प्रयत्न करती है, परंतु उसका उद्धार करने कोई नहीं आता, उसी प्रकार इस देश में आरंभ से कितने ही दार्शनिक, मनीषी, योगी व चिंतक हुए व बाहर से आए और अपने सिद्धांत व उपदेश दिए, परंतु जनता की स्थिति वही की वही रही। जीवन खोखला होता चला गया। सभ्यता ने दगा की :

सैकड़ों सदियाँ गुजरीं।
बड़े-बड़े ऋषि आए, मुनि आए, कवि आए,
तरह-तरह की वाणी जनता को दे गए।
× × ×
पौ फटी।
किरनों का जाल फैला।
दिशाओं के होंठ रँगे
दिन में, वेश्याएँ जैसे रात में।
दगा की इस सभ्यता ने दगा की।

—निराला रचनावली, भाग-दो, पृ.185

'तारे गिनते रहे' कविता में जनता की जीवन स्थिति में बढ़ती सड़ाँध, उसमें व्याप्त तीव्र वेदना व पीड़ा को समूची विद्रूपता के साथ उभारते हुए उसकी तुलना कवि ने बालतोड़ के साथ की है :

बालों के नीचे पड़ी जनता बलतोड़ हुई।
माल के दलाल ये वैश्य हुए देश के।

—निराला रचनावली भाग-दो, पृ. 187

'छलांग मारता चला गया' कविता के अंत में "थाले के पानी से उठकर, मूत-मूत कर छलांग मारता चला गया" मेंढ़क पराधीन भारत में जमींदार की शक्ति के समक्ष किसान की कमज़ोर, निरीह व दयनीय स्थिति का प्रतीक है :

बढ़ा हो किसान भी अधिकार के लिए
गूला उस पेड़ के
तने पर रखकर वह
डर-डरकर देखता है।
आँखों में उस अवसर पर,

धुंधी छा जाती है,
× × ×
पास का मेंढ़क थाले के पानी से उठकर
मूत-मूत कर छलांग मारता चला गया।

—निराला रचनावली, भाग-दो, पृ. 200-201

'ऊँट-बैल का साथ हुआ' में व्यवस्थागत विकृति, वैषम्य, असंतुलन और दिशाहीन गति इन सबके दुष्प्रभाव से जीवन में उत्पन्न जड़-विद्रूपता को उभारा गया है। जीवन सूख कर रूखा, लकड़ी के ठूँठ-सा हो गया है :

ऊँट-बैल का साथ हुआ है;
कुत्ता पकड़े हुए जुआ है।
यह संसार सभी बदला है;
फिर भी नीर वही गँदला है,
× × ×
रूखा होकर ठिठुर गया है।
जीवन लकड़ी का लड़का है।

—निराला रचनावली, भाग-दो, पृ. 447

सभ्यता और ज्ञान-विज्ञान के विभिन्न सोपान पार करते हुए भी मनुष्य आज तक अपनी आदिम, स्वार्थी व हिंसक मनोवृत्ति से मुक्त नहीं हो पाया है। मनुष्य के बाह्य और आंतरिक जगत के इस असंतुलन का निराला ने 'मानव जहाँ बैल-घोड़ा है' कविता में व्यंग्यपूर्ण चित्रण किया है :

मानव जहाँ बैल-घोड़ा है,
कैसा तन-मन का जोड़ा है?
× × ×
वन्य भाव का यह कोड़ा है।
× × ×
पक-पक कर ऐसा फूटा है,
जैसा सावन का फोड़ा है।

—निराला रचनावली, भाग दो, पृ.447

सच्चा संवेदनशील साहित्यकार अपने चारों ओर फैले असुंदर की उपेक्षा कर कल्पना के सौंदर्यलोक में विचरण नहीं कर सकता। आचार्य हजारी प्रसाद द्विवेदी ने एक स्थान पर लिखा है :

> "साहित्य के उपासक अपने पैर के नीचे की मिट्टी की उपेक्षा नहीं कर सकते। हम सारे बाह्य जगत को असुंदर छोड़कर सौंदर्य की सृष्टि नहीं कर

सकते—इस बाह्य असुंदरता के ढूह में खड़े होकर आंतरिक सौंदर्य की उपासना नहीं हो सकती। हमें उस बाह्य असौंदर्य को ढोना ही पड़ेगा। निरन्न, निर्वसन जनता के बीच खड़े होकर आप परियों के सौंदर्यलोक की कल्पना नहीं कर सकते।"

—हजारी प्रसाद द्विवेदी ग्रंथावली, भाग-10, पृष्ठ-36

निराला ने भी अपनी कविताओं में यथार्थ की भूमि नहीं छोड़ी और उस समय जब कवियों का ध्यान साहित्य में सौंदर्य चित्रण पर केंद्रित था, उन्होंने जीवन की विद्रूपताओं को अपने काव्य का विषय बनाया।

जहाँ सामंजस्य और संतुलन है, वहीं सौंदर्य है। इसके विपरीत जहाँ विषमता और असंतुलन है, वहीं विद्रूप है। निराला सौंदर्य के आकांक्षी हैं, परंतु निरपेक्ष सौंदर्य के नहीं। वे विद्रपताओं की उपेक्षा कर, सौंदर्य के कल्पनालोक में नहीं विचरते और न ही यथार्थ की विकृतियों को नियति के रूप में स्वीकार करते हैं। वे तो व्यवस्था में व्याप्त विषमता और असंतुलन से संघर्ष कर सामंजस्य और संतुलन की सृष्टि करना चाहते हैं। उनके विद्रूप चित्रण के पीछे उनकी आलोचनात्मक यथार्थपरक दृष्टि एक सुनिश्चित दर्शन के रूप में सतत् सक्रिय है।

वस्तुतः जिस द्वन्द्वमूलक सौंदर्यबोध का छायावादोत्तर काल में कविता के प्रतिमान के रूप में विकास हुआ, निराला उसकी ओर पहले ही कदम बढ़ा चुके थे।

संदर्भ :

1. सुंदर और नैतिक मूल्यों की द्वन्द्वात्मकता को न समझ पाने के कारण किसी एक पक्ष पर अधिक बल दिए जाने का खतरा मौजूद होता है। नैतिक मूल्य के धरातल पर व्यष्टि का अतिरेक सुखवाद की ओर ले जाता है और समष्टि का अतिरेक आत्मनिषेध की ओर। सौंदर्यमूल्यों के धरातल पर व्यष्टि का अतिरेक भोगवादी प्रवृत्तियों को जन्म देता है और समष्टि का अतिरेक शुष्क उपयोगितावाद को।

   —डॉ. तिवारी अजय, प्रगतिशील कविता के सौंदर्यमूल्य, पृष्ठ-20
2. इस प्रकार सौंदर्य को जो वस्तु का विशिष्ट गुण मानते हैं, वे उसकी अनुभूति में व्यक्ति की चेतना का कोई योग ही नहीं मानते और जो इसे व्यक्तिनिष्ठ धारणा मानते हैं, वे इसे पूर्ण सत्य की धारणा तक खींचे ले जाते हैं। वस्तुवादी दृष्टिकोण सौंदर्य के भौतिक रूप की ओर बढ़ता जाता है और व्यक्तिवादी दृष्टिकोण उसके मानसिक रूप की ओर। फलतः दोनों ही एकांगी हैं।

   —डॉ. द्विवेदी रामशंकर, साहित्य और सौंदर्यबोध, पृ.121
3. निराला रचनावली, भाग-1, पृ.364
4. निराला रचनावली, भाग-1 पृ. 364-365
5. निराला रचनावली, भाग-1 पृ. 345-350
6. डॉ. मुदीराज शशि, छायावाद का समाजशास्त्र, पृ. 182
7. निराला रचनावली, भाग-एक, पृ. 41-42

8. श्रीवास्तव, डॉ परमानंद, सूर्यकांत त्रिपाठी निराला, पृ. 27
9. सं. जैन नेमिचन्द्र, सं. मुक्तिबोध रचनावली, भाग-5, कलात्मक अनुभव, पृ. 234
10. मध्यवर्ग ने एक युग में--'भारत-जननी' और 'भारत-दुर्दशा' से 'भारत-भारती' तक सांस्कृतिक पुनर्जागरण का नेतृत्व किया था। उसने संदेश दिया था। हम आज दलित हैं, तो क्या हुआ? सदा ऐसे नहीं थे, हमारा अतीत गौरवपूर्ण है, आज फिर हम उठकर खड़े हो गए हैं; हमारा भविष्य उज्ज्वल है। यह स्फूर्ति और विश्वास आगे बेरोजगारी की मार खाकर कुंठित हो गया। एक सांस्कृतिक गतिरोध का जन्म हुआ।
– शरद, ओंकार (सं.), निराला स्मृति ग्रंथ, पृ. 60
11. निराला रचनावली, भाग-1, 'गीतिका' का समर्पण, पृ. 445
12. 'इस प्रतीयमान विरोध को वैज्ञानिक शब्दावली में द्वन्द्वात्मक एकता कह सकते हैं। यह द्वन्द्वात्मकता ही जीवन-जगत के सभी कार्यकलापों का मूलाधार है। वैज्ञानिक भौतिकवादी चिंतन में इस द्वन्द्वात्मकता को विकास की प्रेरक शक्ति और स्रोत कहा गया है।
–तिवारी अजय, प्रगतिशील कविता के सौंदर्य-मूल्य, पृ. 17
13. डॉ. शर्मा राजकुमार, (सं.) विचारधारा और साहित्य, पृ. 121
14. वस्तुतः साहित्यकार को सबसे पहले अपने भीतर व्याप्त स्वतोव्याघात से लड़ना पड़ेगा। यह लड़ाई धीरे-धीरे हमें उस जमात का सदस्य बना देगी जो पूँजी केंद्रित व्यवस्था के विरूद्ध मानवीय पक्ष में, संघर्ष संभावनाओं की स्रोत है। यह बड़ी कठिन प्रक्रिया है।
–राजकुमार डॉ. शर्मा, (सं.), विचारधारा और साहित्य, पृ. 122
15. निराला रचनावली, भाग-1, पृ.83-85

संदर्भ ग्रंथ

आधार ग्रंथ

- सं. नंदकिशोर नवल, 'निराला रचनावली', भाग-एक व दो, राजकमल प्रकाशन, नई दिल्ली, संस्करण 1992

सहायक पुस्तकें

- डॉ. अजय तिवारी, 'प्रगतिशील कविता के सौंदर्य-मूल्य', परिमल प्रकाशन, इलाहाबाद, संस्करण 1984
- अशोक वाजपेयी, 'कुछ पूर्वग्रह', राजकमल प्रकाशन, नई दिल्ली, संस्करण 1984
- ओंकार शरद (सं.), 'निराला स्मृति-ग्रंथ', रचना प्रकाशन, इलाहाबाद, संस्करण 1969
- इन्द्रनाथ मदान, 'निराला', लोकभारती प्रकाशन, इलाहाबाद, संस्करण 1975
- के. दामोदरन, (अनुवादक, जी. श्रीधरन) 'भारतीय चिंतन परंपरा' पीपुल्स पब्लिशिंग हाउस, नई दिल्ली, संस्करण 1982
- क्रिस्टोफर काडवेल (अनुवादक, भगवान सिंह) 'विभ्रम और यथार्थ', राजकमल प्रकाशन, नई दिल्ली, संस्करण 1990
- गंगाप्रसाद मिश्र, 'युगाराध्य निराला', प्रकाशक-स्वयं, काशी, संस्करण 1967
- डॉ. जगदीश शर्मा, 'निराला काव्यःसर्जना और व्यक्तित्व', मनीषी प्रकाशन, मेरठ
- जगदीशचन्द्र, 'निराला काव्य में सांस्कृतिक चेतना', अभिनव प्रकाशन, दिल्ली, संस्करण 1979
- जनार्दन द्विवेदी, 'निराला काव्य का अभिव्यंजना शिल्प', लिपि प्रकाशन दिल्ली, संस्करण 1976
- डॉ. तारकनाथ बाली, 'छायावाद और कामायनी', सार्थक प्रकाशन, दिल्ली, संस्करण 1994
- दूधनाथ सिंह, 'निराला : आत्महन्ता आस्था', नीलाभ प्रकाशन, इलाहाबाद,

संस्करण 1972

- डॉ. देवेन्द्रनाथ त्रिवेदी, 'निराला काव्य में मानव-मूल्य और दर्शन', सुलभ प्रकाशन, लखनऊ, संस्करण 1986
- डॉ. धनंजय वर्मा, 'निराला काव्य और व्यक्तित्व', विद्या प्रकाशन मंदिर, दिल्ली, संस्करण 1965
- डॉ. धनंजय वर्मा, 'निराला काव्य : पुनर्मूल्यांकन', विद्या प्रकाशन मंदिर, दिल्ली, संस्करण 1973
- नंदकिशोर आचार्य, 'सर्जक का मन', वाग्देवी प्रकाशन, बीकानेर, संस्करण 1989
- नंदकिशोर नवल, 'निराला रचनावली', भाग तीन से आठ, राजकमल प्रकाशन, नई दिल्ली, संस्करण 1992
- नंददुलारे वाजपेयी, 'कवि निराला', वाणी वितान प्रकाशन, वाराणसी, संस्करण 1965
- डॉ. नामवर सिंह, 'कविता के नए प्रतिमान', राजकमल प्रकाशन, नई दिल्ली, संस्करण 1982
- डॉ. नित्यानंद तिवारी, 'आधुनिक साहित्य और इतिहास-बोध' वाणी प्रकाशन, नई दिल्ली, संस्करण 1994
- नेमिचन्द्र जैन (सं.), 'मुक्तिबोध रचनावली' भाग चार व पाँच, राजकमल प्रकाशन, नई दिल्ली, संस्करण 1985
- पद्मसिंह शर्मा कमलेश, 'निराला : काव्य-समीक्षा', राजकमल प्रकाशन, नई दिल्ली, संस्करण 1969
- परमानंद श्रीवास्तव, 'सूर्यकांत त्रिपाठी निराला', साहित्य अकादमी, दिल्ली, संस्करण 1995
- परमानंद श्रीवास्तव, 'शब्द और मनुष्य', राजकमल प्रकाशन, नई दिल्ली, संस्करण 1988
- परमानंद श्रीवास्तव, 'कविता का पाठ और काव्य-मर्म', अभिव्यक्ति प्रकाशन, इलाहाबाद संस्करण 1995
- बच्चन सिंह, 'क्रांतिकारी कवि निराला', नंदकिशोर एण्ड संस, वाराणसी संस्करण 1961
- डॉ. भगीरथ मिश्र, 'निराला काव्य का अध्ययन', राधाकृष्ण प्रकाशन, नई दिल्ली, संस्करण 1973
- महेन्द्रनाथ राय, 'नवजागरण और छायावाद', राधाकृष्ण प्रकाशन, नई दिल्ली, संस्करण 1973

- मैनेजर पाण्डेय, 'साहित्य और इतिहासदृष्टि', पीपुल्स लिटरेसी, दिल्ली, संस्करण 1981
- **ये. पे. चेलिशेव, 'सूर्यकांत त्रिपाठी निराला', राजपाल एण्ड संस, दिल्ली, 1982**
- डॉ. रामकुमार सिंह, 'निराला और उनका तुलसीदास', पुस्तक संस्थान, कानुपर, संस्करण 1976
- आर. सी. मजूमदार, 'हिस्ट्री ऑफ फ्रीडम मूवमेंट इन इंडिया' भाग-2, Firma KLM Pvt. Ltd
- राजकुमार शर्मा (सं.) 'विचारधारा और साहित्य', राज पब्लिशिंग हाउस, दिल्ली, संस्करण 1979
- रामकृष्ण कौशिक, 'निराला की काव्य-दृष्टि', भावना प्रकाशन, दिल्ली, संस्करण 1985
- रामचन्द्र शुक्ल, 'चिंतामणि' : भाग एक व दो, इण्डियन प्रेस, इलाहाबाद, संस्करण 1961
- रामनारायण रमण, 'निराला और डलमऊ', अमन प्रकाशन, नई दिल्ली, संस्करण 1993
- रामरतन भटनागर, 'निराला और नवजागरण', साथी प्रकाशन, सागर, संस्करण 1965
- रामविलास शर्मा, 'निराला की साहित्य साधना', भाग-एक, राजकमल प्रकाशन, नई दिल्ली, संस्करण 1971
- रामविलास शर्मा, निराला की साहित्य साधना, भाग-दो, राजकमल प्रकाशन, दिल्ली, संस्करण 1972
- रामविलास शर्मा, 'परंपरा का मूल्यांकन', राजकमल प्रकाशन, नई दिल्ली, संस्करण 1981
- रामविलास शर्मा, 'भाषा : युगबोध और कविता' (आलोचना), वाणी प्रकाशन, नई दिल्ली, संस्करण 1994
- रामविलास शर्मा, 'आस्था और सौंदर्य', राजकमल प्रकाशन, नई दिल्ली, संस्करण 1990
- रामविलास शर्मा, 'महावीर प्रसाद द्विवेदी और हिन्दी नवजागरण', राजकमल प्रकाशन, नई दिल्ली, संस्करण 1979
- रामस्वरूप चतुर्वेदी, 'प्रसाद, निराला, अज्ञेय', लोकभारती प्रकाशन, इलाहाबाद, संस्करण 1993
- रेखा खरे, 'निराला की कविताएँ और काव्य-भाषा', लोकभारती प्रकाशन, इलाहाबाद, संस्करण 1995

❖ डॉ. विश्वमित्र उपाध्याय, 'भारतीय क्रांतिकारी आंदोलन और हिन्दी साहित्य', प्रगतिशील जन प्रकाशन, दिल्ली, संस्करण 1989
❖ डॉ. विनोदिनी श्रीवास्तव, 'निराला साहित्य में जीवन-दर्शन', सुलभ प्रकाशन, लखनऊ, संस्करण 1988
❖ वी.के.आर.वी. राव, 'स्वामी विवेकानंद', प्रकाशन विभाग, सूचना प्रसारण मंत्रालय, भारत सरकार संस्करण 1983
❖ विपिनचंद्र पाल, 'मेमोरीज़ ऑफ माई लाइफ एण्ड टाइम्स इन दि डेज़ ऑफ माई यूथ', कलकत्ता संस्करण 1932, पृष्ठ-424
❖ डॉ. शम्भूनाथ सिंह, 'छायावाद युग', सरस्वती मंदिर, बनारस, संस्करण 1956
❖ डॉ. शशि मुदीराज, 'छायावाद का समाजशास्त्र', परिमल प्रकाशन, इलाहाबाद, संस्करण 1988
❖ शिवमंगल सिद्धांतकर, 'निराला और मुक्त छंद', दि मैकमिलन, दिल्ली संस्करण 1974
❖ सुधाकर पाण्डेय (सं.), 'निराला साहित्य संदर्भ', हिन्दी साहित्य सम्मेलन, प्रयाग, संस्करण 1973
❖ डॉ. सूर्य प्रसाद दीक्षित, 'राम की शक्ति-पूजा की व्यावहारिक समीक्षा', अभिव्यक्ति प्रकाशन, इलाहाबाद, संस्करण 1993
❖ 'हजारी प्रसाद द्विवेदी ग्रंथावली', भाग नौ व दस, सं. मुकुंद द्विवेदी, राजकमल प्रकाशन, नई दिल्ली, संस्करण 1981

कोश

❖ दि ब्लैकवेल एन्साइक्लोपीडिया ऑफ पालिटिकल थाट, ब्लैकवेल रिफरेन्सेज, संस्करण 1987
❖ भारतीय इतिहास कोश, लेखक—सच्चिदानंद भट्टाचार्य, उत्तर प्रदेश हिन्दी संस्थान, लखनऊ, संस्करण 1989

पत्र-पत्रिकाएँ

❖ सम्मेलन पत्रिका (चैत्र मार्ग शीर्ष शक 1884), सं. ज्योतिप्रसाद मिश्र निर्मल, हिन्दी साहित्य सममेलन, प्रयाग (उ.प्र.)
❖ दस्तावेज : 75 (निराला पर केन्द्रित) (अप्रैल-जून 1997), सं. विश्वनाथ प्रसाद तिवारी, बेतियाहाता, गोरखपुर (उ.प्र.)

❑❑